Peter Bamm, 1897 geboren, war Sachse. Als Schiffsarzt und als Kassenarzt, als Chirurg und als studierter Sinologe hat er die Welt und die Menschen kennengelernt. Mit 26 Jahren begann er, für die *Deutsche Allgemeine Zeitung* nachdenkliche und heitere Feuilletons zu schreiben, die er während der Nazizeit, obwohl ein unbequemer Autor, in zwei Bänden veröffentlichte (heute: »Die kleine Weltlaterne« und »Anarchie mit Liebe«). Nach dem Zweiten Weltkrieg, den er als Militärarzt durchlebte, wurde Peter Bamm zu einem der meistgelesenen deutschen Autoren. Sein Bericht über den Rußlandfeldzug, »Die unsichtbare Flagge«, wurde ein außergewöhnlicher Erfolg. Es folgten viele erfolgreiche Bücher wie »Frühe Stätten der Christenheit«, »Welten des Glaubens« und »Alexander oder Die Verwandlung der Welt«. 1972 veröffentlichte er seine Autobiographie »Eines Menschen Zeit«. Seit 1956 war er Mitglied der Deutschen Akademie für Sprache und Dichtung und seit 1957 des PEN-Zentrums der Bundesrepublik Deutschland. 1972 erhielt er das Große Bundesverdienstkreuz. Peter Bamm starb 1975 in der Schweiz.

Von *Peter Bamm* sind außerdem als Knaur-Taschenbücher erhältlich:

»Anarchie mit Liebe« (Band 88)
»Ex ovo« (Band 166)
»Adam und der Affe« (Band 272)
»Eines Menschen Zeit« (Band 417)
»Ein Leben lang« (Band 596)
»Die unsichtbare Flagge« (Band 3016)
»Frühe Stätten der Christenheit« (Band 3042)
»An den Küsten des Lichts« (Band 3195)

und als Taschenbuch-Kassette in 5 Bänden:

»Sämtliche Werke« (Band 451)

Vollständige Taschenbuchausgabe

Umschlaggestaltung Alexander Gnirke
Gesamtherstellung Ebner Ulm
Printed in Germany 17 16 15 14 13
ISBN 3-426-03223-6

Peter Bamm:

Alexander oder Die Verwandlung der Welt

Knaur

In memoriam Bruno E. Werner

Ohne Alexander wüßten wir wenig von den Griechen, und das wenige würden wir zu wissen nicht begehren.

Jacob Burckhardt

Inhalt

Zug Alexander des Großen

Zug des Krateros

Fahrt des Nearch

Reich Alexander des Großen

Ein königliches Leben

Alexander III. von Makedonien, der Sohn König Philipps II. und der Olympias, einer Prinzessin aus dem Hause der Fürsten von Epeiros, war zwanzig Jahre alt, als er im Jahre 336 vor Christi Geburt den Thron bestieg. Nur dreiunddreißig Jahre waren ihm vergönnt, sein königliches Leben zu führen. Er begann als der Herr eines kleinen Volkes von Hirten und Bauern. Am Ende seiner Laufbahn war er der mächtigste Mann des Erdkreises. Um unerhörter Ideen willen hat er unerhörte Taten vollbracht. Durch unerhörte Taten hat er unerhörten Ideen zu geschichtlichem Leben verholfen. Er hat eine Verwandlung der Welt bewirkt. Die Nachwelt nennt ihn Alexander den Großen.
So wunderbar das Leben Alexanders ist und so sehr die Betrachtung seines Ablaufs dazu verführt, ihn mit einem Meteor zu vergleichen, der aus dem Unbekannten kommt und im Aufleuchten sich verzehrt, die historischen Voraussetzungen seines Wirkens können aufgezeigt werden. Seine Leistung ist in keiner Weise zufällig und aus eben diesem Grund auch nicht allein sein Verdienst. Es gibt in den Gezeiten der Geschichte Flutwellen, die einen Mann, der die Zeichen zu deuten versteht, weit zu tragen vermögen. So ist der Angriff Alexanders auf das Weltreich der Achaimeniden kein willkürlicher Eroberungszug gewesen, wie manche Historiker es darstellen. Niebuhr noch nennt Alexander »einen prachtvollen Räuber«. Der Zug Alexanders nach Asien war die letzte Phase einer machtpolitischen Auseinandersetzung, die sich über nahezu zweihundert Jahre erstreckt hatte. In den Schlachten von Marathon, Salamis und Plataiai im Anfang des 5. Jahrhunderts vor Christi Geburt hatten die Griechen ihre Freiheit gegen die Perser verteidigen können. Doch gewannen auf dem Felde der Diplomatie die Gegner schon sehr bald ihre Überlegenheit zurück. Mit Hilfe des aus den Schatzkammern von Susa nach Hellas fließenden Goldes förderte der persische Hof den Partikularismus der hellenischen Stadtstaaten und beraubte so die Griechen allmählich wieder der meisten ihrer auf dem Schlachtfeld errungenen Vorteile. Freilich haben sich die Perser auf diese Weise selbst in Makedonien, das als Folge der Schwäche der Griechen kräftiger und kräftiger wurde, den Gegner großgezogen, der kurze Zeit später dieser Diplomatie ein Ende bereiten sollte.
Hellas war, schon als das 4. Jahrhundert begann, das Jahr-

hundert, in dessen zweite Hälfte das Wirken König Alexanders fällt, durch die immer wieder ausbrechenden Bruderkriege so ausgezehrt, daß es einem neuerlichen Angriff Persiens sicherlich erlegen wäre. Nicht einmal dem Angriff Makedoniens, das doch zur Zeit des Königs Dareios I. noch ein kleiner Vasallenstaat der Perser gewesen war, konnte Hellas widerstehen. In der Schlacht von Chaironeia, zwei Jahre bevor Alexander zur Regierung kam, ging die von Athenern und Thebanern verteidigte griechische Freiheit an Philipp II. verloren. Eine von Alexander angeführte Attacke der makedonischen Kavallerie entschied das Treffen.

Ein Marmorlöwe wacht seitdem auf dem Schlachtfeld von Chaironeia über dem Grab der Freiheit, über dem Ruhm der Helden und über dem Geheimnis, daß der Mann, der die Schlacht gegen die hellenische Freiheit gewann, derselbe war, der die in dieser Freiheit entstandene hellenische Gesittung über die Welt verbreiten sollte. Diese Gesittung war die klassische Kultur, die nach den Perserkriegen unter Perikles in Athen erblüht war. Nach ihm wird die Epoche das »Perikleische Zeitalter« genannt.

Die Vorliebe des 19. Jahrhunderts, des Jahrhunderts der humanistischen Bildung, für das klassische Hellas, das am Anfang unserer Zivilisation steht, hat dazu geführt, daß wir diese Epoche lange Zeit hindurch allzu isoliert gesehen haben. Immer wieder über Jahrtausende hin hat die Macht zwischen Ost und West gewechselt. In diesem Ablauf sind die Züge der Perserkönige nicht mehr als eine Episode. Wie tief auch immer die Prähistoriker in die Geheimnisse der Vergangenheit eindringen, es stellt sich heraus, daß die Ereignisse fast in allen Fällen entweder einer Ostwest- oder einer Westostbewegung angehören. Flut und Ebbe lösen in Intervallen von Jahrhunderten immer wieder einander ab.

Die jüngere Steinzeit hat im Bereich des Aegaeischen Meeres mit einer über einen langen Zeitraum sich erstreckenden Kulturdrift begonnen, die von Kilikien, der Kypros, dem heutigen Zypern, gegenüberliegenden Südküste Anatoliens, und vom nördlichen Mesopotamien ausging. Damals erst ist die Kenntnis des Ackerbaus vom Orient nach dem Westen gelangt. Im Trojanischen Krieg ist die mykenische Kultur der zweiten Hälfte des zweiten Jahrtausends nach Asien vorgestoßen. Die Perserkriege stellen die erste Ostwestbewegung dar, die sich im Licht der Geschichte abspielt. Die Antwort auf die imperialistische Bedrohung durch den Osten war der Alexanderzug. Der Hellenismus bemächtigte

sich Asiens. In seinen letzten Ausläufern drang er bis China, Korea und Japan vor. Das Christentum, im Osten ans Licht der Welt getreten, eroberte den Westen. Die Völkerwanderung ist in ihren Grundzügen eine Ostwestbewegung gewesen, die an der Großen Mauer Chinas begann und bis zur Küste des Atlantik, ja bis nach Afrika gelangte. Ostwestbewegungen waren die Züge der Hunnen, der Mongolen, der Seljuken, der Osmanen. Der Islam zwar brach aus dem Süden in die alte mediterrane Welt ein; aber nachdem Syrien und Mesopotamien zum politischen Mittelpunkt der arabischen Eroberung geworden waren, trafen die weiteren Vorstöße des Islam sowohl den Osten wie den Westen. Osten und Westen haben auf die arabische Aggression in unterschiedlicher Weise reagiert. Der Osten gewann ohne einen Schwertstreich die Überlegenheit über die aus der Wüste gekommenen Beduinen, die sich zu Herren des alten Iran gemacht hatten, zurück. »Die persische Kultur eroberte den Islam.« Der Westen antwortete auf die Bedrohung durch die Streiter Allahs mit den Kreuzzügen.
Im Beginn der Neuzeit stießen die Portugiesen, die Spanier, die Holländer und zuletzt die Engländer mit ihren kolonialen Eroberungen bis in den Fernen Osten vor. Die Russen unterwarfen sich, ebenfalls immer weiter nach Osten vordringend, Sibirien bis zum Pazifik und schufen so das größte Kolonialreich der Geschichte. Es folgte im 19. Jahrhundert der eigentümliche Siegeszug der technischen Zivilisation Europas, dem der Osten zunächst erlag. Und wir nun sind die Zeitgenossen und Zuschauer des weltbewegenden Schauspiels, wie Indien wieder eine Großmacht wird und China sich anschickt, wieder eine Weltmacht zu werden. Die Flut hat sich, einmal mehr, gewendet.
In dieser weltgeschichtlichen Auseinandersetzung zwischen Ost und West spielt Alexander der Große die hervorragendste Rolle. Die Folgen seiner Taten reichen bis in unsere Tage hinein.

Was ist dieser Alexander für ein Mensch gewesen?
Alexander der Große ist eine der am heftigsten umstrittenen Persönlichkeiten der Weltgeschichte. Schon für seine Zeitgenossen war er von Geheimnissen umwittert, und noch heute ist er ebensosehr Mythos wie Geschichte. Es gibt keine historische Figur seines Ranges, von der wir gleichzeitig so viel und so wenig wissen. Wir wissen viel über seine Taten. Wir wissen wenig über den, der sie vollbracht hat. Seine Person ist hinter vielen Schleiern verborgen. Sein Genie läßt sich nicht deuten.

Caesar hat, als er fünfzig Jahre alt war, vor dem marmornen Haupt Alexanders Tränen vergossen, weil jener mit dreiunddreißig Jahren die Welt schon erobert gehabt habe, während er mit fünfzig Jahren noch nicht einmal Herr in Rom sei. Diese Szene hat Pascal mit der Bemerkung kommentiert, man könne es zwar der Jugend Alexanders zugute halten, daß er seine Zeit damit vertan habe, die Welt zu erobern, aber Caesar sei alt genug gewesen – er hätte es wissen können!

Die christliche Kirche Aethiopiens hat Alexander zum Heiligen gemacht, der von vier Greifen zum Himmel getragen wird. Für die byzantinische Frömmigkeit war Alexander Symbol und Beweis der Vergänglichkeit alles Irdischen. In griechischen Klöstern stößt man zuweilen auf die Darstellung der Szene, wie der Patriarch von Alexandreia vor dem geöffneten Sarg Alexanders steht, in dem nichts sich befindet als ein schäbiges Skelett. Mit souveränem Hohn weist der Kirchenfürst auf das hin, was von der irdischen Macht und Herrlichkeit übriggeblieben sei. Und hat er nicht recht? Zwar macht sich der fromme Mann kaum Gedanken darüber, was alles er Alexander zu verdanken hat. Allein die Tatsache, daß er überhaupt erfahren hat, auf welche Weise seine eigene unsterbliche Seele gerettet werden könne, ist mit eine Folge dessen, was das schäbige Skelett des Fürsten der Welt zu seinen Lebzeiten vollbracht hat. Aber was ist vergänglicher gewesen als Alexanders Herrlichkeit! Einem der mächtigsten Männer, die je hienieden wandelten, wurden, nachdem die Macht dahingegangen war, seine Mutter, seine Schwester, seine beiden Frauen und seine beiden Söhne ermordet. Makedonien, das er zur Weltherrschaft geführt hatte, ist, nach einer nur noch kurzen Zwischenzeit, nie wieder ein selbständiger Staat gewesen. Beständig ist nur der Streit um die Person Alexanders. In den Prospekten, die zum Besuch der alten Königspfalz Persepolis einladen, steht zu lesen, daß die Halle der hundert Säulen von einem »betrunkenen Barbaren« angezündet worden sei. Alexander ist der einzige Mensch der Antike, der so lebendig geblieben ist, daß noch heute politische Angriffe gegen ihn gerichtet werden. Und doch ist es schwierig, die Frage, was für ein Mann er gewesen sei, in befriedigender Weise zu beantworten.

Der Streit um Alexanders Persönlichkeit hat viele Ursachen. Er begann schon zu seinen Lebzeiten. Demosthenes, der Verteidiger der griechischen Demokratie und der athenischen Freiheit, dessen gegen Philipp II. gerichtete Reden noch immer als die glänzendsten Beispiele des klassischen Stils gelten, hat Alexander gehaßt. Aristoteles, gewiß der gescheiteste Mann des Jahrhunderts, hat von seinem königlichen Schüler eine ausgezeichnete Meinung gehabt. Die Aegypter machten Alexander zu ihrem Pharao und damit zu einem Gott. Das Volk auf der Agora von Athen hat für »den makedonischen Barbaren« selten mehr als Spott übriggehabt. Die Abneigung der Athener gegen Alexander wurde verstärkt durch die Tatsache, daß fast während seiner ganzen Regierungszeit in Hellas eine mehr oder weniger große Knappheit an Getreide herrschte. Während Alexander den Geist von Hellas über den Erdkreis verbreitete, hungerten die Hellenen.

Alexanders makedonische Generale waren als Gefolgsmannen treu wie Helden der Sage. Nur einer hat ihn verraten. Die Soldaten seines Heeres haben ihn glühend geliebt. Dareios III., der König der Könige, der Herrscher Asiens, hat tief in seinem Herzen den Mann, der ihn vernichtete, bewundert. Die Anekdote berichtet von Alexanders Humor, von seinem Witz, seiner Großherzigkeit, die Historie von seinen Grausamkeiten. Dabei ist er der einzige Staatsmann der Antike, der zuweilen Mitleid gezeigt hat, eine Regung des Herzens, die unter seinen Zeitgenossen als unmännlich galt.

Achilleus, von dem er mütterlicherseits, und Herakles, von dem er väterlicherseits abstammte, waren die Leitbilder seiner Jugend. Dieser Adel war nur wenig älter, als es heute in Europa der Kreuzzugsadel ist. Alexander selbst wurde das Leitbild des Fürsten für die griechisch-römische Welt. Weil Alexander sich rasierte, haben es fünfhundert Jahre lang alle Herrscher des Westens getan. Erst als die byzantinischen Kaiser mehr und mehr das persische Hofzeremoniell übernahmen, kam der Bart, der alte stolze Schmuck der Herrscher des Ostens, wieder in Mode.

In den Krieg nahm Alexander ein von Aristoteles kommentiertes Exemplar der Ilias mit. Nachts pflegte er es unter seinem Kopfkissen zu verwahren. Während er über dem Homer einschlief, dachte er darüber nach, wie er die von dem eroberten persischen Gold mit einer Inflation bedrohte Währung seines Landes vor dem Verfall bewahren könnte. Die geschickten Manipulationen, mit denen ihm das gelang, sind eines modernen Finanzministers würdig.

Alexander ist ein Mann von hohen Tugenden gewesen, aber er hat den Verrat fast ebensooft belohnt wie die Treue. Hätte er ein Lehrbuch der Staatskunst verfaßt, Machiavelli hätte ganze

Kapitel übernehmen können mit Ausnahme dessen über die Macht. Alexander, entschieden doch ein Fachmann für Macht, war zwar begierig nach ihr und ihrer ständigen Vermehrung, aber bedient hat er sich ihrer, entgegen allen über ihre Dämonie verkündeten Lehren, hauptsächlich, um großartige neue Ideen zu verwirklichen.

Wahrhaftig, ein schwieriger Mensch!

Von den Quellen, auf denen unsere Kenntnis Alexanders beruht, ist die älteste, Diodoros, erst etwa zur Zeit Caesars, die wichtigste, Arrian, erst etwa zur Zeit des Kaisers Marc Aurel verfaßt worden. Die Geschichtsschreiber der römischen Kaiserzeit haben noch zeitgenössische, uns verlorengegangene historische Darstellungen der Taten Alexanders benutzen können. Eine der wichtigsten war die des Ptolemaios, des Sohnes des Lagos, der den ganzen Feldzug an hoher Stelle im Stab Alexanders oder als Truppenbefehlshaber mit großen selbständigen Aufgaben mitgemacht hatte. Sein Werk hat er in seinen späteren Jahren als König von Aegypten verfaßt. Alexander dürfte der einzige König sein, der sogar zum Biographen einen König hatte. Auch war es ein königlicher Zorn, der Ptolemaios dazu veranlaßte, seine Erinnerungen niederzuschreiben. Es war der verständliche Zorn über den vielen Unsinn, der über Alexander schon damals in Umlauf gesetzt wurde. Von den Historikern dieser ersten Phase, die noch Zeitgenossen des Makedonenkönigs gewesen sind, waren einige Alexander feindlich gesinnt einfach deshalb, weil sie Griechen waren, andere deshalb, weil sie Peripatetiker waren, die glaubten, den Tod des Kallisthenes rächen zu müssen, jenes Neffen des Aristoteles, der ihrer Philosophenschule angehört hatte und in einem Hochverratsverfahren im Heerlager Alexanders zum Tode verurteilt und hingerichtet worden war.

Der Streit um Alexander zieht sich durch das ganze Altertum hin. Viele seiner Taten wurden als Verbrechen angesehen. Manche sind es. Plutarch unternimmt es in einem Jugendwerk, einer Art Abiturientenaufsatz des großen Historikers, Alexander vor allem gegen den Vorwurf zu verteidigen, daß er nur Glück gehabt und dieses Glück nicht verdient hätte, durch den sorgfältigen Nachweis, daß dieses Glück nur auf Alexanders Tugenden beruht habe.

Die Beweisführung Plutarchs kann man nicht ohne eine gewisse Rührung lesen.

In ähnlicher Weise wie einige ihrer antiken Kollegen bezweifeln auch manche modernen Historiker, daß Alexander ein so großes Genie gewesen sei. Sie meinen, daß auch er nur das erfüllte, was ohnehin im Zuge der Zeit gelegen habe. Aber eben gerade das, »die Zeichen der Zeit zu erkennen«, ist eine Aufgabe, welche nur das Genie zu lösen vermag. Bismarck hat einmal bemerkt, daß man in der Politik zuweilen den Mantel Gottes vorbeirauschen höre und daß es nichts weiter gelte, als einen Zipfel des Mantels zu ergreifen. Bei Alexander hat man den Eindruck, daß er den Mantel der Götter mit beiden Händen erfaßt und sich selbst um die Schultern geschlungen habe.

In den meisten Lehrbüchern der Geschichte Indiens findet man die hochmütig und lässig hingeworfene Bemerkung, daß die Eroberung des Punjab, des Fünfstromlandes, durch Alexander nicht die kleinste Spur in der indischen Literatur zurückgelassen habe. Es liegt hier nichts anderes vor als eine Lücke in der indischen Literatur; aber die Bemerkung zeigt, wie feindselig die Geschichtsschreibung noch immer gegen Alexander ist. Chandragupta, der drei Jahre nach dem Tod Alexanders das Mauryareich, das erste Großreich im Nordwesten Indiens, gründete, hat Alexander in seinem Feldlager am Hydaspes besucht. Man erwäge, was für einen Eindruck die Persönlichkeit Alexanders auf einen Jüngling gemacht haben muß, welchem bestimmt war, selbst ein großer Staatsmann zu werden! Wie sehr mag Alexanders Erfolg Chandragupta zu seinen eigenen Taten angespornt haben! Seit jener Zeit gebrauchen die Inder griechische Fachausdrücke in ihrer Astronomie, und griechische Künstler in der Nachfolge Alexanders sind es gewesen, die die Kunst des Buddhismus entscheidend mitgeformt haben. Herzfeld, der als Archäologe des Iran Alexander nicht mit den Augen des siegreichen Westens, sondern eher mit denen der östlichen Besiegten betrachtet, sagt dazu einmal: »Es gibt keinen tieferen Einschnitt in die fünftausend Jahre der Geschichte des Alten Orient, als es der Erkundungszug Alexanders des Großen ist. Und es gibt kein nach diesem Ereignis entstandenes Objekt der Archäologie, das nicht den Stempel seines Wirkens trüge.«

Die Geschichte des Christentums kann man sich ohne die Eroberung des Ostens durch Alexander und die darauf folgende Hellenisierung des Orients schlechterdings nicht mehr vorstellen. Aber gerade die Selbstverständlichkeit, mit der sich, für die christliche Betrachtung, Alexander in den Ablauf der Geschichte einfügt, wirft ein ganz neues, sehr eigentümliches, man möchte

sagen, ein dialektisches Problem auf, das Jacob Burckhardt herausgestellt hat.
Immer wieder unternehmen es Gelehrte von Rang, den Menschen Alexander mit wissenschaftlicher Objektivität darzustellen. Immer wieder bemächtigen sich Poeten dieses Mannes und versuchen, ihn zu deuten. Hätte Shakespeare sich die Mühe gemacht, uns ein Bildnis Alexanders zu entwerfen, wir wüßten mehr über ihn, als alle Gelehrsamkeit der Welt je herausfinden wird. Denn gerade die Objektivität dieser Gelehrsamkeit ist ihr eigener Feind. Burckhardt meint, daß unser Gesamturteil über Alexander III. wesentlich bestimmt werde »durch die enorme Wünschbarkeit derjenigen Kontinuität der Weltkultur, welche ohne ihn nicht würde gewonnen sein«. Diese Kontinuität ist, wenn man sie vom Standpunkt der objektiven Wissenschaft aus betrachtet, in der Tat geradezu ein Märchen. Die Griechen schenken in einem schöpferischen Reichtum, der seinesgleichen in der Geschichte nicht hat, der Welt die klassische hellenische Kultur. Sie erschaffen das Bild, die Imago des europäischen Menschen. Alexander verbreitet diese Kultur über den Osten. Die Epoche des Hellenismus beginnt. Die Römer erobern einen Teil dieses Ostens, aber der Hellenismus ist so lebendig und geistig so überlegen, daß die Eroberer ihn annehmen. So wird der Westen der mediterranen Welt zugleich hellenisiert und orientalisiert. Dieses hellenisierte und orientalisierte Imperium Romanum schenkt, nach unendlichen Kämpfen, der Menschheit die Pax Romana, den Römischen Reichsfrieden, von dem Tacitus sagt, daß er von unermeßlicher Majestät sei. In diese zivilisierte Welt tritt das in dem durchaus auch hellenisierten Judentum entstandene Christentum ein. Und dieses Römische Reich lebt lange genug, um vollständig christianisiert zu werden, und diese christlich gewordene römisch-hellenische Welt wiederum ist lebendig und kräftig genug, ihre germanischen Eroberer zu zivilisieren und zum christlichen Glauben zu bekehren. Mit dem Übergang von der Spätantike zum frühen Mittelalter beginnt dann die Geschichte des Europa, in welchem wir noch heute leben.
Es ist ersichtlich, daß Alexander in dem Ablauf dieser Kontinuität die entscheidende Figur ist. Das wird noch klarer, wenn wir einen Augenblick an die Erwägung verschwenden, wie die Dinge sich entwickelt hätten, wenn er gescheitert wäre. Eines ist sicher! Ohne Alexander wären wir nicht die Enkel der Klassik. Wie Burckhardt an einer anderen Stelle sagt: »Ohne Alexander

wüßten wir wenig von den Griechen, und das wenige würden wir zu wissen nicht begehren.«

Als Rom Hellas eroberte, war das Mutterland der Kultur so alt schon und so müde, daß seine Kräfte nicht mehr ausgereicht hätten, Rom zu hellenisieren. Und nur in einem Rom des Hellenismus hat die christliche Kirche die historischen Bedingungen vorgefunden, unter denen sie sich so sicher durchsetzen konnte. Die Kräfte, die Rom hellenisierten, kamen aus dem von Alexander geschaffenen frischen, sozusagen kolonialen hellenistischen Osten. Daß dieser Hellenismus des Ostens so viel Orientalisches nach dem Westen mitbrachte, hat den Reichtum der Palette nur vermehrt.

Es ist noch nicht einmal gesagt, daß es Hellas zu dem Zeitpunkt, als Rom stark genug geworden war, sich gen Osten zu wenden, überhaupt noch gegeben hätte. Jeden Tag konnte es geschehen, daß den persischen Königsthron ein kräftiger Herrscher bestieg, der den alten Traum Dareios' I., Griechenland zu erobern, verwirklichte. Sicherlich war diese Gefahr eine lebenslange Sorge des Vaters Alexanders, König Philipps. In seiner weitschauenden Politik traf er eine Anzahl Entscheidungen, die Voraussetzungen für den Erfolg Alexanders in seinem Angriff auf Persien waren.

Noch ein weiteres, freilich nur schwer faßbares Verdienst hat Alexander. Die kaum zu begreifende Verschwendung an Zeit, die er darauf verwendete, mit den Nomaden Zentralasiens einen endlosen Steppenkrieg zu führen, ist möglicherweise eine seiner folgenschwersten strategischen Maßnahmen gewesen. Sind nicht, und das in gar nicht allzu großen Abständen, aus diesen Steppen Asiens immer wieder die furchtbaren Reiterstürme hervorgebrochen – Hunnen, Mongolen, Türken –, die jedesmal die ganze Existenz des Westens in Frage gestellt haben? Der gewaltige Stoß Alexanders in das Herz Asiens hinein hat diese wilden Völker für Jahrhunderte eingeschüchtert. Er selbst ist es gewesen, der seinen Nachfolgern die Ruhe verschafft hat, die sie brauchten, sein Erbe zu vertun. Aber so töricht auch immer die politischen und militärischen Kämpfe der Diadochen untereinander gewesen sein mögen, das von Alexander geschaffene Weltreich blieb, auch wenn es politisch sogleich nach seinem Tode zerfiel, fast dreihundert Jahre lang bestehen als ein Commonwealth der Bildung und der Gesittung, der Wissenschaft, der Kunst und des Handels. Dies zu erreichen, hat Alexander sein königliches Leben gelebt. Und es ist keineswegs so, daß diese reiche Ernte ein zufälliges

Ergebnis seiner kriegerischen Unternehmungen war. Die Idee, den Geist von Hellas über die Welt zu verbreiten, war die Leitidee Alexanders. Die Antike, aus welcher Europa entstand, ist die von Alexander begründete Welt des Hellenismus.

Was Alexander für die Geschichte der Zivilisation bedeutet, läßt sich auf keine Weise schöner aufzeigen als durch das Zitieren jenes kleinen Stücks funkelnder deutscher Prosa, in welchem Droysen, der Altmeister der Alexanderforschung, nach fünfzig Jahren der Beschäftigung mit der Materie, am Ende seines großen Werkes über den Hellenismus seine Meinung zusammenfaßte.

Vom Hochmut der Altphilologen gereizt, hat er einmal die ironische Bemerkung gemacht, das Gebiet des Hellenismus sei ein zwischen den Philologen und den Theologen gelegenes, unbestelltes und gern gemiedenes Feld. Sein Entzücken über diese wunderbar farbige, diese verwandelte Welt, deren bester Kenner er selber war, faßt der Gelehrte wie folgt zusammen:

»Wie großartig, umfassend, an neuen, für immer bedeutenden Resultaten reich ist die wissenschaftliche Tätigkeit dieser Zeit, wie rasch und tief eindringend deren Beziehungen zu den Ansichten und Überzeugungen der Mitlebenden, in mannigfachster Abspiegelung erkennbar bis in die Alltäglichkeiten des geselligen Verkehrs und die Denkweise der Menge hinab; ja man wird behaupten dürfen, daß die geistigen Interessen überhaupt nie zuvor so verbreitet, so lebendig, von so persönlich und allgemein bedeutsamem Inhalt gewesen sind; sie sind ein Gemeingut der gesamten hellenistischen Welt geworden; sie scheinen nur um so lebendiger zu werden, je bunter das Kämpfen her und hin, je unruhiger und wechselvoller die Politik und ihre Resultate werden. Vergesse man in der Gesamtanschauung dieser Zeit über den dunklen Bildern von Bruderkriegen, Städtezerstörungen, blutiger Gewaltherrschaft, höfischer Verworfenheit nicht die lichteren Seiten – den Glanz unzähliger aufblühender Städte, die fröhliche Pracht mannigfaltigster künstlerischer Produktionen, die tausend neuen Genüsse, mit denen sich das Leben schmückt und bereichert, unter ihnen auch jene edleren, die der wachsende, belebende Umsatz einer ebenso geschmackvollen wie vielseitigen Literatur zu befriedigen wußte. Und alles dies in den weiten Gebieten, die der Hellenismus umfaßt, verbreitet und sie verbindend. Man denke sich jene Scharen dionysischer Künstler und ihr fröhlich wandernd Leben, jene Feste und Wettspiele der alten und neuen Griechenstädte bis in den fernen Osten hin, zu denen sich aus aller Ferne her die festlichen Theoren zur gemeinsamen Feier vereinen. Bis zu den Gründungen am Indus und Jaxartes hat man Verwandte, findet man Landsleute; der Kaufherr sucht am Serenturm die Waren für den Markt von Puteoli und Massilia, und der kühne Aitoler versucht am Ganges sein Glück. Die Männer der Wissenschaft durchforschen die Fernen, die Vergangenheiten, die Wunder der Natur; zum ersten Male erschließen sich der besonnenen Forschung die Jahrtausende rückwärts, der Wandel der Sterne, die Sprachen und Literaturen immer neuer Völker, die das stolze Griechentum sonst als Barbaren mißachtet, deren alte Monumente es unverstanden angestaunt hat; in den festen Lichtern des gestirnten Himmels findet die Wissenschaft zum ersten Male das Maß für die Erde, deren Fernen sie nun mißt, deren große Formen sie ordnend überschaut; die unvordenklichen Erinnerungen der Babylonier, der Ägypter, der Inder versucht sie verbindend zu ordnen und ausgleichend zu neuen Resultaten auszudeuten. All diese vereinzelten, teils versiegten, teils in wüster Uferlosigkeit hinschleichenden Ströme der Völkerbildung – in dem großen Becken der hellenistischen Bildung und Wissenschaft werden sie nun vereint und für alle Zeiten dem Gedächtnis bewahrt.«

Diese alte, wunderbare Welt ist aus einem vernachlässigten Grenzgebiet zwischen Theologie und Philologie zu einem Feld allgemeiner Aufmerksamkeit geworden. Wir heute begehren zu wissen, woher dieses Europa stammt. Wenden wir uns dem königlichen Leben eines Mannes zu, der durch seine Taten die Zivilisation des Westens in den Rang einer geistigen Weltmacht erhoben hat.

Die Geschichte lehrt uns, daß die Impulse, die zu den großen Neuerungen in der Welt führen, nicht von den Völkern ausgehen, welche, in den fruchtbaren Gebieten der Erde wohnend, reich und satt sind, sondern von denen, welche, in kargen Regionen hausend, ums tägliche Brot kämpfen müssen. Die Makedonen lebten in einem unwegsamen Gebirgsland. Die Schöpfer des Römischen Reiches waren arme Bauern, denen nur ein kleines unwirtliches und versumpftes Stück Land an der Küste Mittelitaliens gehörte, das keinen richtigen Hafen hatte. Die Beduinen, die die halbe Welt zu Allah bekehrten, kamen aus der Wüste, die Mongolen, die wie eine Sturmflut über die Zivilisation hereinbrachen, aus den staubigen Steppen Sibiriens, die Wikinger, die eroberten, was ihnen gerade in den Sinn kam, aus dem kalten Norden. Auch darf man jene Hirten nicht vergessen, die das Spanische Weltreich gründeten. Sie kamen aus den steinigen Hochebenen Kastiliens, der Landschaft, die Burg und Herz Spaniens genannt wird.
Eines der wenigen Völker, die eine Kultur aus dem Überfluß geschaffen haben, sind die Aegypter. Zwar sind auch hier, wie die ältesten aegyptischen Sprachdenkmäler bezeugen, in vorgeschichtlicher Zeit semitische Nomaden aus Asien eingeströmt, aber entstanden ist die aegyptische Kultur aus Nilschlamm und bäuerlichem Fleiß. Auf eine besondere Weise ist Aegypten seit den ältesten Zeiten von der Natur bevorzugt durch die jährlichen Überschwemmungen und auf eine besondere Weise geschützt durch Meer und Wüste. So konnte sich die Nilkultur über einen langen Zeitraum hin ungestört entfalten. Als spätere Eroberer über Aegypten hereinbrachen, besaß das Land schon jene stille Kraft, welche nur durch vollständige Verwüstung zerstört werden kann, die Kraft, den Eroberer zu verführen, ihn in die eigene, höhere Zivilisation aufzunehmen.
Ein wenn auch schreckliches, so doch lehrreiches Beispiel für die Wechselwirkung zwischen Siegern und Besiegten ist die Eroberung Afghanistans durch die Mongolen. Wenn man durch Afghanistan reist, trifft man immer wieder in der wasserlosen Steppe auf Trümmer von Städten, die die Mongolen zerstört haben. Fragt man, wie wohl eine solche Stadt früher inmitten der Einöde hat existieren können, erfährt man, daß die heute trostlose Landschaft vor der mongolischen Invasion ein reicher Gar-

ten war, der nur darum wieder versteppte, weil die Mongolen das ganze fein durchdachte, in Jahrhunderten aufgebaute Bewässerungssystem zerstörten. Diese Zerstörung ist zunächst ganz unverständlich. Afghanistan war ein Land, in dem die Mongolen bleiben wollten und auch geblieben sind. Djingis Khan ist ein bedeutender und großartiger Mann gewesen. Es ist darum nicht erlaubt, anzunehmen, daß diese Zerstörung keinen Sinn gehabt hätte. Sie hatte einen! Die Überlegung des Steppenfürsten ging dahin, daß es klüger sei, die blühende urbane Kultur des eroberten Landes zu zerstören, als das Risiko einzugehen, daß die auf der überlieferten rauhen und wilden Lebensart beruhende Kampfkraft seiner Reiter in Gefahr geriete. Als dieselben Mongolen unter Djingis Khans Enkel Kublai Khan, der ein großer Kriegsherr, aber ein humaner Mann war, China eroberten, ohne das Land zu verwüsten, hat es keine hundert Jahre gedauert, und die verführerische Feinheit der Zivilisation des Reiches der Mitte hatte die Mongolen vollständig in Chinesen verwandelt.
Das Besondere und Einmalige an der Eroberung Asiens durch Alexander ist, daß es hier einmal der Eroberer war, der die höhere Gesittung und die überlegene Kultur mitbrachte.

Was für ein Land ist Persien gewesen?
Wer waren die Makedonen?
Das Weltreich, das Alexander eroberte, war das Reich der königlichen Familie der Achaimeniden. Ihre Heimat war die Landschaft Persis mit den alten Königsresidenzen Pasargadai und Persepolis. In der gleichen Landschaft liegen Shiras, die Stadt der Rosen, und Isfahan, heute die Stadt der blauen Moscheen. Die Persis ist die Kernprovinz des Hohen Iran. Man könnte sie, wie Kastilien in Spanien, Herz und Burg des Iran nennen. Aus der Persis aufbrechend hat Kyros der Große in der Mitte des 6. Jahrhunderts vor Christi Geburt das erste Reich der Perser, das Reich der Achaimeniden, geschaffen; auch König Ardashir I., der am Anfang des 3. Jahrhunderts nach Christo das zweite Perserreich, das Reich der Sasaniden, gründete, ist von der Persis ausgegangen. Und noch einmal, im 17. Jahrhundert, war diese Landschaft die Mitte eines Persischen Reiches, des Reiches Shah Abbas' des Großen mit Isfahan als seiner glänzenden Hauptstadt. Nach Berichten französischer und deutscher Reisender ist Isfahan damals die schönste Stadt des Erdkreises gewesen.

Die Sasaniden haben, nach mehr als einem halben Jahrtausend, die alte, von Alexander unterbrochene iranische Tradition wiederaufgenommen. In Naqsh-i-Rustam, unweit Persepolis, hat der Sasanidenkönig Shapur I. in einem der mächtigen Reliefs am Fuß der gleichen Felswand, aus welcher hoch oben die Grabkammern der alten Achaimenidenkönige herausgehauen sind, seinen Sieg über den römischen Kaiser Valerianus dargestellt. Man hat den Eindruck, König Shapur habe den Fürsten einer ruhmreichen Vergangenheit melden wollen, daß des Reiches alte Herrlichkeit nun endlich wiedergewonnen sei.
Zu allen Zeiten in der Geschichte des Iran haben geographische Lage und Klima eine bedeutende Rolle gespielt. Der Iran ist eine riesige, von Gebirgen durchzogene, von Wüsten durchsetzte Hochebene. Zwischen großen wasserlosen Flächen liegen Gebiete, in denen mit Hilfe eines ausgedehnten Kanalisationssystems das Wasser des schmelzenden Schnees der Gebirge auf die Felder geleitet wird. Zu den Salzwüsten abfallende, nicht ganz wasserlose Ebenen bieten im Frühjahr Weideplätze für Pferd und Rind. In den mittleren Lagen der Gebirge gibt es fruchtbare Täler, in den höheren weite Almen.
Zeitlos ziehen die Nomaden mit ihren Herden durch das Land, im Sommer nach dem Norden hinauf, im Herbst wieder zum Süden hinab. Doch ist es nicht Not allein, daß der Mensch dieses unstete, harte Dasein auf sich nimmt. Das Leben der Nomaden hat seine eigene Schönheit, seine eigene Würde und seine eigenen Gesetze. In Jahrtausenden ist es keinem Herrscher des Iran gelungen, die Nomaden seßhaft zu machen. Acker und Steppe sind, wahrhaftig von Natur aus, einander feindlich gesinnt. Der Bauer haßt den Nomaden. Der Nomade verachtet den Bauern. In Zeiten der Not wird der Nomade zum Räuber, der Bauer zum Verteidiger der Kultur. Es hat seinen guten Sinn, daß das lateinische Wort *cultura*, von dem unser Wort Kultur abstammt, ursprünglich Ackerbau bedeutete.
Von den Distanzen in so fernen Gegenden der Erde haben wir gewöhnlich nur eine vage Vorstellung. Wenn wir uns wirklich einmal Karten eines anderen Erdteils ansehen, sind es Übersichtskarten im Maßstab eins zu zehn bis eins zu dreißig Millionen. Alexander hat dieses Land in seiner ganzen Ausdehnung von West nach Ost durchzogen. Wenn man diese schon rein marschmäßig gewaltige Leistung verstehen will, muß man versuchen, sich von der Größenordnung, in der der Alexanderzug

sich abgespielt hat, eine einigermaßen zulängliche geographische Vorstellung zu verschaffen.

Die Hochebene des Iran hat von der irakisch-persischen bis zur persisch-afghanischen Grenze, gemessen von Westen nach Osten, einen Durchmesser von vierzehnhundert Kilometern. Das ist die Entfernung von Paris nach Belgrad. Das Persische Reich, welches Alexander angriff, reichte weiter. Von der Küste der Aegaeis bis zur Hauptstadt des Reiches im unteren Mesopotamien, die Strecke der persischen Königsstraße von Ephesos über Sardeis nach Susa, waren es zweitausend Kilometer. Und von Susa bis zur Ostgrenze des Achaimenidenreiches sind es dann noch einmal zweitausendsechshundert Kilometer. Das heutige Afghanistan gehörte damals zum Achaimenidischen Reich. Sogar der Punjab, das Fünfstromland mit dem Indus und seinen Seitenströmen, ist schon am Ende des 6. Jahrhunderts vor Christi Geburt, mehr als anderthalb Jahrhunderte vor Alexander, vorübergehend von den Persern besetzt gewesen. Die Herrschaft der Achaimeniden hat sich also zeitweise von Anatolien bis nach Indien über eine Entfernung von viertausendsechshundert Kilometern erstreckt. Das ist die Entfernung von Paris bis nach Murmansk an der Eismeerküste.

Im Westen und Norden ist der Iran durch Gebirgszüge, hohe, unwegsame Ketten, geschützt. Die Küste des Indischen Ozeans im Süden ist unwirtlich und hat keine größeren Häfen. Den Südosten des Landes füllt die Wüste Lut, eine Salzwüste, in der es nur wenige Oasen gibt. Nach Norden zu läuft die Ostgrenze wiederum an hohen Gebirgszügen entlang. Dieser Wall wird durchbrochen vom Khyberpaß und vom Mullapaß, durch die alte Straßen in die Ebenen Indiens hinabführen. Nur im Nordosten hat das Land eine offene Stelle. Hier grenzt der Iran an das Steppengebiet Zentralasiens. Durch diese Völkerpforte ist alle paar hundert Jahre großes Unglück über die Welt gekommen.

Dem Hohen Iran sind drei Flußsysteme vorgelagert, im Westen Mesopotamien mit Euphrat und Tigris, im Osten der Punjab mit dem Indus und seinen Nebenflüssen. Die ausgedehnte Steppe im Nordosten wird von Amu Darja und Syr Darja durchflossen, im Altertum Oxos und Jaxartes genannt. Beide Ströme münden heute in den etwa dreihundert Kilometer östlich des Kaspischen Meeres gelegenen Aralsee. Es ist möglich, daß der Oxos früher einen Arm hatte, der ins Kaspische Meer floß. Sein Spiegel lag zu Alexanders Zeit fünfzehn Meter höher als heute.

Welche dieser geographischen Tatsachen waren zu Alexanders Zeit bekannt? Was von all diesen Zusammenhängen hat er gewußt?
Ohne Zweifel war ihm der ganze Bereich vertraut, in welchem es griechische Kolonien gab. In die Handelsschiffahrt teilten sich die Griechen im östlichen Mittelmeer mit den Phoinikern, im westlichen mit den Karthagern. Die am weitesten im Nordosten gelegene Gründung der Griechen, Tanaïs, lag an der Einmündung des Don ins Asowsche Meer. Die am weitesten im Westen gelegenen Kolonien waren Saguntum an der spanischen Ostküste, das seinen Namen bis in unsere Tage bewahrt hat, und Massilia, das heutige Marseille. Wahrscheinlich hat es schon in der Mitte des 4. Jahrhunderts vor Christi Geburt eine an der Mündung der Loire gelegene, von Massilia aus gegründete griechische Handelsniederlassung gegeben. Die Verbindung ging über Land, da die Straße von Gibraltar von den Karthagern gesperrt gehalten wurde. Es ist gerade etwa zur Zeit Alexanders gewesen, daß Pytheas von Massilia seine große Entdeckungsreise zu den Ländern im Norden, aus denen das Zinn und der Bernstein kamen, unternahm. Pytheas' wissenschaftliche Leistung für die Geographie läßt sich der Alexanders an die Seite stellen. Ganz Nordeuropa wurde von ihm dem Bewußtsein des Mittelmeermenschen erschlossen. Pytheas hat England umsegelt. Er ist bis nach Norwegen gelangt. Er ist der erste Grieche, der über 60° Nord, den Breitengrad von Oslo und St. Petersburg, hinausgekommen ist. Das Phänomen der Gezeiten wurde von den Griechen zur gleichen Zeit an zweien der drei Weltmeere, am Atlantik und am Indischen Ozean, entdeckt, von Pytheas an der Westküste Spaniens, von Alexander im Mündungsgebiet des Indus. Die Schwankungen des Wasserstands im Roten Meer waren den Griechen schon früher bekannt; aber von dem großen ozeanischen Gezeitenwechsel, wie sie ihn im Indusdelta kennenlernten, waren sie doch überrascht.
Die Gleichzeitigkeit der Entdeckung der Gezeiten durch die Griechen an so entfernten Orten wie Spanien und Indien ist ein eindrucksvolles Zeugnis für den Elan, mit dem dieses erstaunliche Volk sich in jener Epoche über den Erdkreis verbreitete. Die antiken Schriftsteller erwähnen bei Alexander immer wieder eine Anwandlung, welche im Griechischen πόϑος heißt. Nach dem Wörterbuch bedeutet »pothos« Sehnsucht, Verlangen, Wunsch. Aber es bedeutet auch Entbehren, Vermissen, ja geradezu Man-

gel. Bei Alexander ist es ein seltsamer Drang in die Ferne, welcher rational nicht zu erklären ist. Er hat auf seine Entschlüsse einen bedeutenden Einfluß ausgeübt. Doch hat Alexander dieses Verlangen offenbar nicht allein verspürt. Es ist ein Merkmal jener Zeit, daß die Ferne die Hellenen lockte. Vielleicht könnte man »pothos« mit »Fernweh« übersetzen. Dieser hellenische Drang in die Welt hinaus war eine Strömung, welche Alexanders Intentionen in hohem Maße zugute kam. Auch in den Osten hinein hatte die hellenische Expansion schon vor Alexander begonnen. Im Achaimenidischen Reich waren griechische Münzen gebräuchlicher als die eigenen persischen. In dem bei Kabul in Afghanistan ausgegrabenen, fünfzig Jahre vor Alexander der Erde anvertrauten Schatz von Chaman-i-Hazouri waren die meisten Münzen griechisch. So weit reichte schon damals griechischer Einfluß. An Clairvoyance in der wissenschaftlichen Ausdeutung des Phänomens der Gezeiten hat Pytheas den Schüler des Aristoteles übertroffen. Pytheas erkannte richtig, wovon in den Alexanderquellen nichts erwähnt wird, daß Flut und Ebbe mit den Mondphasen zusammenhängen. Diese Beobachtung ist um so erstaunlicher, als jene Zeit noch nicht den geringsten Begriff vom Wesen der Schwerkraft hatte.

Pytheas hat über seine Reise einen Bericht veröffentlicht. Uns ist dieser Bericht leider verlorengegangen. Doch ist es, da Aristoteles seinen Schüler fortlaufend mit wissenschaftlicher Lektüre versorgte, nicht unmöglich, daß Alexander ihn zu Gesicht bekommen hat. Mit Sicherheit läßt sich das freilich nicht sagen. Wir kennen die Zeit, in welcher die Forschungsreise des Pytheas stattgefunden hat, nicht aufs Jahr genau. Es wäre sehr wünschenswert, daß wir das wüßten. Hätte Alexander von der Ausdehnung Europas nach Westen und Norden hin einen Begriff gehabt, wäre es leichter für uns, die Frage zu entscheiden, ob er wirklich an eine Weltherrschaft gedacht hat. Die moderne Alexanderforschung lehnt es ab, die in der Überlieferung als so feststehend geltenden Weltherrschaftspläne Alexanders für bewiesen zu halten. Dieser Träumer, der ein so kühler Realist war, dieser Realist, der so kühn träumte, hat sich niemals etwas vorgenommen, was nicht ausführbar gewesen wäre. Eine Eroberung des Nordens ist dreihundert Jahre später unter ungleich günstigeren Bedingungen, als Alexander sie je hätte erreichen können, nicht einmal den Römern gelungen.

Was die geographischen Kenntnisse vom Osten anbelangt, welche die Griechen bei Alexanders Regierungsantritt besaßen, so gilt als sicher, daß das Zweistromland ihnen vertraut war. Hinzu kommt, daß es immer einige Kaufleute gab, deren Handelsverbindungen weiter reichten. Da aber Kenntnisse von den reichen Ländern des Mittleren Osten glänzende Gewinne bedeuteten, wurden sie geheimgehalten.

Bekannt war Alexander ferner die Existenz des Kaspischen Meeres. Schon Herodot hatte in klarer Weise mitgeteilt, daß es ein Binnenmeer sei. Alexander freilich hat, eine merkwürdige Lücke in seiner humanistischen Bildung, den Herodot nicht gelesen. Aber wenn auch Herodot zur Zeit Alexanders schon wieder in Vergessenheit geraten war, Aristoteles wußte vom Kaspischen Meer, und auch er hat es als Binnenmeer bezeichnet. Es gab zwar unter den Gelehrten der Zeit einige, die es seines Salzgehaltes wegen für eine Bucht des Okeanos hielten, der nach der Vorstellung der Griechen die Erdscheibe rings umfloß. Auch die Tatsache, daß es im Kaspischen Meer Robben gibt, wurde zur Unterstützung der Okeanostheorie herangezogen. Die Argumentation hatte etwas Einleuchtendes, aber Aristoteles hat sich ihr nicht angeschlossen. Noch kurz vor seinem Tod befahl Alexander, eine Flotte zu bauen, die das Kaspische Meer umfahren sollte, um den Verlauf seiner Küsten festzustellen und damit die Frage, ob es ein Binnenmeer sei oder nicht, zu klären.

Es dauerte vierhundert Jahre, ehe ein Europäer die Grenzen, bis zu denen Alexander in Zentralasien vorgedrungen war, überschritt. Wiederum war es ein Makedone, dessen mit gesundem Handelssinn gepaartes Fernweh der geographischen Wissenschaft zugute kam. Die Informationen des alexandrinischen Geographen Ptolemaios über den Weg der Karawanen, die Seide aus China ins Römische Reich brachten, stammten von dem makedonischen Kaufmann Maës Titianus, dessen Agenten als erste das zu des Maës Zeit unter chinesischer Oberhoheit stehende Tarimbecken bis an die Grenzen des eigentlichen China erforscht hatten.

Von der Geographie des Indus hat Alexander bei seinem Aufbruch nach dem Osten eine unzulängliche Vorstellung gehabt. Die Gelehrten seines Stabes hatten ihm versichert, daß man von den Höhen des Hindukush, von ihnen Kaukasos genannt, die Brandung des Okeanos erblicken könne.

Umstritten ist die Frage, ob Alexander bei seiner Umkehr am Hyphasis einen Begriff davon hatte, wie groß dieses Indien, das zu erobern er aufgab, in Wirklichkeit war. Da er mit indischen Fürsten verbündet, mit indischen Gelehrten befreundet gewesen ist, kann man sich nur schwer vorstellen, daß er von der hohen städtischen Zivilisation der Völker, die am Ganges lebten, nicht wenigstens einiges erfahren haben sollte. Ob Alexander schon nach seiner Ankunft in Susa die Gelegenheit wahrgenommen hat, sich aus dem persischen Reichsarchiv Informationen zu beschaffen, wissen wir zwar nicht, es ist aber anzunehmen. Keine Chance, seine Kenntnisse zu erweitern, hat er jemals ungenutzt vorübergehen lassen. In den Dispositionen, die er für den Nachschub seines Ostfeldzuges traf, hat er keinen Fehler gemacht. Das wäre selbst einem so hervorragenden Heerführer nicht gelungen, wenn er nicht über die Verbindungswege im Iran und über die Entfernungen einigermaßen richtige Vorstellungen gehabt hätte. Der einzige Versager auf dem Gebiet des Nachschubs, den es in Alexanders Kriegszügen gegeben hat, war das Ausbleiben der Verpflegung bei dem Marsch vom Indusdelta durch die Gedrosische Wüste nach Karmanien. Aber das ist kein Fehler Alexanders gewesen. Er hatte befohlen, der Truppe von Westen her Verpflegung entgegenzuschicken. Die unerwartet verräterische Nachlässigkeit eines Etappenkommandanten hatte die Maßnahme sabotiert.

Wir dürfen nicht vergessen, daß Alexander selbst ein wissenschaftlicher Geograph von Rang gewesen ist. So gehörte zum Stabe des makedonischen Hauptquartiers eine Vermessungstruppe, die sogenannten Bematisten. Das Wort kommt von τὸ βῆμα, to bema, der Schritt. Die Bematisten waren Schrittzähler, die alle die riesigen von Alexander und seinem Heer zurückgelegten Entfernungen vermaßen und auf den Karten eintrugen. Diese Schrittmacher müssen hervorragende Marschierer gewesen sein. Es ist sehr schwierig, über zehn, zwanzig oder dreißig Kilometer Distanz hinweg den Schritt einer Truppe gleichmäßig lang zu halten. Wenn die Beine müde werden, wird der Schritt länger, der Mann fängt an »zu latschen«. Es müssen tüchtige Korporäle gewesen sein, die diese Trupps geführt haben. Soweit die von den Bematisten ermittelten Distanzen überliefert sind, stimmen sie mit neueren Messungen gut überein.

Alexander hat noch in dem goldenen Zeitalter gelebt, in dem alles, was die Wissenschaft wußte, zur Bildung gehörte. Und natürlich ist der Schüler des Aristoteles ein Mann von Bildung gewesen. Auch hat er die beste Eigenschaft des Forschers, die Neugier, in ungewöhnlich hohem Maße besessen. Schon als zwölfjähriger Knabe befragte er die Herren einer persischen Gesandtschaft, die der Großkönig an den Hof König Philipps in Pella geschickt hatte, in eindringlicher Weise über Land und Leute des Achaimenidischen Reiches.

Der Iran ist ein Land der Mitte, in welchem Indisches, Chinesisches, Mongolisches und Türkisches sich mit Sumerischem, Babylonischem und schließlich Griechischem, Römischem und Arabischem getroffen hat. In geschichtlicher Zeit waren die Makedonen das erste fremde Volk, das dieses Land der Mitte eroberte.

Was für ein Volk sind die Makedonen gewesen?

Glanzvoll treten sie mit Philipp II. und Alexander III. in die allgemeine Geschichte ein. Aber was war vorher? Wo kommen die Makedonen her?

Da taucht zunächst die Frage auf, ob die Makedonen Griechen gewesen seien oder nicht. Diese Streitfrage hat schon die antiken Gelehrten bewegt. Es ist gleichzeitig die Frage, ob Alexander der Große, also derjenige Mensch, der am meisten dazu beigetragen hat, die griechische Kultur über die Welt zu verbreiten, ein Grieche war. Alexander selbst dürfte sich als Hellene gefühlt haben. Herkunft und Erziehung berechtigten ihn dazu. Gleichzeitig war er der Heerfürst einer Schar todesmutiger, unbesiegbarer Männer, die noch halbe Barbaren waren. Als Hellene hat Alexander immer wieder versucht, sich Respekt und Zuneigung der Athener zu verschaffen. Er hat damit, im ganzen gesehen, bei diesem skeptischen Volk nicht viel Erfolg gehabt.

Man wird an Napoleon erinnert, der die »Gloire« zum Palladium Frankreichs erhob und dann doch, am Ende seines Lebens, in einem Satz seines Testaments, der heute seine Grabschrift im Dôme des Invalides ist, in feiner Weise andeutet, daß er sich niemals ganz als Franzose gefühlt habe: JE SOUHAITE D'ÊTRE ENTERRÉ AU BORD DE LA SEINE AU MILIEU DE CE PEUPLE FRANÇAIS QUE J'AI TANT AIMÉ!

Als ich meine liebenswürdige Dolmetscherin in Saloniki, die selbst eine Makedonin war, über das Problem, ob die Makedonen Griechen seien, konsultierte, sagte sie, ein wenig reserviert:

»Aber ich bitte Sie! Wir haben doch immer schon an den Olympischen Spielen teilgenommen! Da wurden nur Griechen zugelassen!«

Das »immer« ist ein bißchen übertrieben. Anfangs des 5. Jahrhunderts führte ein makedonischer König vor den Priestern des Zeustempels von Olympia ausdrücklich den Nachweis, daß sein Geschlecht, die Argeaden, aus Argos auf der Peloponnes stamme.

Von den Gründen, die der Scharfsinn antiker Gelehrter und moderner Forscher zusammengetragen hat, um die Zugehörigkeit der Makedonen zum Griechentum zu beweisen, sind einige sehr amüsant. Schon im Altertum wurde Königin Eurydike, die Großmutter Alexanders, gerühmt, daß sie noch als Witwe, was sie übrigens aus eigenem Entschluß geworden war, lesen und schreiben gelernt habe. Diese Tatsache wäre von keinem griechischen Schriftsteller des Altertums als rühmenswert empfunden worden, wenn es Makedonisch gewesen wäre, was zu lesen und zu schreiben die königliche Mörderin zu lernen geruhte. Von der makedonischen Sprache ist kaum etwas erhalten geblieben. Es scheint, daß es ein älterer griechischer Dialekt war. Sicher ist jedenfalls, daß am Hof der makedonischen Könige Griechisch gesprochen wurde. Euripides hat bei seinem Aufenthalt am Hof zu Pella nicht nur seine Tragödie »Die Bakchen« geschrieben, sondern auch noch eine verlorengegangene Tragödie »Archelaos« verfaßt. Sie diente der Verherrlichung des Königshauses der Argeaden. Als Schmeichelei hätte sie keinen Sinn gehabt, wenn sie nicht verstanden worden wäre, das heißt, wenn nicht wenigstens die führende Gesellschaftsschicht, also der Hof und der Landadel Griechisch gesprochen hätten.

Ein weiterer Beweis dafür, daß am Hof der Makedonenkönige eine sehr gepflegte Atmosphäre herrschte, ist der Spott, den Aristophanes, der Komödiendichter, über Agathon, den Tragiker, ausschüttet. Agathon war ein Freund des Euripides. Wie dieser war er eine Zeit lang Gast des Königs Archelaos in Pella. Aus dem Spott des Aristophanes erfahren wir, daß Agathon ein Mann von Welt, ein Dandy und ein Élégant war, der außerdem großen Wert auf eine gute Küche legte. Was wir sonst noch über diesen Dichter wissen, von dessen Werk nur Bruchstücke erhalten geblieben sind, ist, daß Platon sein »Symposion« im Hause des Agathon stattfinden läßt. Was wohl hätte ein Mann von Welt an einem Hof zu suchen gehabt, der nicht einiges an Geist zu bieten hatte!

Der Balkan ist die Region, durch welche, von Norden kommend, im Anfang des zweiten Jahrtausends vor Christo die erste Welle der Griechen die späteren Sitze der Makedonen erreicht. Weitere Wellen folgten in großen Abständen. Die späteste war die Dorische Wanderung im 12. Jahrhundert vor Christi Geburt, die schließlich zur Eroberung der Peloponnes führte und erst in einer über die südlichen Inseln der Aegaeis dahingehenden Woge an der Südwestecke Anatoliens endete. Die Makedonen sind entweder ein von einer dieser Wellen zurückgelassener Stamm, oder sie haben zu den letzten der nach Süden drängenden Nordvölker gehört. Unter den Granden Alexanders, die doch ursprünglich nur bescheidene Gutsbesitzer, kleine Landedelleute in Makedonien waren, finden wir so eindrucksvolle Figuren wie den späteren König Ptolemaios I. Soter von Aegypten und den König Seleukos I. Nikator, der zum Haupterben des Alexanderreiches wurde. Alle diese Männer waren kultivierte Leute, denen hellenische Bildung ganz gewiß kein Fremdland bedeutete.

Daß die Griechen gleichwohl so wenig Neigung zeigten, die Makedonen als Hellenen gelten zu lassen, hatte darin seinen Grund, daß ihre nördlichen Nachbarn sich in ihrem Charakter und in ihren Gewohnheiten noch immer stark von allen übrigen Griechen unterschieden. Es hat Feste am Hof König Philipps II. gegeben, bei denen es nach dem, was wir über sie erfahren, wüst zugegangen sein muß. Es steckte eben neben dem unverbraucht Bäuerlichen noch viel Barbarisches in diesem Volk. In ihrem Charakter und in ihren Tugenden waren die Makedonen den Persern ähnlicher als den Griechen. Sogar als die Makedonen in der Nachfolge der Perser die Weltherrschaft angetreten hatten, waren es persische Laster, denen sie verfielen, waren es persische Sünden, die schließlich zum Untergang auch der Makedonen führten. Junge Tugenden besiegen alte Laster immer nur, um selbst zu alten Lastern zu werden.

Das Todesjahr des Königs Archelaos, das Jahr 400/399 vor Christi Geburt, ist das älteste sichere Datum der makedonischen Königsgeschichte. Archelaos starb, nach den Quellen, im Todesjahr des Sokrates. Vor Archelaos sind die Namen von nur acht makedonischen Königen bekannt, die sich aber chronologisch nicht mehr genau festlegen lassen.

Der Unterricht in makedonischer Geschichte dürfte die Knaben zur Zeit Alexanders des Großen manchen Tropfen Schweiß gekostet haben. Es ist in dieser Geschichte kaum je vorgekommen, daß ein Sohn den Thron seines Vaters übernehmen konnte, bevor er nicht einige andere Prätendenten besiegt, vertrieben oder

umgebracht hatte. Auch Alexander ist bei seiner Thronbesteigung gegen seine Nebenbuhler mit äußerster Rücksichtslosigkeit vorgegangen.
Die Einzelheiten der makedonischen Königschronik sind von keiner großen Bedeutung. Spannend hingegen ist es zu verfolgen, wie sich hier aus kleinsten Anfängen eine weltbewegende Kraft entwickelte. Ursprünglich hat den Makedonen nicht mehr gehört als zwei Gebirgstäler an der Grenze von Epeiros, die Landschaften Orestis und Elimiotis. In langwierigen und zähen Kämpfen arbeiteten sie sich zunächst einmal bis an den Rand des Gebirges vor, von dessen Kamm aus man in die Ebene hinab- und auf das Meer hinausschaut. Die See reichte damals noch mit einer tiefen Bucht weit ins Land hinein. Für die harten makedonischen Hirten und Bauern bedeutete die wunderbare wasserreiche Ebene, die von da an vor ihren Augen lag, Fruchtbarkeit und Reichtum, Dinge, von denen sie bisher kaum zu träumen gewagt hatten. Und die Küste gar und das Meer, das war die weite, große Welt.
Am Rand des Gebirges gründeten die Makedonen Aigai. Aigai blieb auch in späterer Zeit der geheiligte Mittelpunkt des Reiches. Hier wurden die Herrscher begraben. Es gab eine Prophezeiung, daß, wenn einmal ein König nicht in Aigai zur Ruhe gebettet würde, Makedonien aufhören werde, ein selbständiger Staat zu sein. Der erste nicht in Aigai begrabene makedonische Herrscher ist Alexander der Große gewesen. Die Prophezeiung ist in Erfüllung gegangen.
Im Anfang des 7. Jahrhunderts, zu der Zeit also, als die Stadt Milet an der kleinasiatischen Küste ihre erste große Blütezeit erlebte, begann von Aigai aus König Perdikkas I. die Eroberung der Küste. Am Ende des 6. Jahrhunderts schickte der Perserkönig Dareios I. den Satrapen Megabazos nach Makedonien zu König Alexander I. Dareios plante damals einen großen Feldzug gegen die Skythen im nördlichen Balkan diesseits und jenseits der Donau. Dieses Unternehmen gehörte seinerseits zu den Vorbereitungen, die für die seit langem schon beabsichtigte Eroberung Griechenlands notwendig waren. Der Nachschubweg von Kleinasien nach Hellas mußte gegen Bedrohungen von Norden her gesichert werden, ehe die Perser den Feldzug gegen die Griechen beginnen konnten. Hinter dem Rhodopegebirge, im heutigen Bulgarien, saßen zahlreiche Bergstämme, von denen man nie wußte, wann die Lust zu einem neuen Raubzug sie

wieder einmal packen werde. In seinem Skythenfeldzug überschritt Dareios I. zunächst die Donau und zog dann an der Nordküste des Schwarzen Meeres entlang bis in die Gegend von Rostow am Don. Wahrscheinlich ist er sogar bis zur Wolga vorgestoßen. Diese Leistung ist nicht so unwahrscheinlich, wie sie zunächst erscheinen mag. Dareios hatte die Möglichkeit, sein Heer über die griechischen Häfen an der Nordküste des Schwarzen Meeres zu versorgen. Die Aufgabe des Satrapen Megabazos war, die Etappe für den Feldzug seines Herrn zu sichern. Mindestens formal ist Makedonien damals ein Vasallenstaat der Perser gewesen.
Gleichzeitig stellte sich Alexander I. mit den Athenern so gut, daß sie ihm, einem König, das Bürgerrecht verliehen. Das Resultat dieser geschickten Politik war, daß Alexander I. ohne kriegerische Verwicklungen die Chalkidische Senke besetzen konnte. Er war auch der erste makedonische Fürst, der, um 480 vor Christi Geburt, im Jahr der Schlacht von Salamis, eigene Münzen prägte. Er wählte den Münzfuß der in Thrakien gelegenen Stadt Abdera. Dieses Abdera ist berühmt geworden als die Geburtsstätte des Philosophen Demokritos, des Begründers der Atomphysik, und zugleich war es das Schilda der Antike. In seinem entzückenden Roman »Geschichte der Abderiten« hat der geistvolle Wieland die Spießbürger jener und aller künftigen Zeiten verspottet.
Endlich gelang den makedonischen Herrschern die Besetzung ganz Thrakiens. Das war von großer Bedeutung für die Zukunft. In Thrakien gab es Silber- und Goldbergwerke. Das Schiffsbauholz sowie Teer und Pech aus den Wäldern des Rhodopegebirges, das die thrakische Ebene im Norden begrenzt, waren wichtige Ausfuhrartikel. Arm sind die makedonischen Herrscher seitdem nicht mehr gewesen. Anläßlich eines olympischen Sieges stiftete Alexander I. dem Tempel des Apollon in Delphoi eine Bildsäule aus Gold. Dieser König nahm den Dichter Pindar gastfreundlich an seinem Hof auf. Auch gewährte er einem großen Teil der Bevölkerung von Mykene Asyl in seinem Land. Mykene war, trotz seiner Teilnahme an der Schlacht von Plataiai, in einem jener grausamen Kleinkriege, an denen die griechische Geschichte so beklagenswert reich ist, von den Argivern zerstört worden.
Zu Beginn des Peloponnesischen Krieges, also gegen Ende des 5. Jahrhunderts, war Makedonien im Inneren geeinigt. Doch gab es an der Küste griechische Städte, die sich der makedonischen

Herrschaft widersetzten. Das waren das später von Philipp II. zerstörte Olynth, das meistens mit Athen verbündet war, und Amphipolis an der Mündung des Strymon. Aber nicht nur Olynth und Amphipolis, auch Athen selbst, dazu die Spartaner und schließlich sogar die Perser blickten voller Mißtrauen auf diese Makedonen mit ihren diplomatisch und politisch so fähigen Herrschern, die mit einer so unerschütterlichen Zähigkeit von Generation zu Generation ihre Fortschritte machten. Viel bäuerliche Geduld, viel Verschlagenheit, viel List hat in dieser Zähigkeit gesteckt. Doch hieß es aufpassen! König Perdikkas II. mußte versuchen, sich aus den athenisch-spartanischen Wirren herauszuhalten, ohne dabei Schaden zu nehmen. Daß der makedonische Staat die Schwächung Athens und Spartas durch den Peloponnesischen Krieg ohne Teilnahme und ohne Einbuße überstand, war eine Voraussetzung dafür, daß Philipp II. schließlich Hellas unter seiner Oberhoheit zu befrieden vermochte.

Alexander der Große hat nicht nur auf dem aufgebaut, was sein Vater geschaffen, und das weitergeführt, was jener begonnen hatte; schon König Philipps Leistung hat auf der politischen Weitsicht, dem Klarblick, der Kraft und der Geschicklichkeit beruht, mit der die makedonischen Herrscher einhundertfünfzig Jahre lang ihr Volk durch alle Kriege, alle Feindschaften, alle wechselnden Bündnisse gesteuert hatten. Schließlich konnte Philipp mit seiner unerbittlichen Zähigkeit und seinem souveränen politischen Verstand Makedonien neben Athen, Sparta und dem Achaimenidischen Reich zur vierten Großmacht der Aegaeis erheben.

Unter Philipp II. war Makedonien eine Art von riesiger Festung, deren Zugänge im Norden gegen die Einfälle der Barbaren leicht verteidigt werden konnten, da die makedonische Heerführung den Vorteil der inneren Linie hatte. Auch die vollständige Besetzung der Küste war unter Philipp II. endlich gelungen. Makedonien reichte nunmehr von der Nordgrenze Thessaliens bis tief nach Serbien hinein. Es umfaßte das ganze heutige Bulgarien. Die Grenze im Norden war die Donau, im Osten die Küste des Schwarzen Meeres mit dem Bosporos, im Süden die ganze Nordküste des Marmarameeres mit Ausnahme der freien Stadt Byzantion und die Nordküste der Aegaeis mit Thrakien und der Halbinsel Chalkidike. Nur die Adriaküste erreichte Makedonien nirgends. Zu den Einflußgebieten, in denen Philipps Wort Gewicht hatte, gehörten Hellas außer Sparta, Epeiros und

die Länder einer unbestimmten Zahl von tributpflichtigen Barbarenstämmen jenseits der nördlichen Grenzen. Das Machtgebiet, das Philipp beherrschte, war von respekteinflößender Größe. Eine Schwäche des Makedonischen Reiches lag darin, daß es keine eigentliche Seemacht war. Es besaß dafür nicht genug Häfen und nicht genug seebefahrene Männer. Die ersten Jahre der Eroberungszüge Alexanders waren von den aus dieser Schwäche sich ergebenden strategischen Überlegungen bestimmt.
Von ihren Anfängen an waren die Makedonen eng mit den ihnen benachbarten, stammesverwandten Epeiroten verbündet. Epeiros lag zwischen Makedonien und der Adria an dem Stück der östlichen Adriaküste, dem Korfu, die alte Phaiakeninsel Kerkyra, vorgelagert ist. Die Epeiroten führten ihre Abstammung auf die Myrmidonen, das Volk des Achilleus, zurück.
Die Fürstenhäuser von Makedonien und Epeiros waren durch Heiraten mehrfach miteinander verbunden. Philipps II. erste Frau, Olympias, die Mutter Alexanders, war eine Prinzessin aus dem epeirotischen Königshaus. Die Ermordung König Philipps II. in Aigai geschah während der Hochzeit der Kleopatra, der einzigen voll ebenbürtigen Schwester Alexanders, mit dem Bruder der Olympias, König Alexandros von Epeiros.
Dieser König Alexandros von Epeiros ist ein bemerkenswerter und bedeutender Mann gewesen. Wie Alexander der Große den Plan gefaßt hatte, den Griechen des Aegaeischen Meeres den Osten zu erobern, versuchte Alexandros von Epeiros, die Griechen Unteritaliens und Siziliens zu einer hellenischen Großmacht des westlichen Mittelmeers zusammenzuschließen. Der Plan mißlang. König Alexandros wurde ermordet. Bei der Nachricht von seinem Tod ordnete Alexander, der gerade im Begriff stand, von Ekbatana zur Verfolgung des Dareios aufzubrechen, eine allgemeine Heerestrauer an. Der politische Versuch des Königs Alexandros wurde kurze Zeit darauf von dem nur vier Jahre nach Alexanders des Großen Tod geborenen König Pyrrhos von Epeiros fortgesetzt. Pyrrhos, ein hervorragender Mann, war ein Großneffe Alexanders. Es waren die gleichen rauhen und kargen Berge, in denen die ersten Makedonen gehaust hatten, aus denen auch Pyrrhos auszog, eine Welt zu erobern. Auch sein Heer war dem des Gegners überlegen, und das sind römische Legionen gewesen. Aber Pyrrhos' Kräfte reichten nicht aus. Die Basis des Epeiroten war zu schmal. Er scheiterte.
Die Zukunft lag im Osten.

II Die Welt der jungen Tage

Alexander ist geboren in der königlichen Residenz Pella, die seit dem Ende des 5. Jahrhunderts vor Christi Geburt der Mittelpunkt des bewegten politischen, gesellschaftlichen und geistigen Lebens Makedoniens war. Zwei Jahre nach seiner Geburt bestieg sein Vater als Philipp II. den Thron.
Wenn man, Saloniki in nordwestlicher Richtung verlassend, nach etwa dreißig Kilometern an der Stelle aus dem Auto steigt, an der einst Pella stand, befindet man sich inmitten einer Ebene, die sich mit Feldern und Gärten weit nach allen Seiten hin erstreckt. Hie und da liegt ein bescheidenes Dorf. Nicht die kleinste Landmarke irgendwo im Umkreis ist zu entdecken. Fern im Norden erhebt sich ein in seiner Kontur eben noch erkennbares Gebirge. Nach Süden verliert sich der Blick im flimmernden Glast eines Julitages. Da unten irgendwo ist die Küste. An dieser Stelle, an welcher sich heute zwei unbedeutende Straßen kreuzen, hat einer der größten und folgenreichsten Kriegszüge der Geschichte begonnen.
Niemals würde man, wenn man da steht und sich umschaut, auf die Idee kommen, daß hier einmal eine reiche und blühende Stadt gestanden haben könnte. Was für einen Sinn auch sollte es gehabt haben, eine königliche Residenz schutzlos mitten in einer Ebene anzulegen. Aber Pella hat damals nicht »mitten in einer Ebene« gelegen. Es lag an einer flachen Küste. So weit hat noch zu jener Zeit der Thermaïsche Meerbusen, an dessen östlichem Rand sich heute das moderne Saloniki ausbreitet, ins Land gereicht. Im Lauf der Jahrhunderte hat der Schlamm, den die Flüsse vom Gebirge herabbrachten, das Meer weiter und weiter zurückgedrängt. Freilich ist man erstaunt, daß das in zwanzig Jahrhunderten zwanzig Kilometer sein können. So hat man lange vergebens nach dem Platz von Pella gesucht. Schließlich setzte sich bei den Archäologen die Ansicht durch, die einstige Königsstadt der Makedonen liege so tief unter dem Schwemmland, daß sie nur durch einen Zufall wiederentdeckt werden könne.

Der Zufall trat ein. Ein Bauer, der im Keller seines Hauses Rattenlöcher mit Zement verschließen wollte und zu diesem Zweck ein paar Spatenstiche in den Fußboden tat, stieß auf ein Säulenkapitell. Als er weitergrub, fand er zwölf Marmorsäulen. Das war der Zufall. Es ergab sich, daß das, was man tief in der Erde vermutet hatte, genau einen Meter unter der Oberfläche lag. Zweitausend Jahre lang ist der Pflug des Bauern nur ein paar Handbreit über den herrlichen Mosaiken dahingegangen, auf denen einmal die diplomatischen Empfänge der makedonischen Könige stattgefunden haben, auf denen Premieren des Euripides aufgeführt worden sind, auf denen Alexander mit seiner Schwester Kleopatra gespielt hat.

In den Jahren 1914/1915 wurde eine Zeitlang an der Stelle von Pella gegraben. 1957 wurden die Grabungen wiederaufgenommen. Was als erstes zutage trat, waren die Reste eines Palastes, der zum Besitz des makedonischen königlichen Hauses gehört hat. Die Dachziegel tragen die Inschrift ΠΕΛΛΗΣ, also »aus Pella«, und ΒΑΣΙΛΙΚΟΣ, was »königlich« heißt. Fragmente von Stuck in den Farben Purpur, Weiß, Schwarz und Gelb, große in Stein eingelassene Bronzezapfen, auf denen die Holztüren sich drehten, und die Mosaiken, die sowohl Gemächer wie Höfe schmückten, lassen ahnen, was für eine schöne und luxuriöse Anlage das einmal war. Die Ausgrabungen fördern immer neue Köstlichkeiten zutage. Eines der Mosaiken zeigt den Dionysos auf einem Gepard reitend, ein anderes Helena, wie sie, im Begriff mit Paris zu fliehen, die Rosse am Zügel hält. Der Gepard kann es an Eleganz mit dem Einhorn französischer Gobelins aufnehmen. Besonders fesselnd ist ein Mosaik, auf dem dargestellt ist, wie zwei mit einem losen Umhang bekleidete und mit kurzen Schwertern bewaffnete Männer mit einem Löwen kämpfen. Der Löwe hat seine Pranke schon auf den Fuß des einen gesetzt, muß aber, von hinten angegriffen, das Haupt wenden – eine Szene von aufregender Bewegtheit! Es ist die Darstellung eines Ereignisses, welches bei einer Löwenjagd im Tierpark von Sidon tatsächlich stattgefunden hat. Krateros war es, der besonnene Freund Alexanders, der den König in seinem Ungestüm vor einem Unglück bewahrte. Dieselbe Szene, von Lysippos in Bronze gegossen, wurde später von Krateros' Sohn dem Apollon in Delphoi geweiht. Etwas sehr Entzückendes an diesen Mosaiken ist, daß sie aus naturfarbenen Steinen zusammengesetzt sind. Aber keineswegs wirken sie darum etwa primitiv. Sie gewinnen aus diesem einfachen Material einen Zug von Frische. In der Grazie der Attitude, die die Figuren zeigen, in der natürlichen Eleganz der Bewegungen der Tiere, in der Art, wie die Flächen kompositorisch gefüllt sind, geben die Darstellungen an Schönheit in nichts der Schönheit gleichzeitiger attischer Vasen nach.

Und das wiederum ist ein Beweis dafür, daß Pella nicht provinziell gewesen sein kann.
Das Land ringsum ist fruchtbar. Auf dem Weg nach Aigai werden die Getreidefelder von Orangenhainen, Melonenfeldern, Pfirsichgärten und Aprikosenplantagen unterbrochen. In den Dörfern sind die Hauptstraßen rechts und links mit alten Bäumen bestanden, welche köstlichen Schatten spenden. Den Durst kann man mit Melonen oder mit Pfirsichen stillen.
Zuweilen trifft man auf ein Dorf, dessen Bäume noch jung, dessen Häuser noch neu sind. Die Regierung hat einen großen Teil der kleinasiatischen Griechen, die nach dem Ersten Weltkrieg von Kemal Atatürk aus Anatolien vertrieben wurden, in Makedonien und Thrakien angesiedelt. Manch einer dieser Griechen mag der Nachkomme eines Soldaten sein, der vor mehr als zweitausend Jahren mit Alexander dem Großen über den Hellespontos zog, Asien zu erobern.
Aigai, die ältere Residenz der makedonischen Könige, liegt, noch einmal zwanzig Kilometer in nordwestlicher Richtung, am Rand eines Bergrückens, der steil in die Ebene abfällt. Heute ist Aigai ein hübsches Landstädtchen, durch das ein klarer, von Forellen belebter Fluß dahinschießt, der dann in mächtigen Kaskaden einige hundert Meter sich in die Tiefe stürzt. Nach vielen vergeblichen Versuchen, die Gräber der Könige zu finden, vermuten die Archäologen, daß sie in tiefen Stollen hinter dem Wasserfall im Berg liegen.
Von der Terrasse am Wasserfall blickt man über die Ebene, in der Pella liegt, bis hin zu den fernen Bergen der Chalkidike im Osten und zum schneebedeckten Olymp im Süden. Diesen verführerischen Horizont zu überschreiten ist ein Jahrhundert hindurch der Traum der makedonischen Könige gewesen. In dieser gesegneten Landschaft hat in heißen Sommern, in farbenfrohen Herbsten, in kalten Wintern Alexander seine jungen Tage verbracht.
Welcher Art ist in diesen Jahren die politische, gesellschaftliche und geistige Atmosphäre am Hofe zu Aigai und Pella gewesen?

In Makedonien gab es noch in der Mitte des 4. Jahrhunderts, als Alexander zur Welt kam, nur zwei Gesellschaftsschichten. Das waren eine Schwertaristokratie und der Stand der Hirten und Bauern. Ein Bürgertum, das eine Rolle hätte spielen können, existierte nicht. Das gesellschaftliche Leben von Hellas dagegen beruhte zu jener Zeit auf der Polis, dem Stadtstaat der Griechen, der ihre wichtigste politische Schöpfung überhaupt und zugleich die Welt gewesen ist, in der erst der griechische Geist sich zu seinem vollen Reichtum entfalten konnte. Es war eine tiefe Kluft, welche die bäuerliche Kultur der Makedonen von der urbanen Kultur der Hellenen trennte. Daran änderte auch nichts die Tatsache, daß der makedonische Adel durch das Leben am königlichen Hof mit der griechischen Bildung vertraut wurde. Die ritterliche Weise, in der dieser waffenfrohe Adel seinem König diente, war etwas den Griechen Fremdes. Gerade das Feudale dieser Welt ließ einem Hellenen die Makedonen eher den Persern ähnlich erscheinen.

Alexander ist sich der Unüberbrückbarkeit der Kluft zwischen Makedonen und Griechen immer bewußt gewesen. Später einmal, in Marakanda, als doch schon die Ergebnisse einer langen und erfolgreichen Zusammenarbeit zwischen Griechen und Makedonen vorlagen, hat er bei einem Gelage, bei dem es ziemlich wüst zuging, angesichts der Trunkenheit eines verdienten alten makedonischen Heerführers seine hellenischen Tischnachbarn gefragt, ob es ihnen nicht vorkomme, als spazierten die Griechen unter den Makedonen einher wie Halbgötter unter wilden Bestien. Bildung ist eben, auch wenn sie diese nicht beeinträchtigt, kein integrierender Bestandteil soldatischer Tüchtigkeit.

Die Bauern und Hirten Makedoniens waren einfache Leute; aber sie waren stolz, zäh und nicht weniger im Gebrauch der Waffen geübt als die Herren vom Adel. Jeder erwachsene Makedone war zugleich Soldat. Das Verhältnis zwischen dem Stand der Bauern und Hirten und dem Königshaus war charakterisiert durch loyale Ergebenheit auf seiten der Untertanen, durch patriarchalische Fürsorge von seiten des Herrscherhauses. Jeder Soldat hatte ohne Schwierigkeiten Zutritt zu seinem Fürsten. Die Rechtsprechung befand sich, wie das gerade unter einfachen Verhältnissen oft der Fall ist, auf hohem Stand. Wir können das ebenso aus der Strenge schließen, mit der Alexander auch seine höchsten Beamten bestrafte, wenn sie »das Volk unterdrückt hatten«, wie aus den Vorwürfen, die seine makedonische Umgebung ihm machte, wenn er selbst allzu autokratisch regierte. Es gab in diesem Volk einige bemerkenswerte demokratische Überlieferungen. Nach der makedonischen Verfassung galt der König erst dann als legitimer Herrscher, wenn die in der Heeresversammlung vereinigten waffenfähigen Männer ihre Zustimmung zur Krönung gegeben hatten. Die Sitte, daß nur das Heer den König auf den Thron erheben konnte, ist noch weit bis in die hellenistische Zeit hinein lebendig geblieben. Später fand diese Sitte eine für die Geschichte des Römischen Reiches bedeutungsvolle Fortsetzung in dem bestimmenden Einfluß, den die Legionen auf die Wahl der römischen Kaiser nahmen. Auch die Gerichtshoheit in Hochverratsprozessen war ein Privileg der makedonischen Heeresversammlung. Die Art, wie solche Prozesse geführt wurden, macht ganz und gar den Eindruck einer alten Rechtstradition.

Herrscherliche Fürsorge einerseits, Loyalität andererseits, dieses Verhältnis zwischen den makedonischen Königen und ihrem Volk war eine politische Notwendigkeit. Es durfte da keiner dem anderen etwas schuldig bleiben. Als Makedonien sich längst zu einem kräftigen Staat entwickelt hatte, blieb seine Unabhängigkeit bedroht. Immer wieder brachen von Norden her wilde, kühne Barbaren in unvorhersehbaren Aktionen aus den Gebirgen hervor. Es ist ein kaum beachtetes Verdienst der Makedonen um die griechische Kultur, daß sie im Kampf um ihre eigene Existenz mehr als einmal durch ihre kriegerische Tüchtigkeit Hellas vor Einbrüchen aus dem Balkan kommender Eroberer bewahrt haben. Nur vierzig Jahre nach Alexanders Tod überrannten keltische Horden Makedonien und drangen bis Delphoi vor, das sie gründlich plünderten.

Ebenso wie im Norden waren die Makedonen von Süden her gefährdet. Hier waren es die wechselnden Konstellationen in der politischen, diplomatischen und militärischen Auseinandersetzung der um die Vorherrschaft in der Aegaeis kämpfenden Großmächte Athen, Theben, Sparta und Persien, welche Makedonien unablässig im Auge behalten mußte. Die ständige Gefahr, in der das Land sich befand, war ein Grundelement der Umwelt, in der Alexander aufwuchs. Vom Beginn seines politischen Bewußtseins an war die Gefahr die strenge Herrin, welche ihn die Wichtigkeit kriegerischer Stärke lehrte.

Zum erstenmal in der Geschichte tritt hier ein Volk in Erscheinung, auf das sich der eigentlich erst der neueren Zeit angemessene Begriff »Nation« anwenden läßt. Dieses in Jahrhunderten ständiger Bedrohung gewachsene Zusammengehörigkeitsgefühl hat nach der Eroberung Asiens eine bedeutende politische Rolle gespielt, und zwar im positiven wie im negativen Sinn. Die politische Tugend nationaler Solidarität wurde nach den unerhörten kriegerischen Erfolgen der Makedonen vom Laster hochmütigen Chauvinismus' abgelöst. Auf der einen Seite war der Nationalismus der Makedonen der Grund, warum das makedonische Wesen sich in den Weiten Asiens nicht einfach aufgelöst hat. Die mit militärischem Talent verbundene politische Begabung der Makedonen sorgte dafür, daß Alexanders Eroberungen nicht sogleich wieder an die Asiaten zurückfielen. Auf der anderen Seite war der Chauvinismus der Makedonen eines der Hindernisse, an denen Alexanders Idee der Erschaffung eines einzigen großen hellenisch-makedonisch-asiatischen Reiches scheiterte. Das makedonische Heer, das die Siege Alexanders erkämpfte, war nicht imstande zu begreifen, welchen Glanz Alexander diesen Siegen geben wollte. Aber wann je haben Soldaten gewußt, was die tatsächlichen Folgen ihrer Siege sein würden! Die Ideen Alexanders haben den Trotz seines Heeres überlebt!

Wenn also auch der Staat Makedonien und sein gesellschaftliches Leben bis zu Philipp II. bäuerlich-patriarchalisch waren, über das Leben bei Hofe war der glänzende Schleier hellenischer Bildung gebreitet. Von sehr frühen Zeiten an schon haben die Herrscher ihr Auge nach dem leuchtenden Süden gerichtet, nach Hellas, und vor allen Dingen nach Athen, dem Mittelpunkt des hellenischen Lebens, in welchem Künste und Wissenschaften so hoch in Blüte standen. Die makedonischen Könige holten sich aus Hellas und von den Inseln der Aegaeis an Künstlern und Gelehrten, was Geist und Herz zu erfreuen geeignet war. Insbesondere war König Archelaos, der die Residenz nach Pella verlegte, ein wahrer Freund der Musen. Er war ein tatkräftiger und gebildeter Mann. Er baute feste Plätze. Er legte Straßen an. Er begann mit dem Aufbau jenes makedonischen Heeres, das später die Welt verwandeln sollte. Er stiftete gymnische Festspiele, die, nach Art der Spiele in Olympia auf der Peloponnes, in Dion am Fuß des Olymp abgehalten wurden. An seinen Hof holte er Dichter, Bildhauer und Maler. Die Paläste in Pella ließ er auf das prächtigste von Zeuxis ausmalen, der einer der berühmtesten Künstler seiner Zeit war. Euripides hat lange Zeit am makedonischen Hof gelebt und gearbeitet. Dort auch ist er im Jahr 406 vor Christi Geburt gestorben. So war die von Gefahren umgebene Welt, in der Alexander seine frühen Tage verbrachte, zugleich mit geistigen Spannungen geladen. Die mythischen Überlieferungen waren noch weithin lebendig; aber schon wur-

den die Gemüter durch Wissenschaft und Aufklärung heftig bewegt.
Durch seine Mutter Olympias stammte Alexander von Achilleus ab, dessen Zorn Homer in der Ilias besingt. Da die Mutter des Achilleus eine Meergöttin und Herakles, der zu den Ahnen seines Vaters gehörte, ein Sohn des Zeus war, konnte Alexander den Anspruch erheben, daß schon von seiner Abstammung her einige Tropfen Unsterblichkeit durch seine Adern flössen. Er hatte keinen Grund, die Echtheit seines Stammbaums zu bezweifeln. Der Trojanische Krieg lag für die damalige Zeit nicht weiter zurück als für uns die Kreuzzüge. In der Grabeskirche zu Jerusalem hängt das Schwert des Grafen von Bouillon, des Eroberers der Heiligen Stadt. Dieses Schwert ist für uns sogar noch hundert Jahre älter, als es für Alexander der Schild des Achilleus war, den er in Troia im Tempel der Athene fand und gegen den eigenen tauschte. Es war seines Ahnherrn Schild. Ausdrücklich wird berichtet, daß derselbe ziemlich zerbeult gewesen sei.
Welchen Eindruck muß es auf den mit so viel Phantasie begabten Knaben gemacht haben, wenn er, zu Olympias' Füßen sitzend, vernahm, daß seines Stammvaters Achilleus Mutter die Meergöttin Thetis sei, eine Nereïde, die neunundvierzig Schwestern habe, eine fröhlich geschwätzige, im Wasser spielende Schar sehr hübscher, meist verliebter Mädchen. Diese Mädchen waren die Töchter des Nereus, eines uralten Meergottes, der beim siegreichen Vordringen des aus Kreta stammenden Poseidonkultes in den Hintergrund gedrängt, aber nie ganz vergessen worden war. Die Mädchenschar ist das Symbol des plätschernden Wellenschlags eines von leisem Sommerwind bewegten Meeres. Zuweilen mag der Knabe Alexander, traumverloren, am Strand gestanden haben, den glühenden Wunsch im Herzen, daß eine seiner göttlichen Tanten, auf einem Delphin reitend, dem Spiel der Wellen entsteigen möge, ihn mit etwas Köstlichem zu beschenken. Noch heute spielen die Töchter des Nereus als holde Feen in den Erzählungen griechischer Fischer ihre zarten und liebenswürdigen Rollen.
Das Erbe der Thetis war das lichteste und leichteste Element in Alexanders Erbgut. Daneben gab es viel Dunkles, Schwerblütiges, Dämonisches, das ihn im Lauf seines Lebens immer einmal wieder und gegen sein Ende, als seine große Mission erfüllt war, mehr und mehr überwältigte.
Mit der Schilderung der alten bäuerlich-patriarchalischen

Grundlage der gesellschaftlichen Ordnung Makedoniens einerseits und der neuen, darübergebreiteten hellenischen Bildung andererseits ist aber die Umwelt des Prinzen Alexander noch keineswegs ausreichend charakterisiert. Diese beiden Elemente waren zwar der Rahmen; das Leben spielte sich zwischen der altehrwürdigen, frommen Überlieferung und der vornehmen neuen philosophischen Aufgeklärtheit ab. Aber was für ein Leben ist das gewesen! Es war voller Leidenschaften, voller Schicksal, voller Verbrechen. Und das waren Verbrechen, die die alten Tragödien von Agamemnon, von Orestes, von Oidipous an Schrecklichkeit erreichten, an Ruchlosigkeit übertrafen. Nicht mehr wie in jenen Mythen, die die Dichter aufgezeichnet hatten, brachen über den Menschen die Ereignisse mit jener schicksalhaften Unerbittlichkeit und Unausweichlichkeit herein, welche das Geschehen als von den Göttern verhängt erscheinen ließen; es waren, sozusagen, nur noch ganz gewöhnliche Verbrechen.
Betrachten wir die Charaktere, die diese Verbrechen begingen! Trotz allem sind sie groß. Man muß sich stets vor Augen halten, daß »zu jener Zeit auch die größte Verworfenheit immer im Gewand feinster Bildung aufgetreten ist«.
Olympias, die Mutter, Philippos, der Vater, haben als zwei riesige Schatten die Jugend eines Knaben verdunkelt, der von seinen frühesten Tagen an und dann sein ganzes Leben hindurch einen hellen und scharfen Verstand mit einer Vorliebe für gelassene Heiterkeit und der Neigung zu träumen verband.
Olympias, die Mutter, muß ein Mädchen von außergewöhnlicher Schönheit gewesen sein. Philipp und Olympias haben sich, fast noch als Kinder, bei den Dionysischen Mysterienspielen auf der Insel Samothrake kennengelernt. Dort auch wurde einige Jahre später die Hochzeit glanzvoll gefeiert. Es war die Hochzeit einer Löwin mit einem Wolf. Mit einer Löwin zu spielen ist sicherlich ein sehr großartiges Vergnügen. Aber wenn die Löwin in Wut gerät, beginnen unberechenbare Schrecknisse.
Olympias hatte einen starken Schuß illyrischen, also barbarischen Blutes. Jahr für Jahr zog sie zur Zeit der Dionysischen Mysterien, lebendige Schlangen schwingend, mit einer Schar von Frauen durch die Wälder, und es mag wohl vorgekommen sein, daß bei einem solchen Zug ein Hirte, der zufällig unter die Schar der Frauen geriet, nach der alten Sitte des Menschenopfers von den Frauen bei lebendigem Leib zerrissen wurde, wie Euripides das in den »Bakchen« schildert. Immer hat diese merkwürdige

Frau sich Schlangen gehalten. Wahrscheinlich auch hat sie durch geheimnisvolle Andeutungen in Alexander von Jugend an die Vermutung genährt, daß er vielleicht wirklich ein Sohn des Zeus sei. Dabei war sie von hoher Intelligenz. Als Alexander heranwuchs, begriff Olympias sehr bald, wes Ranges dieser Sohn, den sie da in die Welt gesetzt hatte, tatsächlich sei. Ihn jedenfalls hat sie, in einer Mischung von Stolz und Ehrgeiz, geliebt, und das auch dann noch, als er, König geworden, ihrer rasenden Gier nach Macht und Rache durchaus widerstand.
Plutarch spricht einmal schlicht »von dem widrigen Wesen Olympias', eines eifersüchtigen und zornigen Weibes«. Aber Zorn ist kein Einwand. Und Eifersucht muß milde beurteilt werden, wenn sie einen Grund oder sogar immer neue Gründe hat. Und daran, fürwahr, hat Philipp, der Wolf, es nicht fehlen lassen. Aber eben, es war eine Löwin, deren Stolz er kränkte. Alles spricht dafür, daß Olympias bei der Ermordung Philipps ihre Hand im Spiel hatte.
Die ganze barbarische Schrecklichkeit ihres dämonischen Charakters enthüllte Olympias erst nach dem Tod Alexanders. In furchtbarer Weise nahm sie Rache an allen, von denen sie je einmal gekränkt worden war, bis sie schließlich von den Verwandten der von ihr Ermordeten gesteinigt wurde, eine Szene, in der sie als alte Frau noch einmal ihre ganze königliche Würde zeigte, indem sie stumm, flammenden Auges ihre Widersacher musternd, das weiße Haar ordnete, sich dann in ihren Mantel gehüllt niederlegte und, von den Steinen getroffen, lautlos starb.
Von diesem stolzen, gewalttätigen, furchtbaren Charakter seiner Mutter hatte Alexander vieles geerbt. Daß er die dämonischen Tiefen seines Ich fast sein ganzes Leben hindurch beherrscht hat, gehört zu den am wenigsten beachteten, aber am meisten zu bewundernden Leistungen dieses außerordentlichen Mannes. Die wenigen Male, da die Leidenschaft die königliche Selbstbeherrschung durchbrach, wirken wie Ausbrüche eines Vulkans. Die moderne Psychologie erlaubt uns, diese Ausbrüche besser zu verstehen, als man das durch die anachronistische Anwendung moralischer Kategorien einer späteren Zeit vermag.
Philippos, der Vater, ist ein großartiger Mann gewesen. Aber das Erbe, das er seinem Sohn mitgab, war nicht weniger schwierig als das, welches Alexander von seiner Mutter mitbekommen hatte. Auch von der Seite seines Vaters her hatte Alexander illyrisches Blut. Seine Großmutter väterlicherseits, Eurydike, war die Toch-

ter eines Fürsten Sirrhas von Elimiotis. Was mag in der Seele dieses von Natur mit Edelmut begabten Knaben vorgegangen sein, als er eines Tages erfuhr, daß die liebe Großmama eine mehrfache Mörderin sei! Eurydike hat zunächst versucht, ihren Ehemann, König Amyntas, zu vergiften. Dann begann sie eine Liebschaft mit ihrem Schwiegersohn und ließ, um darin ungestört zu sein, ihre Tochter umbringen. Schließlich ließ sie auch noch, um diesen ihren Liebhaber auf den Thron zu bringen, ihren ältesten Sohn ermorden. Dabei ist diese Eurydike eine gescheite und durchaus charmante Dame gewesen, nur eben mit ein wenig viel Blut an den Händen. Es ist immer wieder überraschend, wie oft hervorragende Begabungen mit unberechenbaren Lastern gekoppelt sind.
Wir wissen nicht, was Alexander über diese dramatische Familienchronik gedacht hat. Jedenfalls hat die Tatsache, daß so wenige makedonische Könige eines natürlichen Todes gestorben sind, auch ihn, als er mit zwanzig Jahren den Thron bestieg, veranlaßt, kaltblütig drei Kronprätendenten, die legitime Ansprüche erhoben oder erheben konnten, auszuschalten.
Philipp ist, auch für einen Jüngling vom Format Alexanders, ein gewaltiges Vaterbild gewesen. Diese Vater-Imago hat Alexander niemals vollständig zu sublimieren vermocht. Philipp war ein körperlich sehr kräftiger Mann, noch in höherem Alter den unglaublichsten Strapazen gewachsen, hochintelligent, in außerordentlichem Maße mit politischem Talent begabt und dazu ein genialer Soldat. Die Griechen haben ihn nie begreifen können. Er war ebenso treulos, ebenso listig, ein ebenso großer Lügner, ebenso habgierig, machtgierig und rücksichtslos wie sie selbst. Nur in einem unterschied er sich von ihnen. Er war kein Phantast. Burckhardt, um ihn noch einmal zu zitieren, sagt von ihm: »Nach den Tugendidealisten, den Ruchlosen und den Narren kommt nun endlich in Gestalt Philipps von Makedonien der große Realpolitiker.«
Philipp war ein hervorragender Organisator. Er brachte das makedonische Heer auf einen so hohen Stand, daß es unter der Führung seines Sohnes das Persische Reich erobern konnte. Doch er selbst schon errang mit diesem von ihm geschaffenen Instrument große militärische Erfolge. Als Politiker brachte er ein Wunder zustande; er schaffte die Jahrhunderte alte griechische Zwietracht aus der Welt. Er war ein großer Trinker, ein Liebhaber der Musik, der Künste, der Wissenschaften, der Frauen

und der Weiber. Auch Philipp begriff früh, von welcher Art dieser sein Sohn Alexander sei. Frei von jenem meist aus Unverständnis geborenen Neid, den Väter, die einen Größeren als Sohn heranwachsen sehen, gewöhnlich empfinden, gab er diesem seinem so begabten, so intelligenten Sohn die besten Lehrer, die er finden konnte.
Natürlich hat Philipp, als der Knabe Alexander dreizehn Jahre alt war, weder wissen können, daß es Alexander der Große sei, der da heranwuchs, noch daß Aristoteles einmal als einer der größten Gelehrten des Abendlandes gelten werde. Aber schließlich ist es eben doch König Philipp gewesen, der den Aristoteles zum Erzieher Alexanders gemacht hat. Das wird ihm zu ewigem Ruhme gereichen.

Aristoteles, derselbe Mann, der aus seinen Gedanken ein Haus baute so groß, daß die abendländische Wissenschaft zweitausend Jahre lang darin wohnen konnte, hat durch die Ideen, die er in den Knaben einpflanzte, das meiste dazu beigetragen, daß ein Abendland überhaupt entstand. Ohne Alexander wüßten wir von Aristoteles heute kaum mehr als den Namen. Ohne Aristoteles wäre Alexander niemals der Alexander geworden, den wir bewundern können.
Sieben Jahre verbrachte Aristoteles am Hofe zu Pella. Erst nach der Thronbesteigung Alexanders zog er sich zurück. Sein Vater Nikomachos war Leibarzt des Königs Amyntas III., des Vaters Philipps II., gewesen. Stageira, des Aristoteles Heimat, liegt, nicht allzuweit von Pella entfernt, auf der Halbinsel Chalkidike in einem lieblichen Tal, an dessen Hängen sich alte schöne Wälder hochziehen. Im Altertum bestanden diese Wälder aus mächtigen Nußbäumen, Zypressen, von Efeu umwucherten Steineichen, knorrigen alten Ölbäumen, Edelkastanien, hohen Platanen, Feigen- und Maulbeerbäumen. In neuerer Zeit sind die aus Australien stammenden riesigen Eucalyptusbäume hinzugekommen.
Von den Berghöhen, auf denen Aristoteles als Knabe die Schafe seines Vaters weidete, sieht man den hoch und weit ins Meer hinausragenden Berg Athos liegen, dessen Kontur allmorgendlich von der aufgehenden Sonne mit einer goldenen Aura umgossen wird. Schon den Griechen war der Athos heilig. Der Eindruck, den diese gewaltige Natur auf das jugendliche Gemüt des Aristoteles gemacht hat, dürfte einiges zur Entstehung seines

aeonischen Weltbildes beigetragen haben, dessen die moderne naturwissenschaftliche Philosophie sich heute wieder zu erinnern beginnt.
Seine Heimat Stageira hat Aristoteles geliebt. Anläßlich eines Feldzuges gegen Olynthos war die kleine Stadt von den Truppen Philipps II. zerstört worden. Unter dem Bündel von Motiven, welche den Aristoteles veranlaßten, den Ruf nach Pella schließlich anzunehmen, mag nicht das unbedeutendste der Wunsch gewesen sein, seine Vaterstadt wiederaufgebaut zu sehen. Alexander erfüllte später seinem alten Lehrer diesen Wunsch.
Die ersten Jahre seines Aufenthalts in Makedonien verbrachte Aristoteles mit dem Prinzen Alexander und einigen jungen Adligen in Mieza auf dem Lande. Dort war man fern den Intrigen am Hofe Philipps, aber keineswegs fern seiner Politik. Aristoteles selbst war, als Schüler Platons, ursprünglich natürlich ein Anhänger des Idealstaates seines großen Lehrers gewesen. Ein Aufenthalt bei Hermias, dem Stadtfürsten von Atarneus in Kleinasien, der ihm seine Tochter Pythias zur Frau gab, brachte Aristoteles in Kontakt mit der Großmachtpolitik im Raum des Aegaeischen Meeres. Jahre hindurch hat er aus seiner überlegenen Sicht heraus dem Thronfolger, der sich seiner königlichen Aufgabe sehr früh schon bewußt war, die kluge und erfolgreiche, aber höchst verwickelte Politik Philips II. kommentiert. Es sind die Jahre gewesen, in denen Philipp Makedonien zur vierten Großmacht der Aegaeis erhob. In dieser Lehrzeit erwarb Alexander sich die souveräne Klugheit und Wendigkeit in der Lösung politischer Probleme, welche uns immer wieder so sehr an ihm in Erstaunen setzt. Ganz bewußt auch hat Aristoteles in seinen Schüler die Überzeugung eingepflanzt, daß, wenn Hellas einmal staatlich geeinigt sein werde, die Spannkraft des griechischen Geistes sich als mächtig genug erweisen werde, die Welt zu beherrschen. Auch wenn Alexander später in der Weite seiner Ideen sogar diesen Lehrer noch übertraf, bleibt bestehen, daß es Aristoteles war, von dem der zum Herrschen bestimmte und für diese Kunst so begabte Prinz politisch denken lernte. Wie modern Aristoteles war, ersieht man daraus, daß schon er die Dreiteilung der Gewalten in eine gesetzgebende, eine richterliche und eine ausübende gefordert hat.
Von größerer Bedeutung noch als die politische Erziehung war die geistige Bildung, welche Aristoteles seinem Schüler vermittelte. Das klassische Zeitalter Griechenlands lag mehr als hundert

Jahre zurück. Es war also tatsächlich unterdessen klassisch geworden. Die intellektuelle Atmosphäre in der Mitte des 4. Jahrhunderts war erfüllt von Ideen, die sich aus der geistigen Leistung der Klassik entwickelt hatten. Aristoteles war der Mann, der, über alle seine Vorgänger hinausgehend, die philosophische Leistung der griechischen Klassik zu einem organischen Ganzen zusammenfaßte. Aber er bildete nicht nur Alexanders Geist, sondern auch seinen Charakter, indem er ihn lehrte, nach ἀρετή, Arete, zu streben, jener aus den Tugenden der Gelassenheit und der Selbstbeherrschung bestehenden gehobenen Form innerer Harmonie. In Alexander ist das Streben nach Arete sein ganzes Leben hindurch ein wirksames Gegengewicht zu den dunklen Mächten seines Erbes gewesen.

Als Aristoteles nach Pella kam, war er vierzig Jahre alt. Zwanzig Jahre lang war er der Schüler Platons gewesen. Wir kennen von verschiedenen Kopien nach zeitgenössischen Plastiken den strengen Ausdruck seines Gesichts. Hinter dieser Strenge verbarg sich, wie seine Biographie bezeugt, großzügige Menschlichkeit. Wie mag der gelehrte Mann, wenn er mit seinem Schüler durch die Alleen von Mieëza wandelte, zuweilen gelächelt haben, wenn er aus dieses wohlgebildeten königlichen Knaben blauen Augen, von denen das eine ein wenig dunkler als das andere war, Lernbegier und Intelligenz blitzen sah und zuweilen natürlich auch ein Leuchten der Verehrung. Selten in der Geschichte sind Geist und Tat so Arm in Arm miteinander in einem Garten spazierengegangen. Miëza – das sind des Prinzen Alexander goldene Tage gewesen.

Alexander hat den Rang seines Vaters ebenso aestimiert wie der Vater den seinen. Beide waren sie schlechthin zu gescheit, um nicht zu begreifen, was sie aneinander hatten. Plutarch erzählt davon mehrere amüsante Anekdoten. So berichtet er, auf welche Weise Alexander, als er etwa zwölf Jahre alt war, zu seinem berühmten Leibpferd Boukephalos kam:

»Um jene Zeit führte Philonikos aus Thessalien den Boukephalos herbei und bot dieses Pferd dem Philippos um dreizehn Talente zum Kauf an.

Man begab sich ins freie Feld, um das Roß zu prüfen. Allein es schien schwer zu behandeln, ja völlig unbrauchbar zu sein, indem es weder einen Reiter aufsitzen ließ, noch die Stimme von irgendeinem aus Philipps Gefolge ertragen konnte, sondern sich

gegen jedermann bäumte. Philippos wurde endlich unwillig und gab Befehl, das Tier fortzuführen. Da sagte Alexander, der gleichfalls zugegen war: ›Ach, was für ein Pferd geht da verloren! Sie können's nur nicht reiten, weil sie zu ungeschickt sind und Angst haben!‹
Im ersten Augenblick schwieg Philipp. Als jedoch der Knabe öfters in gleicher Weise dareinsprach und großen Schmerz verriet, so sagte er: ›Willst du ältere Leute tadeln, als verstündest du etwas besser oder könntest besser reiten?‹
›Ja‹, erwiderte der Kleine; ›auf diesem Pferd kann ich besser reiten als ein anderer!‹
›Wenn du es aber nicht reiten kannst, welche Strafe willst du aushalten für deinen Vorwitz?‹
›Dann zahl' ich das Pferd‹, sagte er. ›Ganz gewiß!‹
Alles lachte. Darauf machte man die gegenseitige Festsetzung hinsichtlich des Geldes. Im nächsten Augenblick lief der Knabe zu dem Pferde hin, faßte den Zügel und kehrte es gegen die Sonne. Er tat dies ohne Zweifel, weil er bemerkt hatte, daß es durch den Schatten scheu wurde, den es vorwärtsfallen und vor seinen Augen herumtanzen sah. Sodann trabte er eine kleine Strecke nebenher und streichelte das Tier. Und als er sah, wie ihm wieder das Feuer und der Mut anschwollen, ließ er sachte den Mantel fallen, schwang sich hinauf und setzte sich fest. Zunächst hielt er es, ohne alles Schlagen oder Zerren, noch eine kleine Weile zurück, indem er die Stange mit den Zügeln leicht anzog. Dagegen, wie er bemerkte, daß das Pferd seine Drohungen aufgegeben hatte und nur eben rennen wollte, so ließ er los und jagte es noch toller durch Zuruf und durch Stoßen mit dem Fuß. Das ganze Gefolge Philipps war anfänglich in einer tödlichen Angst. Man hörte keinen Laut mehr. Als aber Alexander regelrecht schwenkte und umkehrte, ganz stolz und vergnügt, da erhoben alle ein Jubelgeschrei. Sein Vater aber vergoß, wie man erzählt, vor Freude eine helle Träne, küßte ihn, nachdem er abgestiegen war, und sagte nur:
›Knabe, suche dir ein passenderes Königreich! Makedonien ist für dich zu klein!‹«

Zu den dreizehn Talenten, die Philonikos als Preis verlangte, ist zu bemerken, daß das immerhin etwa sechzigtausend Goldmark waren. Man sieht, welche Rolle die Pferdezucht in dieser Welt spielte. Man sieht außerdem, in welch reizender Weise sich

Strenge und Freimut in dem Verhältnis zwischen König Philipp und seinem Sohn Alexander mischten.
Boukephalos war ein großer Rappe mit weißem Kopf. Das Roß hat Alexander bis Indien treu gedient. Dort ist es gestorben. Es wurde mit hohen Ehren begraben. Sogar eine Stadt hat Alexander nach ihm benannt. Noch anderhalbtausend Jahre später erfuhr Marco Polo als Gast des Mir von Badakshan, eines Fürsten, dessen Reich in der Nordostecke des heutigen Afghanistan lag, daß der Herrscher des Landes seinen eigenen Stammbaum auf Alexander, den seiner Pferde auf den Boukephalos zurückführte. In der Nähe von Rawalpindi in Pakistan, in der Landschaft, in der Alexander Boukephala gründete, gibt es einen buddhistischen Stupa, der noch heute von den Eingeborenen als das Grab des Boukephalos verehrt wird. Es gibt in der ganzen Weltgeschichte kein Pferd, das so berühmt ist wie das Leibroß Alexanders des Großen.
Für die Hochschätzung und den väterlichen Stolz, die Philipp für seinen Sohn empfand, für das bedingungslose Vertrauen, das er zu seiner politischen Begabung hatte, gibt es mehrere Beweise. Den Sechzehnjährigen schon machte König Philipp, als er zur Belagerung von Byzantion aufbrach, zum Reichsverweser und vertraute ihm das Siegel des Reiches an. Philipp war klug genug, in dieser Sache Olympias, die Unberechenbare, zu übergehen. Und Olympias wieder waren alle Träume erfüllt, wenn Alexander die Herrschaft übernahm. Und was tat der junge Herr in der Zeit seiner Reichsverweserschaft? Den Aufstand eines thrakischen Stammes benutzte er dazu, mit der später an ihm so berühmt gewordenen Schnelligkeit seinen ersten eigenen Krieg zu führen. Als er ihn siegreich beendet hatte, schickte er Philipp mit der Nachricht von dem Aufstand zugleich die Nachricht seiner Niederwerfung. Mit sechzehn Jahren! Mit achtzehn Jahren entschied Alexander an der Spitze der makedonischen Reiterei die Schlacht von Chaironeia, die das Ende der griechischen Freiheit bedeutete. Nicht nur neidlos, sondern, da er eben ein ganz souveräner Mann war, mit größtem Vergnügen sah Philipp zu, wie die Makedonen seinen Sohn, den strahlenden Jüngling, den künftigen Herrscher, liebten, ja geradezu vergötterten.
Was es für Alexander, bei allem Respekt, unmöglich machte, seinen Vater zu lieben, war die Behandlung, die Philipp der Olympias zuteil werden ließ. Schon wenige Jahre nach der

Geburt der Kleopatra, der jüngeren Schwester Alexanders, zerbrach die Ehe Philipps mit Olympias. Es folgten mehrere Heiraten Philipps und zahlreiche Liebschaften. »Das ganze Reich mußte an dem Jammer des Frauengemaches mittragen.«
Als schließlich Philipp eine Ehe mit einer Aristokratin aus altem makedonischen Adel einging, wurde aus schwelendem Zwist offene Feindschaft. Es ist erschreckend zu erfahren, wessen Alexander, der doch in diesem Alter schon all die Eigenschaften, die ihn zum großen Staatsmann machen sollten, besaß, seinem Vater gegenüber fähig war, diesem Vater gegenüber, dessen Größe und Bedeutung ihm so sehr bewußt waren. Bei der Hochzeitsfeier forderte Attalos, der Oheim der Braut, die Gesellschaft auf, die Götter nunmehr um einen echten Thronfolger zu bitten. Damit war die Legitimität und zugleich die Thronfolge Alexanders in Frage gestellt. Der beleidigte Kronprinz schleuderte, aufs höchste erregt, einen Pokal nach Attalos mit den Worten: »Du Schurke! Bin ich ein Bastard?«
Philipp, der in einer seiner vielen Schlachten ein Auge verloren hatte, trug, die leere Augenhöhle zu verdecken, schräg über die Stirn gesetzt einen goldenen Lorbeerkranz. Mit dem ihm verbliebenen andern, vor Wut funkelnden Auge blitzte er seinen Sohn an, erhob sich, zog sein Schwert und rannte gegen Alexander. »Zum Glück für beide« glitt Philipp zufolge der Wirkung des Weines aus, stürzte hin und blieb liegen. Darauf sagte Alexander über einen Mann, der sein Vater war, über einen Mann, der ein König war, über einen Mann, der immer generös zu ihm gewesen war:
»Seht nur hin! Das ist der, der sich anschickte, von Europa nach Asien hinüberzugehen! Und wenn er von einem Tisch zum andern will – fällt er hin!«
Welch grausamer Hohn! Und daß das jemand sagte, der nachher in seinem Leben unzählige Male Großmut zeigte, Verständnis hatte, Verzeihung gewährte, macht die Sache nur um so schlimmer.
Es ist keine glückliche Jugend gewesen, die Prinz Alexander in Pella gehabt hat.
Alexander nahm seine Mutter Olympias aus der Residenz fort und brachte sie zu ihren königlichen Verwandten nach Epeiros. Selbst im Zorn noch zeigte er seine politische Klugheit und sein diplomatisches Talent. Nachdem er seine Mutter in Sicherheit gebracht hatte, blieb er nicht in Epeiros. Das hätte eine Versöh-

nung mit seinem Vater, an der ihm natürlich trotz allem gelegen war, unmöglich gemacht. Er ging in einer Art von freiwilliger Verbannung nach Illyrien, dem Land, aus dessen Tiefen alles Unglück seiner Jugend stammte.

Das Vorspiel zu Alexanders Eroberungszug durch Asien, sein Übergang über den Hellespont, hat sich als eine pittoreske Szene vor einer Kulisse abgespielt, wie sie bedeutungsvoller nicht hätte sein können.

An einem strahlenden Frühlingsmorgen des Jahres 334 vor Christi Geburt überquerte Alexander die Meerenge, die Europa von Asien trennt. Noch in Europa hatte er am Grab des Protesilaos, das an der Spitze der Halbinsel Gallipoli liegt, geopfert. Protesilaos war bei Beginn des Trojanischen Krieges der erste Achaier, der nach dem Eintreffen der griechischen Flotte vor der Küste Troias an Land sprang. Er wurde, nachdem er mehrere troische Krieger im Zweikampf besiegt hatte, von Hektor erschlagen. Selbst Achilleus war nicht tapfer genug gewesen, der erste sein zu wollen. Seine Mutter Thetis hatte ihm vorausgesagt, daß der, welcher als erster an Land ginge, als erster fallen werde. Es ist ein sympathischer Zug an diesem gewaltigsten der homerischen Helden, daß schon er, wie alle Helden nach ihm, Angst hatte. Frei von Angst sind nicht die Helden, sondern die Heiligen.

In der Mitte der hier nur vier Kilometer breiten Meerenge, die wir die Dardanellen nennen, spendete Alexander dem Poseidon, dem Herrscher des Meeres, ein Trankopfer. Die goldene Schale, die er dabei benutzte, warf er zum Abschluß der Zeremonie ins Meer.

Wir verdanken es der Freude Alexanders an der großen Geste, seiner Einsicht, wie wirksam Symbole sein können, seiner Begabung, den schlichten Gemütern seiner makedonischen Bauern und Hirten Zusammenhänge sichtbar zu machen, daß wir den Beginn der neuen Weltepoche so genau nach Ort und Zeit kennen. Als Alexanders Schiff sich dem Strande von Troia näherte, stand der König am Bug, hoch aufgerichtet, in voller, in der Sonne funkelnder Rüstung, mit im Winde flatterndem weißen Helmbusch. Als der Kiel auf Grund lief, schleuderte Alexander mit mächtigem Schwung seinen Speer an Land. Tief bohrte sich die königliche Waffe in den Boden. Während der Schaft des Speers noch zitterte, sprang der junge Held an Land. Später befahl er die Errichtung eines Altars an der Stelle, an der sein Speer in den Boden gefahren war.

Oft genug in alter und in neuer Zeit ist diese Szene verspottet

worden als der allzu theatralische Einfall eines romantischen Jünglings. In der Tat war Alexander in diesem Augenblick erst einundzwanzig Jahre alt; aber dieser Jüngling eben war mit einundzwanzig Jahren mündig für die Weltgeschichte.
Hatte nicht Aristoteles ihn gelehrt, daß die Ilias die ehrwürdigste Überlieferung der Hellenen sei? Sogar in den Krieg hatte er dem jungen König ein von ihm kommentiertes Exemplar des Gedichtes mitgegeben. Welches Gewicht Homer zu jener Zeit hatte, versteht man leichter, wenn man bedenkt, wie einsam er ragte. Es gab noch keinen Vergil. Es gab noch keinen Dante. Hellas ist älter als Homer. Aber erst Homer, indem er mit seinem Epos vom Trojanischen Krieg das untergegangene Heldenzeitalter, das wir das Mykenische nennen, vor dem Vergessen bewahrte, gab den Griechen das Gefühl ihrer Zusammengehörigkeit, das Bewußtsein der Kontinuität ihrer Geschichte. Freilich konnte Aristoteles, als er den Prinzen Alexander mit Homer vertraut machte, nicht voraussehen, daß dieser Jüngling einmal bis ans Ende der Welt marschieren werde, daß der Glanz der alten Mythen der Aegaeis gen Osten hin ihm verblassen werde, daß andere, ältere Mythen aus der Tiefe Asiens an seinem Horizont auftauchen würden. Einige dieser Mythen haben nicht verfehlt, Alexander zu faszinieren. Einige davon faszinieren noch heute uns. Manche von Aesops Fabeln, manche Erzählungen aus Tausendundeiner Nacht, manche Geschichten aus Chaucers Canterbury Tales stammen aus indischen Quellen. In Indien traf Alexander mit gelehrten Brahmanen, traf der junge König mit der alten Weisheit Indiens zusammen.
Apollon begegnete Buddha.
In Asien kann man sich verlieren. In Asien kann man untertauchen, verschwinden, sich auflösen, ertrinken. In Asien kann man sogar den Frieden der Seele finden, wenn man darauf verzichtet, ein Mensch des Westens bleiben zu wollen. Die schwerste Aufgabe, die Asien stellt, ist die, sich zu bewahren. Angesichts dieser Aufgabe ist Alexander schließlich über seinen Lehrer Aristoteles hinausgewachsen.
Die Kulisse, vor der Alexanders Übergang nach Asien sich abspielte, war der Schauplatz der Ilias, die »Skamandrische Flur« mit Troia im Hintergrunde. Das gab der Szene ihren Sinn. Zudem war der Speerwurf eine Handlung von völkerrechtlicher Bedeutung. Damit, daß der König mit der Spitze seines Speers Asien berührte, erklärte er dieses Land für δορύκτητος, doryktetos,

speererworben. Mit dieser einen Geste machte Alexander sich von allem Anfang an zum legitimen Herrn dessen, was zu erobern er sich anschickte.
Der Hügel von Troia ist keine fünfzig Meter hoch. Er besteht aus einem Gewirr von Gräben, Wällen, Rampen, Bruchstücken von Festungsmauern und Resten von Häusern in vielen Schichten neben- und übereinander. Von der Kupferzeit an bis weit in die christliche Aera hinein ist dieser Hügel in dieser heute verlorenen Ecke der Welt bewohnt gewesen. Neun Siedlungen nacheinander wurden hier errichtet. Einige dieser Gründungen waren mächtige Burgen, meerbeherrschende Zentren politischer Macht. Andere waren kümmerliche, in die Ruinen untergegangener Größe eingebaute Hütten von Heimkehrern, die altem Glanz nachtrauerten. Es ist die Schicht VII A, in welcher die Archäologen die Reste des Palastes des Königs Priamos, die Reste des Heiligen Ilion feststellten. Zu Alexanders Zeit stand auf dem Hügel von Troia ein Tempel der Athene, in dem der Schild des Achilleus aufbewahrt war, bis Alexander ihn gegen den seinen tauschte. Auf Athenens Tempel hat noch der Apostel Paulus einen Blick geworfen, ehe er von Troia nach Europa übersetzte.
An dem Tag, an dem Alexander den Hellespont überschritt, begann ein neuer Abschnitt in den Beziehungen zwischen West und Ost, zwischen Europa und Asien. Verschwenden wir einen Augenblick an die Überlegung, von welch geradezu erhabener Unwahrscheinlichkeit noch zur Zeit des Trojanischen Krieges die Entstehung eines machtpolitischen Gleichgewichts zwischen Europa und Asien war. Zum erstenmal, seitdem die Achaier Hellas erobert hatten, waren sie unter einem Oberbefehlshaber, dem König Agamemnon von Argos, vereint. Sie unternahmen einen Angriff auf Troia, die mächtige, jenseits des Meeres gelegene Stadt. Wenn wir lesen, was Homer in der Ilias über die Ereignisse berichtet, haben wir den Eindruck, daß die handelnden Personen Träger unserer Vergangenheit, Abendländer, Europäer sind. Was aber stand hinter den Achaiern, das uns berechtigt, sie Europäer zu nennen? Machtpolitisch gesehen war es ein schieres Nichts. Es gab nur diese wenigen achaiischen Fürstentümer, die sich über das Festland von Hellas und einige Inseln der Aegaeis und des Ionischen Meeres verteilten. Alles, was westlich dieses Bereichs lag, war politisch noch nicht geformt, war noch nicht »in die Geschichte eingetreten«. Aber damit ist die Unwahrscheinlichkeit der Anfänge noch nicht zulänglich gekenn-

zeichnet. Es kommt hinzu, daß der Sieg in dem zehnjährigen Ringen zwischen den Achaiern und den Troern keine politischen Folgen gehabt hat. Für Asien war die Niederlage der Troer und die Zerstörung ihrer Stadt von keiner großen Bedeutung. Asien in seiner grenzenlosen, schillernden Mannigfaltigkeit lebte weiter. Bei den Griechen aber bricht sogar der Mythos ab. Wir hören eben noch dies und das von den Söhnen der Helden Homers. Über ihre Enkel ist Schweigen gebreitet. Die Welt dieser Helden, die Mykenische Kultur in Hellas, wurde kurz nach dem Trojanischen Krieg durch jüngere, aus dem Norden hereinbrechende Griechenstämme vernichtet. Das Epos dagegen, das diese so vergeblich verrichteten Heldentaten besingt, hat Geschichte gemacht. Am Anfang Europas steht ein Lied.

Hatte Alexander nicht recht, daß er, der König, der sich anschickte, eine Weltmacht zu werden, der Weltmacht der Poesie seine Reverenz erwies?

Homer berichtet nichts über die Hintergründe des Trojanischen Krieges. Das war nicht seine Sache. Doch wäre es töricht zu meinen, daß die an der Zufahrt zu einer der bedeutendsten Meerengen der Weltgeographie erbaute Festung Troia keine handelspolitischen Interessen gehabt hätte. In klassischer Zeit waren die Dardanellen ein Stück der wichtigsten Schiffahrtslinie Athens. Aus den fruchtbaren Ländern an der Nordküste des Schwarzen Meeres, der heutigen Ukraine, kam das billige Getreide für das damals übervölkerte Attika. Mit der Möglichkeit, diese Verbindung Athens mit seinen Getreidelieferländern zu unterbrechen, besaß Alexander ein stets zur Verfügung stehendes Druckmittel gegen die ihm nie freundlich gesinnte Stadt.

Immer ist der Hellespont ein Brennpunkt großer Politik gewesen. Caesar und vierhundert Jahre später Kaiser Konstantin der Große wollten an der Stelle von Troia die neue östliche Hauptstadt des Römischen Reiches errichten. Konstantin hatte sogar schon zu bauen begonnen. Erst später wählte er Byzanz. Die ersten arabischen Flotten sind im 8. Jahrhundert nach Christo in die Dardanellen eingedrungen. Friedrich Barbarossa auf dem Dritten Kreuzzug setzte hier sein Heer nach Asien über. Der Zusammenbruch des Byzantinischen Reiches in der Mitte des 15. Jahrhunderts erfolgte, als die Dardanellen in die Hände der Türken gefallen waren. Noch 1915 hoffte Churchill, durch die Eroberung der Halbinsel Gallipoli dem Ersten Weltkrieg die entscheidende Wendung zu geben.

Blickt man über die Skamandrische Flur nach Gallipoli hinüber, sieht man fruchtbares Ackerland vor sich liegen, bestellt von Bauern, deren Vorfahren zu Alexanders Zeit noch als Nomaden durch die Steppen Innerasiens zogen. Am Horizont erkennt man das wie ein Tor gegen den hellen Himmel sich abzeichnende Denkmal, das die Türken ihren im Ersten Weltkrieg gefallenen Soldaten errichtet haben. Während wir versonnen hinüberschauten, gleitet durch die schmale Durchfahrt, die die Aegaeis mit dem Marmarameer verbindet, der Flugzeugträger »Franklin Delano Roosevelt«, fünfundvierzigtausend Tons, grau, elegant, unheimlich, ein Meerungeheuer unserer Zeit, begleitet von einem schweren und zwei leichten Kreuzern. Im Siebenten Gesang der Ilias sagt Hektor, der einen achaiischen Helden zum Zweikampf herausgefordert hatte:

». . . Doch der Erschlagene kehrt zu den schön gebordeten Schiffen,
Daß mit Pracht ihn bestatten die hauptumlockten Achaier
Und ihm das Grab aufschütten am offenen Hellespontos.
Dann aber spräche wohl einer im Volke der Spätgebornen,
Der im vielrudrigen Schiff auf dunkler Woge vorbeizieht:
Seht das ragende Grab des längst gestorbenen Mannes,
Der einst tapfer im Streit hinsank dem göttlichen Hektor!
Also redet man einst, und mein ist ewiger Nachruhm . . .«

Während die Spätgebornen auf dunkler Woge vorübergleiten, berührt uns die Melancholie des Ruhms, die wie ein Hauch die Verse Homers durchzieht.

Der Übergang Alexanders über den Hellespont war mit einem erheblichen operativen Risiko verbunden. Auf See waren die Perser ihm überlegen. Zwar konnte Alexander in seiner Eigenschaft als Bundesfeldherr des von König Philipp II. nach seinem Sieg bei Chaironeia geschaffenen Korinthischen Bundes, dem außer Sparta alle griechischen Staaten angehörten, über die Flottenkontingente der Mitglieder des Bundes verfügen. Aber die meisten Städte standen ihm und seinem Unternehmen mit so viel Ablehnung gegenüber, daß er von dieser Möglichkeit nur beschränkten Gebrauch machte. Im Grunde war Alexanders Feldzug bis zu dem Augenblick, in dem er, nach der Eroberung Syriens, Aegypten besetzen konnte, der Krieg eines Landheeres gegen eine seebeherrschende Macht, der einzige in der Geschichte, der je gewonnen wurde. Zu den tieferen Gründen des Erfolges

Alexanders gehört, daß er, der hervorragende Taktiker des Landkrieges, fähig war, maritim zu denken.
Wie leicht hätten die Perser den Übergang des makedonischen Heeres über den Hellespont stören können! Während der König bei Troia übersetzte, überschritt sein Heer die Meerenge zehn Meilen dardanelleneinwärts. Der Übergang wurde von Parmenion geleitet, dem ältesten und erfahrensten General der Armee. Das Heer bestand aus dreißigtausend Mann zu Fuß und fünftausend Reitern. Diese Masse von Menschen und Tieren auf die kleinen Schiffe der damaligen Zeit zu verladen muß Tage gedauert haben. Ein persisches Geschwader von einiger Stärke hätte damals Alexanders ganzen Ruhm in den Grund bohren können. Aber Dareios, mächtiger Herr eines Weltreiches, beging vom ersten Augenblick an den schwersten aller Fehler, er unterschätzte seinen Gegner.
Schon König Philipp hatte sich mit Asienplänen beschäftigt. Die oft gestellte Frage, wie Alexander überhaupt auf den Gedanken gekommen sei, einen Krieg gegen das Persische Weltreich zu entfesseln, beantwortet Tarn, der englische Alexanderforscher, mit trockenem Witz dahingehend, daß Alexander niemals auf den Gedanken gekommen sei, es nicht zu tun. Seine ganze Jugend war von dieser Idee erfüllt. In den letzten Jahren seiner Regierung hatte Philipp begonnen, die Vorbereitungen für den Feldzug gegen Persien ernsthaft voranzutreiben. Die moralische Begründung für das Unternehmen war, Hellas müsse die Perser für die Frevel gegen die Götter bestrafen, welche Xerxes mit der Zerstörung der Tempel auf der Akropolis begangen habe. Des Xerxes Frevel lagen mehr als anderthalb Jahrhunderte zurück! Das wahre Motiv Philipps war die Hoffnung, daß dieser Feldzug gegen Asien seiner Herrschaft über Griechenland den Schein einer Berechtigung verleihen werde. So hatte Philipp ein Heer nach Kleinasien geschickt. Er rechnete damit, daß die unter persischer Oberhoheit stehenden Griechenstädte an der Küste sich mit Makedonien verbünden würden.
Den kleinasiatischen Feldzug leitete, solange König Philipp regierte, sein Feldherr Parmenion. Während der Wirren, die bei dem Thronwechsel im Jahre 336 entstanden, hatte Alexander Parmenion, auf dessen Loyalität er zählen konnte, aus Kleinasien nach Pella zurückgerufen. Der Stellvertreter Parmenions wurde von dem Griechen Memnon aus Rhodos, einem ganz ausgezeichneten Mann, der im Dienst des Großkönigs stand,

besiegt und auf die Küste des Hellespontos zurückgeworfen. Einen Brückenkopf auf asiatischer Seite konnten die Makedonen halten. Am Hofe zu Susa glaubte man, daß mit dem Sieg Memnons der Angriff der Makedonen erledigt sei. So ging der Übergang des makedonischen Heeres über den Hellespont ohne Störungen von seiten der Perser vonstatten.
Auf die Soldaten seines Heeres hat die so eindrucksvoll in Szene gesetzte Landung ihres Königs an der Küste vor Troia natürlich mächtig gewirkt. Soldaten lieben nun einmal das Großartige. Läßt man die Heerführer der Geschichte an seinem Auge vorüberziehen – Hannibal, Caesar, Wallenstein, Prinz Eugen, Wellington, sie sind einer wie der andere prachtvolle Persönlichkeiten. Was für ein wunderbarer alter Mann war der Marschall Kutusow, der Napoleon zum Rückzug aus Rußland zwang! Tolstoj in »Krieg und Frieden« hat ihn uns gezeichnet. Was für eine vorzügliche Figur war der fromme und fröhliche alte Husar Feldmarschall Blücher. Er hielt nicht viel von Strategie, aber in seinen Schlachten pflegte er zu siegen. Für so einen Mann gingen die Soldaten durchs Feuer der Feinde. Alexander war ein hervorragender Menschenkenner. Er wußte, wie man die Herzen von Soldaten gewinnt.
Man stelle sich vor, wie an dem Abend des Tages, an dem der Übergang über den Hellespont beendet war, die Makedonen an ihren Lagerfeuern sitzen. Ihren ersten Sold haben sie beim Ausmarsch empfangen. Es gibt Wein. Beim Pokulieren wird von all den hundert Zwischenfällen gesprochen, die jedes militärische Unternehmen mit sich bringt. Palaver ist so alt wie Krieg. Es wird von den Persern, den Gegnern von morgen, gesprochen und von ihrer großen Macht. Einer aus der Gegend erzählt vom König Xerxes, wie er zwei Brücken über den Hellespont schlug, die aus vielen hundert Schiffen bestanden, und wie der König, als ein Sturm die Brücken zerstörte, das Meer peitschen ließ.
Der Abend ist lang. Einer von den Inseln berichtet von der mächtigen Flotte des Großkönigs, die hauptsächlich aus phoinikischen Schiffen bestehe und solchen von den Inseln Kypros und Mytilene. Ein wenig prahlt der junge hellenische Leichtmatrose mit seiner seemännischen Sachkenntnis vor den Bauernburschen aus dem Gebirge. Die Phoiniker seien doch, nach Meinung aller Kenner, die besten Seeleute der Welt. Noch im nachhinein läuft den der Seefahrt unkundigen Soldaten ein kleiner Schauer über den Rücken bei dem Gedanken, welchen Gefahren sie da eben

entronnen sind. Und einer, der weit umhergekommen ist, kennt sogar Homers Geschichte vom Zorn des Achilleus und von der Eroberung des nahen Troia durch die Achaier vor langer, langer Zeit. Während er davon erzählt, tritt an das Lagerfeuer ein verstaubter, von seinem Ritt noch erhitzter Soldat, der aus Troia kommt. Man reicht ihm einen Becher Wein. Und nun erzählt er die Mär von der Landung des neuen Achilleus. Offenen Mundes lauschen die Soldaten. Und diese wunderbare Geschichte ist nicht tausend und auch nicht hundert Jahre alt. Gerade soeben erst hat sie sich ereignet. Und dieser neue Achilleus ist ihr eigener junger König. Alexander wußte, warum er seine Landung so dramatisch gestaltete. Er vereinte das Genie des Feldherrn mit dem Talent des Truppenführers.

Die Auseinandersetzung zwischen Persien und Griechenland hat sich über einen langen Zeitraum erstreckt. Ihr Höhepunkt war die Sturzflut von Ereignissen, welche durch Alexanders Angriff auf Asien ausgelöst wurde. Die Epoche, die dabei ihr Ende fand, war etwa dreihundert Jahre alt. Dreihundert Jahre sind in der Geistesgeschichte keine so sehr lange Zeit. Das Zeitalter der Naturwissenschaften, in dem wir heute leben, hat mit der Anwendung des mathematischen Kalküls auf die Natur durch Kepler im Anfang des 17. Jahrhunderts begonnen. Was die Kraft des hellenischen Geistes im Jahrhundert Alexanders ausmachte, hat ebenso im 6. Jahrhundert seinen Anfang genommen wie das, was durch diese Kraft vernichtet wurde. In der Tat, Hellas und Persien zeigen in diesem Zeitraum eine gewisse Parallelität der Entwicklung. Die Bauwerke, welche die künstlerischen Höhepunkte der beiden Kulturen repräsentieren, die Akropolis in Athen und die Königsburg Persepolis, wurden innerhalb zweier Menschenalter errichtet. Man kann weder den Persern noch den Hellenen gerecht werden, wenn man nicht den Ursprüngen einige Aufmerksamkeit zuwendet.
Werfen wir einen Blick auf das 6. Jahrhundert vor Christi Geburt! Es ist das merkwürdigste, bedeutendste und folgenschwerste Säkulum der ganzen Geschichte. Und das ist es nicht nur für Griechenland und Persien, sondern für eine alle Völker umfassende Menschheit, die als Idee erst dreihundert Jahre später im Kopf Alexanders des Großen Gestalt annehmen sollte. Es sind natürlich nicht politische Ereignisse, es sind die Gedanken und Taten einer ganz ungewöhnlich großen Schar erlesener

Geister, welche diesem Jahrhundert seinen Rang geben. Nur unter der Dynastie der T'ang in China und in der Renaissance in Italien hat es noch einmal eine solche Häufung von Genies gegeben. Aber in diesen beiden Fällen waren sie nicht in der Weise über die ganze Welt verteilt, wie das im 6. Jahrhundert der Fall war. Das 6. Jahrhundert vor Christi Geburt brachte in Hellas die Gelehrten hervor, die am Anfang der Wissenschaft stehen. Es waren Philosophen. Der erste in dieser Weltrangliste der Gelehrsamkeit, Thales von Milet, ist der Schöpfer der abstrakten Geometrie. Er erkannte außerdem, daß innerhalb der Mannigfaltigkeit der Natur konstante Abhängigkeiten einer Größe von einer anderen vorkommen. Damit ist er der Entdecker der Tatsache, daß es Naturgesetze gibt. Ihm folgte die große Zahl jener Philosophen, die man die Vorsokratiker nennt.
Das 6. Jahrhundert brachte den Mathematiker Pythagoras hervor, der von unserer Erde meinte, daß sie nur ein Stern unter Sternen sei. Sappho von Lesbos und Alkaios schenkten der Welt die lyrische Dichtung. Solon gab Athen Gesetze, deren Weisheit noch heute unser Staunen erregt.
Dem stand das 6. Jahrhundert Asiens gegenüber. Im Iran gründete Kyros der Große das Persische Weltreich. Alexander hat diesen Fürsten bewundert. Kyros ist der erste Herrscher der Weltgeschichte gewesen, der religiöse Toleranz übte. Das Persische Weltreich wurde das Vorbild für alle Imperien, die nach ihm entstanden. Zum erstenmal wurde es das für Alexander. Unter Kyros begann die Aufzeichnung der Lehre des Propheten Zarathustra im Avesta, dem heiligen Buch der persischen Staatsreligion. In Palästina stimmte Jeremia seine Klagelieder an, und Hesekiel erlebte das Strafgericht Gottes über Israel. In Indien begründete Prinz Gautama die erste der großen Weltreligionen, den Buddhismus. In China lehrte Laotse, dessen fromme Weisheit, lehrte Konfuzius, dessen staatspolitische Klugheit noch heute lebendig sind.
In diesem bemerkenswerten Jahrhundert haben sich abgespielt der Turmbau zu Babylon, die Erbauung des Artemistempels zu Ephesos, die Erbauung des Apollontempels zu Delphoi, der Wiederaufbau des Tempels Salomonis zu Jerusalem, die Gründung der Stadt Odessa an der Küste der Skythen im Schwarzen Meer, die Gründung der Stadt Marseille an der Küste der Kelten im westlichen Mittelmeer. Es war das Jahrhundert, in welchem das Huhn als Haustier aus Kleinasien nach Hellas kam. Es war

das Jahrhundert, welches das Ende der Pharaonen und die Geburt der Tragödie brachte.
Wir besitzen keinerlei Nachricht darüber, ob die Großen des 6. Jahrhunderts in West und Ost, ob Thales von Zarathustra, Solon von Konfuzius, Pythagoras von Buddha, Sappho von Laotse gewußt haben. Vielleicht haben Verbindungen bestanden. Aber erst Alexanders Eroberungszug hat dazu geführt, daß Lehren und Weisheiten des Westens und des Ostens miteinander in Kontakt kamen, einander beeinflußten, durchdrangen, bereicherten und dazu beitrugen, den Menschen ein wenig zivilisierter zu machen, als dieses intelligente und gelehrige Raubtier von Natur aus ist.

Der Altar, der an der Stelle errichtet wurde, an der der königliche Speer in den Boden gefahren war, ist verschwunden. Wäre Alexanders Sprung in die Zukunft nicht eines Denkmals am offenen Hellespontos wert?

Nachdem Alexander den Hellespontos überschritten hatte, brannte er vor Begier, den Feind zu treffen. Das gelang überraschend schnell. Nur zwei Tagesmärsche von der Stelle entfernt, an der sein Heer den Boden Asiens betreten hatte, erwarteten ihn die Perser. Sie hatten ihre Streitkräfte am überhöhten Ostufer eines kleinen Flusses aufgestellt, von dem aus sie das gegenüberliegende, niedrigere Westufer beherrschten. Das Flüßchen strömte in raschem Lauf der nur wenige Meilen entfernten Küste des Marmarameeres zu; doch war es nicht tief genug, einen entschlossenen Gegner vom Angriff abzuhalten. Die Stellung war klug gewählt, die Verteilung der zu ihrer Verteidigung bereitstehenden Kräfte von bemerkenswerter Torheit. Am Ufer des Flusses hatten die Perser die Berittenen aufgestellt, auf einem Hügel ein Stück dahinter die Fußtruppe. Das war eine Formation von etwa zehntausend kampferprobten griechischen Söldnern. Nun können zwar Fußtruppen sowohl angreifen wie verteidigen; aber Kavallerie in der Schlacht ist eine reine Angriffswaffe.
Der Anlaß zu dieser taktisch falschen Aufstellung war der Hochmut der persischen Ritter, die sich den Söldnern zu Fuß an Tapferkeit überlegen fühlten. Dieser Hochmut ist alt. Er wurde zum erstenmal beobachtet, als zum erstenmal ein Mann sich auf den Rücken eines Pferdes schwang und nicht wieder herunterfiel. Doch entbehrte der Hochmut der persischen Ritter nicht einer gewissen Noblesse. Sie hatten beschlossen, Alexander in offener Feldschlacht, im Kampf Mann gegen Mann, zu töten.
Das Flüßchen, dessen Name durch die Ereignisse jener Tage so berühmt wurde, war der Granikos. Er entspringt auf dem Ida, einem Berg, der den Fluß an Ruhm noch übertrifft. Es ist der Berg, auf dem Paris seine Schafe weidete. An der Quelle des Granikos sitzend entschied der Prinz aus Troia den Streit zwischen Hera, Athene und Aphrodite um den Preis der Schönheit. Er überreichte den Goldenen Apfel der Aphrodite, der Göttin der Liebe. Aus dem Urteil des Paris entwickelten sich die Konflikte, die schließlich zum Trojanischen Krieg führten.
Sicherlich hat sich Alexander, als er auf dem Weg in die Schlacht am Fuß des Ida entlangritt, nicht nur dieser Szene erinnert, sondern auch jener anderen, von Homer beschriebenen, die sich wenig später auf dem gleichen Berg abspielte, der Szene, in der

Hera, die Göttermutter, versuchte, durch zärtliche Liebesspiele Zeus von der Beobachtung des taktischen Verlaufs einer für die Griechen ungünstig sich entwickelnden Schlacht vor Troia abzuhalten. Welche Gottheit wohl würde sein Schlachtenglück lenken?
Es war nicht Aphrodite. Alexander gewann seine Schlacht. An Tapferkeit im Dienst ihres Königs hatten es die persischen Ritter nicht fehlen lassen. Es waren die taktischen Fehler ihrer Aufstellung, auf denen Alexander den Plan aufbaute, der zu seinem Sieg führte. Fast hätte der noble Hochmut recht behalten. Während der Schlacht, im ärgsten Getümmel um den König, war die Streitaxt eines Satrapen schon erhoben, um Alexanders Haupt zu spalten, als einer der Getreuen des Königs mit einem Schwertstreich den Arm mit der Streitaxt abhieb. Der noble Hochmut verlor die Partie. Dem getreuen Mann hat Alexander später bei einer während eines Gelages entstandenen zornigen Auseinandersetzung einen Speer durch den Leib gerannt.

Nach dem Sieg am Granikos war die Besetzung Anatoliens, des Hellas gegenüberliegenden Teils des Achaimenidischen Reiches, nur noch eine Frage der Zeit. Die Welt begann aufzuhorchen. Nur Susa wiegte sich noch immer im Gefühl der Überlegenheit.
Alexanders Gegner war der König der Könige Dareios III., der Herrscher über das Persische Weltreich. Er gehörte dem Clan der Achaimeniden an, dessen Stammvater Kyros der Große das Reich gegründet hatte. Was Tugend, Vornehmheit der Gesinnung, Hoheit und Glanz der Person anbelangt, kann man den König der Perser dem König der Makedonen an die Seite stellen. Die männliche Schönheit des Dareios wird von den antiken Schriftstellern ebenso gerühmt wie das gewinnend Angenehme in der Erscheinung Alexanders. Der militärischen Begabung, dem politischen Scharfblick und dem Elan seines makedonischen Gegners war Dareios in keiner Phase ihrer Auseinandersetzung gewachsen. Vor allen Dingen aber, er hatte kein Glück. Das Schicksal war gegen ihn.
Dareios wurde um so unglücklicher, als die ersten Jahre seiner Regierung höchst glücklich gewesen waren. Im selben Jahr wie Alexander, nur wenig älter als er, hatte Dareios III. den Thron bestiegen. Unter seinem Vorgänger Artaxerxes III., dessen Regierung ungefähr in die gleiche Zeit fällt wie die Philipps II., war Aegypten zurückerobert worden. Während Makedonien seine

neue Macht begründete, stellte Persien seine alte Macht wieder her. Gefährliche Satrapenaufstände waren niedergeschlagen worden. Dareios hätte in Frieden regieren können. Dazu war er glücklich verheiratet. Seine Töchter waren die schönsten Mädchen Asiens.
Über diesen Mann ist Unglück in einem Ausmaß hereingebrochen wie selten über einen Menschen. Er verlor seine Schlachten, sein Reich, seine Familie, seine letzten Anhänger und schließlich sein Leben. Nur seine Ehre rettete er. All sein Unglück ertrug er mit unerschütterlichem Mut und großer Würde bis zu jenem letzten Seufzer, mit dem der Sterbende seinen glücklicheren Gegner grüßen ließ.
Als Alexander in die Schlacht am Granikos zog, war Dareios noch glücklich. Er saß, zweitausend Meilen fern vom Schuß, in Susa, der im Lande Elam ohnweit der Mündung des Karoun in den Persischen Golf gelegenen Hauptstadt seines Imperiums. Dareios' Verhalten beweist, daß er von dem Angriff des jungen Königs der Makedonen irgendwo da oben an den fernen Grenzen nicht sonderlich beeindruckt war. Das ist gewiß ein Fehler gewesen. Immerhin waren schon unter Dareios' eigener Regierung König Philipps Generale bis Ephesos und Milet vorgedrungen. Nun, man hatte sie geschlagen; man hatte sie auf ihre Ausgangsposition, den Hellespontos, zurückgedrängt.
Wir müssen uns vorstellen, wie, von Susa aus gesehen, so ein Krieg sich ausnahm, der an den Grenzen eines Reiches stattfand, das vom Jaxartes, vom Hindukush und von den Küsten des Kaspischen Meeres bis in den Sudan und zu den Oasen der Libyschen Wüste reichte. In einem Gebiet von solcher Ausdehnung und solcher Mannigfaltigkeit der unterworfenen Völker ist immer an irgendeiner Stelle die Ruhe gestört. Da gab es Einfälle von Nomaden aus den Steppen Innerasiens in die Satrapien Sogdiana und Baktrien, Raubzüge aethiopischer Stämme nach Oberaegypten, Aufstände im Kaukasos, Rebellionen unter den Bergvölkern im Zagros und unter den Beduinen in den großen Wüsten im Südwesten des Reiches. In einem so ausgedehnten Gebiet kann nicht bei Störungen des Gleichgewichts jedesmal sofort eine umfassende Mobilmachung befohlen werden. Während der Herrschaft der Achaimeniden war Persien niemals von außen her gefährdet. Es war nicht »das morsche Riesenreich«, als das es, allzu simpel, in den Schulbüchern bezeichnet wird. Dieser autokratisch regierte Staat hatte eine geordnete Verwaltung. Es

gab ein vorzüglich ausgebautes Straßennetz. Die Perser sind die Erfinder der Post. Die Religionen der unterworfenen Völker wurden von der Regierung mit Toleranz behandelt. Bekannt ist das Ende der Gefangenschaft der Juden nach der Eroberung Babylons durch Kyros. In Kunstliebe und Bildungsfreudigkeit standen die persischen Könige hinter den griechischen Tyrannen des 5. und 4. Jahrhunderts nicht zurück. Die Verwaltung des Imperiums lag in den Händen einer fähigen, royal gesinnten Aristokratie von hohen Ehrbegriffen, die nicht korrupter war, als es nach langen Perioden des Wohlstandes überall in der Welt zu sein pflegt. Wie hätte Dareios, der über unermeßliche Mengen von Gold und eine unübersehbare Fülle von militärischen Reserven verfügte, auf den Gedanken kommen können, daß das Dreißigtausendmannheer einer mittleren Großmacht imstande sein werde, eine Weltmacht wie die seine zu vernichten.

Die Frage liegt nahe, warum dieses mächtige Achaimenidische Reich seinem ersten und zweiten Angriff auf Hellas keinen dritten hat folgen lassen. Griechenland war seit dem Anfang des 5. Jahrhunderts, als es noch den Angriff Persiens abzuschlagen die Kraft hatte, durch Bürgerkriege mehr und mehr zerrüttet worden. Warum griff Persien nicht noch einmal an? Die Antwort ist einfach. Das Weltreich hatte es nicht nötig.

Der skythische Feldzug Dareios' I. und der griechische des Xerxes gehörten noch jener Phase aggressiver Expansion an, wie sie für die Jugend von Weltreichen charakteristisch ist. Diese Phase war für Persien vorüber. Das Auslaufen einer solchen Bewegung hat viele Gründe. Ein Gefühl der Sättigung tritt ein; die Nachschublinien werden zu lang; die exzentrische Verlagerung des Schwergewichts der Herrschaft führt zu Unruhen an entfernten Stellen; vor dem Eroberer taucht eine nicht mehr übersehbare Wildnis auf. So entsteht schließlich eine Demarkationslinie, an der die Expansion zum Stillstand kommt. Für das spätere Römische Reich sollte das im Osten der Euphrat, in Europa der Limes werden. Die persischen Eroberungen endeten im Osten am Indus, nach Europa hin an den Küsten des Marmarameeres und der Aegaeis.

Marathon und Salamis bedeuteten für die Perser etwas anderes, als was sie heute für uns bedeuten. Für Hellas und alles, was danach aus der griechischen Kultur entstand, sind diese Schlachten geschichtliche Entscheidungen ersten Ranges. Sie retteten die Freiheit, das Kernstück der Zivilisation des Westens. Unter einem persischen Satrapen in Athen wäre Perikles verbannt gewesen, und der Parthenon wäre niemals in dieser zeitlosen Schönheit erbaut worden. Theater hätte es vielleicht gegeben, aber ohne die klare Luft der Freiheit keinen der großen Poeten. Für die Perser dagegen waren ihre Niederlagen in Attika und an seiner Küste das Ende ihrer Expansion, ein Rückschlag an den Grenzen, der für ein Machtgebiet von der Ausdehnung ihres Reiches keine allzu große Bedeutung hatte. Nach zwei, drei Generationen hatte das Weltreich aus Erfolg und Überlieferung einen außenpolitischen Stil entwickelt, der, vornehm und ein wenig müde, die Mittel der Diplomatie der militärischen Gewalt vorzog. Hellas wurde vor einer Wiederholung des persischen Angriffs genau durch das geschützt, was alle Historiker ihm als beklagenswerten und unverzeihlichen Fehler vorwerfen, seine Zerrissenheit. Gegen ein geeintes und langsam immer mächtiger werdendes Hellas hätte Persien ebenso kämpfen müssen wie fünfhundert Jahre später die Sasanidenkönige gegen das Byzantinische Reich. Damals aber genügte es der persischen Diplomatie noch, durch Bestechung die Rivalitäten in Hellas lebendig zu erhalten, immer wieder Öl ins Feuer der politischen Eifersucht, Goldstücke in ausgestreckte Hände zu schütten. Philipp II. hat dieses Spiel mit der gleichen Eleganz betrieben wie Susa. Mit souveränem Zynismus hat er einmal die Bemerkung gemacht, daß ein mit Gold beladener Esel die steilste Festung erklimme. Die Perser haben Philipp besser durchschaut als die Griechen. Noch bei Chaironeia, dem letzten Kampf der Hellenen gegen Philipp II., waren die Perser die Alliierten Athens. Sie verbündeten sich mit den Griechen, ihre Schwäche verteidigen zu helfen. Als Philipp dann Hellas im Korinthischen Bund einigte, verwandelte sich freilich mit einem Schlag die ganze politische Lage in der Aegaeis von Grund auf. Und ehe die Perser richtig begriffen hatten, was diese völlig neue Situation für sie bedeutete, war alles schon vorüber.

Der erste Fehler des Dareios, die Unterschätzung der Gefährlichkeit der Lage, hatte sogleich einen zweiten zur Folge. Dareios hatte für den anatolischen Kriegsschauplatz keinen Oberbefehlshaber ernannt. Das Motiv war Rücksichtnahme auf das Ehrgefühl seiner kleinasiatischen Satrapen; denn der Mann, der allein für den Posten eines Oberbefehlshabers in Frage gekommen wäre, war ein Grieche, der Rhodier Memnon.

Dieser Gegenspieler Alexanders ist in mehr als einer Hinsicht eine fesselnde Persönlichkeit. Memnon war ein fürstlicher Herr im westlichen Kleinasien. Durch seine Heirat mit Barsine, der Tochter des Satrapen Artabazos, war er nicht nur mit dem iranischen Hochadel, sondern sogar mit den Achaimeniden verschwägert. Zu seinem Besitz gehörte ein Teil der Landschaft Troas. Außerdem war er der Hyparch, der von Dareios eingesetzte Hochkommissar der Griechenstädte an der Küste Anatoliens. Alexander kannte Memnon. Der an allen Dingen der Kriegführung interessierte Mann hatte eine Zeitlang am Hofe Philipps gelebt, vermutlich aus keinem anderen Grunde, als um sich über die bei den Makedonen eingeführten militärischen Neuerungen zu informieren. Memnon war Alexanders Gegner, weil er sich durch den makedonischen Angriff in seinem Besitz in Kleinasien bedroht fühlte. Dieser Grieche aus Rhodos, der etwas von einem Condottiere hatte, war als Stratege ein Alexanders würdiger Gegner. Nur eben, er hatte den Satrapen Anatoliens gegenüber keine Befehlsgewalt. So konnte er im Kriegsrat nur Vorschläge machen.

Die Satrapen, die Stellvertreter des persischen Königs in den Provinzen, waren selber kleine Fürsten. Sie besaßen eine gewisse, durch Überlieferung geschützte Selbständigkeit. Viele von ihnen haben eigene Münzen geprägt, deren besondere Schönheit noch heute von den Kennern geschätzt wird. Die Vorschläge, die Memnon in diesem erlauchten Kreis von Aristokraten machte, waren zu modern, als daß sie Aussicht gehabt hätten, angenommen zu werden.

In den dreizehn Jahren seiner Kriegführung hat Alexander nur vier offene Feldschlachten geschlagen. Obwohl von diesen vier Schlachten die am Granikos die einzige ist, in der das makedonische Heer an Stärke dem Gegner überlegen war, hat es keine Situation gegeben, in der sich Alexander so gefährlichen Risiken gegenübergesehen hat wie vor dieser Schlacht. Von diesen Risiken war das gefährlichste, daß die Schlacht nicht zustande käme. Bei aller Verschiedenheit der sonstigen Bedingungen ist es das gleiche Risiko, das schließlich Napoleons Angriff auf Rußland in einem so fürchterlichen Desaster enden ließ.

Mit sicherem Blick hatte Memnon das schwächste Element in Alexanders militärischer Situation erkannt. Es war das der Punkt mit dem geringsten Gehalt an farbenprächtigem Heldentum, die Frage des Nachschubs. Memnon schlug die Methode »der verbrannten Erde« vor. Er meinte, wenn die persischen Streitkräfte nach Osten in die weiten, von wilden Gebirgen durchzogenen Räume Kleinasiens auswichen, die Viehherden mitnähmen und nur zerstörte Dörfer und die Asche verbrannter Ernten zurückließen, werde Alexander bald erschöpft sein, und zwar, wie immer in solchen Fällen, schneller durch Mangel an Futter für die Pferde als durch Mangel an Verpflegung für die Leute. Allein schon aus der Rücksichtslosigkeit, mit der Memnon vorgehen wollte, kann man ersehen, daß er jedenfalls Alexander als Gegner nicht unterschätzt hat.

Weiterhin hatte Memnon den Plan, Alexanders Nachschub über den Hellespontos von See her zu unterbrechen. Und endlich wollte er, wenn Alexander weit genug von seiner Basis weg in den Osten gelockt wäre, die Städte in Hellas zum Aufstand gegen den König bewegen. Memnons Methodik war, Alexanders Landmacht durch die Strategie des Seekrieges matt zu setzen. Hätten die Perser Memnons Plan ausgeführt, wäre für Alexander eine höchst bedrohliche Situation entstanden. Natürlich wissen wir nicht, welche überraschenden Gegenzüge das Genie Alexanders gegen Memnons Maßnahmen eingeleitet hätte.

Memnons Pläne wurden nicht ausgeführt. Die Satrapen hatten für die maritimen Überlegungen des Rhodiers kein Verständnis. Sie dachten kontinental. Auch waren sie Edelleute und keine Condottieri. Dem Kampf auszuweichen schien ihnen nicht ritterlich einem König gegenüber, von dessen heldenhafter Kühnheit sie schon so viel vernommen hatten. Dieser iranische Schwertadel hatte bei aller Unterwürfigkeit gegenüber dem Großkönig, der ein Despot des Ostens war, durchaus vornehme Manieren. Schon Herodot erzählt von der Erziehung der jungen persischen Adligen, daß man sie nur drei Dinge lehre – Reiten, Bogenschießen und die Wahrheit sagen. So verbot es der Stolz den Satrapen auch, Land preiszugeben, ohne gekämpft zu haben. Sie taten Alexander den Gefallen, ihn zu einer Schlacht herauszufordern in jener Mischung von Ritterlichkeit des Denkens, kavalleristischem Hochmut und politischer Kurzsichtigkeit, die nicht nur für die persische Aristokratie charakteristisch ist.

Sogleich nach dem Sieg ging Alexander an die Aufgabe, die Häfen Anatoliens in seine Hand zu bringen. Wenn er die persische Flotte im Aegaeischen Meer eines Teils ihrer Stützpunkte beraubte, verminderte er die Wahrscheinlichkeit eines Aufstandes gegen die makedonische Herrschaft auf dem griechischen Festland.

Strahlend stand die Sonne am Himmel dieses Frühlings von 334. Hell leuchtete der Sieg. Der erste Schritt war getan. Nur am Hof zu Susa begriff man immer noch nicht, was sich da anbahnte, und auf der Agora von Athen spottete man. Sowohl in Susa wie in Athen hatte man für dieses Verhalten gute Gründe, so entgegengesetzter Art sie waren. Susa konnte sich mit einigem Recht sagen, daß das militärische Gewicht der Weltmacht Persien noch gar nicht in Erscheinung getreten sei. Und Athen war eine Seemacht. Was bedeutete schon so ein Sieg zu Lande da hinten weit im Osten, solange das Meer, das den Angreifer von seiner Basis trennte, vom Gegner beherrscht wurde. »Hinterland« hat für die Griechen nie eine politische Bedeutung gehabt. Sie wünschten nicht zu herrschen. Sie wünschten Handel zu treiben. Die Unabhängigkeit ihrer Kolonien sicherten sie sich durch Verträge mit den Fürsten der Länder, an deren Küsten sie Fuß faßten. Sie hatten keine Vorstellung davon, was Alexanders Eroberung dieser anatolischen Gebirgsprovinzen für einen Zweck haben könne. Athen wartete auf den Augenblick, in welchem ein Aufstand Aussicht auf Erfolg haben würde. Dareios überschätzte die Leistungsfähigkeit der persischen Landmacht. Die Athener überschätzten die Leistungsfähigkeit der persischen Seemacht. Beide unterschätzten Alexander.

Alexander hatte dreihundert der kostbaren Rüstungen von in der Schlacht am Granikos gefallenen persischen Rittern nach Athen geschickt. Die Dedikation lautete schlicht: »Alexander, Philipps Sohn, und die Griechen, mit Ausnahme der Lakedaimonier, von den Barbaren in Asien.«
Die Rüstungen sollten dem Tempel der Athene auf der Akropolis geweiht werden. Diese Gabe des Königs nahmen die Athener offiziell mit ernsten Gesichtern entgegen. Das Fragment eines Reliefs aus jener Zeit, auf dem der Künstler die Göttin Pallas Athene auf einem Haufen von Schilden sitzend darstellt, ist uns erhalten geblieben. Zwar hatte Alexander taktvoll sowohl darauf verzichtet, seinen Königstitel zu gebrauchen, als auch darauf, die Makedonen zu erwähnen; aber in dieser Stadt, in der Spott von jeher das feinste Vergnügen der Intellektuellen war, wirkte dieser halb politische, halb mythologische Aufwand altmodisch und provinziell. Die Geste entsprang Alexanders Bemühen, den Feldzug gegen Persien als eine allgemeine Sache der Griechen erscheinen zu lassen. Er folgte darin seinem Vater

Philipp. So hatte er auch die am Granikos gefangengenommenen griechischen Söldner in Ketten nach Makedonien bringen lassen; dort sollten sie als Sklaven in den Erzbergwerken arbeiten. Das war an und für sich Kriegsrecht. Insofern bedurfte eine solche Maßnahme keinerlei Begründung. Wer im Kampf besiegt, also »speererworben« war, verlor alle seine Rechte und damit eben auch seine Freiheit. Es war ganz üblich, daß Griechen Bürger eroberter griechischer Städte in die Sklaverei verkauften. Dieses Kriegsrecht ist alt. Schon in Troia verloren die bezaubernden und vornehmen troischen Prinzessinnen mit der Gefangennahme alle ihre Privilegien und wurden zu Sklavinnen. Alexander hatte das Recht, die speererworbenen Söldner in die Bergwerke zu schicken.
Was den Spott der Agora herausforderte, war nicht die Tatsache, sondern die Begründung. Diese Söldner hätten, indem sie in den Dienst der Perser getreten seien, »die gemeinsame Sache von Hellas« verraten. Aber eine solche gemeinsame Sache von Hellas gab es nicht. In der Sprache, in der Literatur, in der Kunst, in der Religion und bei den zu Ehren der Götter abgehaltenen Spielen fühlten sich die Griechen durchaus als Einheit. Außerdem verband sie ihr Hochmut in der Verachtung der Barbaren. Eine Nation mit gemeinsamen politischen Zielen sind die Griechen im Altertum nicht gewesen. Und schließlich war es für einen gebildeten Hellenen jener Zeit kein so großer Unterschied, ob es nun ein König der Perser oder ein König der Makedonen war, der Hellas seiner Freiheit beraubte. In Milet war es der Perser und in Athen der Makedone. Gegen den Plan Alexanders, der griechischen Kultur Weltgeltung zu verschaffen, hat niemand sich so hartnäckig gesträubt wie die Griechen.
Alexander mit seinem feinen Ohr hat den attischen Spott wohl vernommen. Wenige Wochen später, in Milet, nahm er ein paar hundert griechische Söldner, die ebenfalls im Dienst der Perser »gegen die gemeinsame Sache von Hellas« gekämpft hatten, unter ehrenvollen Bedingungen in seine Armee auf. Auch den Söldnern von Granikos hat er später großmütig die Freiheit zurückgegeben. Rostovtzeff, ein Kenner der Wirtschaftsgeschichte des Hellenismus, erwähnt rühmend, daß trotz der jahrelangen Kriege Alexanders die Preise auf den Sklavenmärkten in dieser ganzen Zeit nicht merkbar gefallen seien.
Während Athen spottete und Susa beriet, marschierte das Heer in glänzender Stimmung nach Sardeis. Die Gefallenen vom Granikos waren mit großen Ehren bestattet worden. Den Wit-

wen und Waisen in Makedonien wurden alle Steuern erlassen. Es war Frühling. Einen Feind gab es nur noch irgendwo jenseits des Tauros, jenes riesigen, unwegsamen Gebirgszuges da weit voraus gen Mittag.
Fröhliche Gerüchte gingen von Mann zu Mann. Von Sardeis an sollte eine Straße nach Süden führen, die mit Metallplatten belegt sei. Da würde man nicht mehr soviel Staub schlucken müssen. Die Listigeren unter den schwerbewaffneten Hopliten mit ihren ungeheuren Sarisen, den langen Lanzen der Phalanx, hatten schon kleine Esel mitgehen heißen, die ihnen Teile ihres schweren Gepäcks tragen halfen. Die Ausrüstung eines Soldaten der Phalanx wog über siebzig Pfund. Die Offiziere mögen von dieser Methode nicht sehr entzückt gewesen sein. Aber was sollten sie machen nach solch einem Sieg? Das schönste Gerücht, das abends von Feuer zu Feuer ging, war, der König werde, wenn Anatolien vollständig in seiner Hand sei, die Jungverheirateten für den Winter nach Hause schicken. Sicherlich haben die älteren Korporäle zweifelnd ihre Häupter geschüttelt ob solch unglaublicher Neuerung. Sie sollten nicht recht behalten. Im Herbst schickte der junge König die junge Mannschaft auf Urlaub nach Makedonien.

Was nun war das für ein Land, das in Besitz zu nehmen diese gutgelaunte Armee sich anschickte? Damals gab es in Anatolien eine bunte Fülle von Völkerschaften; nur Türken gab es noch nicht. Heute ist es ein Land voll der großartigsten Denkmäler der griechischen Kultur, in dem es kaum noch einen Griechen gibt. Für die Soldaten Alexanders war es eine von Mythen erfüllte Welt. Diese Mythen waren, was ihrer Glaubwürdigkeit zugute kam, an feste Orte gebunden.
In einer Höhle des Latmosgebirges hinter Milet schlief Endymion. Er war ein König von Elis gewesen, in dessen jugendliche Schönheit sich Selene, die Göttin des Mondes, eines Nachts verliebt hatte. Von Zeus erbat sie sich für ihren Geliebten Unsterblichkeit. Zeus mag gelächelt haben, als er ihr die Bitte erfüllte. Fünfzig Töchter verdankte Selene der Unsterblichkeit ihres Liebhabers. Dann versenkte sie ihn in einen tiefen Schlaf. Nur zuweilen noch besucht sie ihn in seiner Höhle, um seine Augenlider zu küssen.
Tantalos, ein Freund des Zeus, der seinen Sohn Pelops den Göttern zum Mahl vorsetzte, war ein Phryger. Pelops, von Zeus dem

Leben zurückgegeben, wurde der Begründer der Olympischen Spiele. Im Giebelfeld des Zeustempels zu Olympia war er dargestellt. Die Statue befindet sich heute im Museum von Olympia. Aus hethitischen Inschriften wissen wir, daß es im anatolischen Phrygien tatsächlich schon im 14. Jahrhundert vor Christi Geburt achaiische Könige gab. Mythen ranken sich fast immer um einen historischen Kern.

Die Hethiter waren vergessen. Nicht vergessen war König Midas. Von Dionysos, dem er eine Gefälligkeit erwiesen hatte, wünschte sich Midas, daß alles, was er berühre, zu Gold werde. Dionysos erfüllte ihm diesen Wunsch. Doch war der Gott, nachdem er sich eine Zeitlang darüber amüsiert hatte, daß Midas beinahe verhungert wäre, freundlich genug, ihn von der gewährten Gunst wieder zu befreien. Es ist derselbe Midas, der nach einem musikalischen Wettbewerb zwischen dem die Leier spielenden Apollon und dem die Flöte blasenden Pan tadelte, daß der Preis Apollon zuteil geworden sei. Götter haben die Möglichkeit, Kritik an Kritikern zu üben. Apollon fand, daß Midas seine Ohren nicht genug gespitzt habe. Er ließ ihm Eselsohren wachsen. Der Mythos ist eine Erinnerung daran, daß die Griechen die Kunst der Musik von den kleinasiatischen Phrygern übernommen haben.

Pelops hatte eine Schwester, Niobe. Sie hatte den König Amphion von Theben geheiratet. Das war also, etwa in der Mitte des 2. Jahrtausends vor Christi Geburt, die Heirat einer kleinasiatischen Prinzessin mit einem König in Hellas. Niobe schenkte sieben Söhnen und sieben Töchtern das Leben. Dieses Reichtums hatte sie sich Leto gegenüber gerühmt, die nur zwei Kinder geboren habe, Apollon und Artemis. Leto bat ihre Kinder, Niobe für ihre Hybris zu bestrafen. Mit sieben Pfeilschüssen tötete Apollon die Söhne und mit sieben anderen Pfeilschüssen Artemis die Töchter. Niobe floh zurück in ihre Heimat Kleinasien. Zeus hatte schließlich Mitleid mit ihrem unstillbaren Schmerz und verwandelte sie in Stein. Diese Niobe, eine Felsklippe am Berg Sipylos, die einer weiblichen Gestalt ähnelt, weint noch immer, wenn die ersten Strahlen der Frühlingssonne den Schnee auf ihrer Kappe schmelzen. An diesem Berg würden die Soldaten vorbeimarschieren.

Herakles war, als Buße für eine Untat, die er im Zorn begangen hatte, von Hermes als unbekannter Sklave an die Königin Omphale von Lydien verkauft worden. Nachdem er das Land von einigen Ungeheuern befreit und Königin Omphale ihn schließlich erkannt hatte, begann sie eine Liebschaft mit ihm. Doch auch der Gott Pan begehrte die schöne Frau. Um sich dieses lästigen Bewerbers zu entledigen, tauschten Omphale und Herakles ihre Kleider aus. Pan, der sich täuschen ließ, wurde von Herakles furchtbar verprügelt. Diese Geschichte dürfte bei den Soldaten um so mehr Beifall gefunden haben, als Herakles ein Ahn ihres Königs war. Für sie war Anatolien ein aus fabelhafter Wirklichkeit und poetischen Träumen bestehender Garten. Für Alexander waren all diese alten, schönen Geschichten nicht mehr von der gleichen Realität wie für seine Soldaten. Für ihn war dieses Land kein blühender Garten der Mythen. Für ihn war es ein steiniges Feld der Politik. Der schmale, zwischen Meer und Gebirge an der Westküste Kleinasiens von Pergamon im Norden bis zum Apollontempel von Didyma im Süden sich hinziehende Küstenstreifen mit der Kette der vorgelagerten Inseln von Lesbos bis Kos ist eine der schönsten Landschaften der Erde. Hier hatte der griechische Geist Jahrhunderte nach dem Untergang der Kulturen Mykenes und Kretas eine neue Epoche ins Leben gerufen. Auf Lesbos war Sappho geboren, die Poeta laureata der Lyrik, auf Chios Homer, auf Samos Pythagoras, auf Kos Hippokrates. In Milet waren Philosophie und Wissenschaft des Abendlandes ans Licht der Vernunft getreten. Ausziehend von diesem gen Westen blickenden Land haben die Griechen im 8. und 7. Jahrhundert vor Christi Geburt Mittelmeer und Schwarzes Meer mit den Perlenketten ihrer Kolonien geschmückt. Es war die Welt dieser Tradition, mit der Alexander sich im Geist beschäftigte. Die Verhältnisse schienen hier für den Makedonenkönig günstiger zu liegen als auf dem hellenischen Festland. Während Philipp die Städte in Hellas ihrer Freiheit beraubt hatte, brachte Alexander den Städten Ioniens die Befreiung von einer persischen Herrschaft, die fast zweihundert Jahre gedauert hatte. Alexander konnte hoffen, freudig begrüßt zu werden. Doch sollte der junge Politiker bald erfahren, wie wirksam die alte persische Diplomatie dafür gesorgt hatte, daß die Dinge nicht ganz so glatt verliefen, wie Alexander es sich vorstellte, während er durch den wunderbaren smaragdgrünen anatolischen Frühling ritt.

Die Situation ist voller Spannungen. Noch weiß niemand, wie das alles weitergehen wird. Noch ist nicht entschieden, was die persischen Satrapen, die sich am Granikos so tapfer geschlagen

haben, tun werden. Werden sie weiterkämpfen? Memnon verfügt über Gold genug, neue griechische Söldner anzuwerben. Oder werden sich die Gegner mit ihm, dem Sieger, verständigen? Sicherlich hat sich Alexander in dieser Situation der eleganten Art und Weise erinnert, in der der Perserkönig Artaxerxes I. den Themistokles, den Sieger von Salamis, den ärgsten Feind seines Landes, nach seiner Verbannung aus Athen aufgenommen hatte. Drei Städte schenkte er ihm, von denen eine nur dazu bestimmt war, die Tafel des Flüchtlings mit Wein zu beschicken. Aber natürlich war Alexander sich auch darüber im klaren, daß die Großkönige sich oft und mit Nutzen solcher Flüchtlinge bedient hatten, um in Hellas persische Politik zu treiben. Als erstes lernte Alexander vom Osten, daß Toleranz eine mächtige politische Waffe ist. Was ein ganzes Leben im Osten ihn nicht lehrte, war, daß die stärkste aller Waffen die Geduld ist. Ein kluges arabisches Sprichwort, das schon vor dem Erscheinen des Propheten galt, lautet: »Wenn du Geduld hast, wird man die Leichen deiner Feinde an deinem Zelt vorübertragen.« Ein weises chinesisches Sprichwort sagt: »Der Wind ist stärker als der Stein; denn der Wind bewegt das Wasser, und das Wasser höhlt den Stein.«
Bevor Alexander zur Küste marschieren konnte, mußte er sich der Stadt Sardeis bemächtigen. Sie war das Zentrum der persischen Macht und der Mittelpunkt der Verwaltung in diesem Teil der Welt. Der Platz lag nicht, was für die Kontinentalmacht Persien charakteristisch ist, an der Küste. Das Machtzentrum war keine Hafenstadt. Sardeis liegt, etwa auf der Höhe von Smyrna, ungefähr hundert Kilometer landeinwärts. Berühmt war seine alte Burg. Sie war erbaut auf einer isolierten, schroff abstürzenden Felsnase, die aus dem schneebedeckten, über zweitausend Meter hohen Tmolos hervorspringt. Die Feste galt als uneinnehmbar. Wie würde Sardeis die Sieger vom Granikos empfangen? Es war keine griechische, es war eine lydische Stadt. Alexander konnte nicht erwarten, daß diese Bevölkerung ihn als Befreier begrüßen werde. Sardeis war, als Residenz eines Satrapen, von den Ionischen Griechen bei einem Aufstand sogar schon einmal erobert und geplündert worden.
Was würden die nächsten Tage bringen?
Schon zur Zeit Alexanders hatte Sardeis eine lange Geschichte. Die ersten Siedler, deren Spuren sich auf dieser natürlichen Festung nachweisen lassen, waren Maioner indoeuropäischer Herkunft. Nach ihnen kam das begabte Volk der Lyder. Sie

tauchten im 12. Jahrhundert vor Christi Geburt in Kleinasien auf. Ihre Herrscher führten ihr Geschlecht auf den assyrischen Sonnengott zurück, der später mit dem griechischen Herakles verschmolz. Auf diese Weise war Alexander mit dem alten Königsgeschlecht der Lyder gewissermaßen verwandt.
Gegen das Ende der Herrschaft der Herakliden in Lydien um die Wende vom 8. zum 7. Jahrhundert machten die Lyder eine Erfindung, mit der sie die menschliche Zivilisation ein Stück weiterbrachten. Die Lyder waren die ersten, die Gold zu Münzen prägten. Von ihnen erst übernahmen die Griechen diese Kunst. Sie verbreiteten sie bis weit nach Asien hinein. Merkwürdig ist, daß die Erfindung um die gleiche Zeit noch einmal in China gemacht wurde. Für das Geschenk der Goldprägung bedankten sich die Perser, die als erste Blumen gezüchtet haben, damit, daß sie die Rose nach dem Westen brachten. Vielleicht hat schon Jesaja den Duft der Rose genießen können. Vielleicht hat schon Homer zwischen seinen feinen Fingern prüfend eines der neuen Goldstücke bewegt.
Den letzten Herakliden, König Kandaules, ermordete Gyges, der dem altnationalen Geschlecht der Mermnaden angehörte. Das sind gut bezeugte historische Ereignisse. Gyges fiel, um das Jahr 657 herum, im Kampf gegen die Kimmerier. Dieses in seiner Zugehörigkeit noch nicht sicher bestimmte Volk stammte, wie einige erhaltene Namen beweisen, aus dem Iran. Es hat in seiner Ostwestbewegung das Schwarze Meer ganz umwandert. Ein Zweig brach in Anatolien ein. Der letzte aus dem Haus der lydischen Herrscherfamilie war König Kroisos, dessen Reichtum so unerhört war, daß sein Name noch heute in aller Welt ein Begriff ist. Es war Kroisos, dem der durch keinen Reichtum in seinem Urteil zu bestechende Solon gesagt hatte, daß niemand vor seinem Tode glücklich zu preisen sei. Kroisos begann, verführt durch ein zweideutiges Orakel aus Delphoi, leichtfertig einen Krieg gegen Kyros den Großen. Er wurde besiegt. Den Rest seines Lebens verbrachte er, ein Fachmann für königliche Fehler, als Berater zweier persischer Könige, bei Kyros, der ihn besiegt hatte, und bei dessen Sohn Kambyses, den er bei der Eroberung Aegyptens begleitete.
Sardeis bereitete Alexander eine Überraschung. Schon lange hatte die heranrückende makedonische Armee den Schneegipfel des Tmolos in der Sonne leuchten sehen. Allmählich auch wurde die Kontur der Burg von Sardeis erkennbar. Würde man diese

schroffen, durch Mauern geschützten Steilhänge unter dem Hagel der feindlichen Geschosse, unter herabprasselnden Steinlawinen hinaufklettern müssen? Die Hetairoi, die hohen Offiziere, die zum engeren Stab Alexanders gehörten, kannten ihren jungen König gut genug, um sich sagen zu müssen, daß er auf keinen Fall einen festen Platz des Feindes in seinem Rücken zurücklassen werde. Zu groß wäre die Gefahr gewesen, daß Sardeis sich zu einem Kristallisationspunkt des Widerstandes entwickelt hätte. Zu leicht hätte der Feind von da aus den Nachschub, der noch immer über Thrakien und den Hellespontos ging, stören können.

Als die glänzende Kavalkade des Königs sich auf sieben Meilen der Stadt genähert hatte, öffnete sich ein Stadttor. Dem König entgegen kamen die Bürger von Sardeis, die Stadt ihm zu übergeben. Als man einander gegenüberstand, stellte sich heraus, daß die friedliche Prozession von dem persischen Befehlshaber von Sardeis, Mithrenes, Satrap von Lydien, angeführt wurde. Der Satrap war bereit, die Burg mit ihren Schätzen dem König kampflos zu übergeben.

Welch ein Wirbel von Gefühlen und Überlegungen, Einfällen und Erwägungen muß diese Szene in Alexanders beweglichem Geist hervorgerufen haben. Wie mußte er sich jetzt verhalten? Welche Wirkung würde Großmut, welche Wirkung würde Strenge haben? War dieser Mithrenes nicht schließlich ein Verräter seines Herrn und Königs? Würde nicht, wenn er ihn jetzt in Ehren aufnähme, der Verräter von heute auch der Verräter von morgen sein? Aber wenn er bedachte, wieviel Kräfte, wieviel Zeit dieser Mann ihm ersparte! Und war es nicht ein altes Geschäft der Könige, Verräter zu belohnen, damit dieses Gewerbe, den Herrschern so nützlich wie gefährlich, seinen Reiz nicht verlöre? Und war nicht dieser Mithrenes doch auch wieder ein ganz vernünftiger Mann, daß er aussichtsloses Blutvergießen vermied, das doch nur um des Prestiges willen sinnlos Menschenleben gekostet hätte?

Vielleicht auch ist in diesem Augenblick dem strahlenden Helden durch den Kopf geschossen, daß er kaum noch Geld in seiner Kasse hatte. Die Eroberung seines Weltreichs hatte er mit ganzen siebzig Talenten begonnen. Das ist kaum mehr als etwa dreihunderttausend Goldmark. Davon dürfte zu diesem Zeitpunkt nicht mehr viel übrig gewesen sein. Das Gold auf der Burg von Sardeis würde es ermöglichen, den Soldaten die nächste Löhnung zu zahlen.

Unruhig unter seinem Reiter tänzelt Boukephalos. Ein edles Pferd merkt die Erregung seines Herrn, auch wenn er noch so sehr sich zu beherrschen weiß. Voll ängstlicher Neugier betrachten die Bürger von Sardeis diesen merkwürdigen, so schönen, von so viel Glanz umstrahlten, so sympathisch aussehenden jungen Herrn, der im nächsten Augenblick über das Schicksal ihrer Vaterstadt entscheiden wird. Würdig, mit vollendeter östlicher Gelassenheit, wartet der persische Satrap auf das Urteil über seine Zukunft.

Hier erst ist die Entscheidung darüber gefallen, ob die Schlacht am Granikos ein Sieg war. Wie selten in der Geschichte haben Sieger es zuwege gebracht, in dem herrlichen, niemals wiederkehrenden Augenblick des sichtbaren Triumphes das Gefühl gerade dafür beiseite zu schieben. Alexander war schließlich ein junger Mann. Selbst Caesar hat den Vercingetorix, seinen tapferen keltischen Gegner aus dem Bellum Gallicum, in seinem Triumphzug durch Rom in Ketten mitgeführt und ihn dann im Gefängnis erdrosseln lassen.

Die historische Bedeutung des Sieges am Granikos liegt nicht darin, daß Alexander das militärische Potential der Perser in Kleinasien zerstörte. Sie liegt in dem, was Alexander aus dem Sieg machte. Er erwies sich als einer der humansten Sieger, die die Geschichte kennt. Er nahm die Übergabe der Stadt Sardeis an. Er gab ihren Bürgern und den übrigen Lydern ihre Freiheit zurück. Er erlaubte ihnen, die Verfassung ihrer Väter wiedereinzuführen. An der Stelle des alten lydischen Königspalastes, der zerstört war, errichtete er einen Tempel des Zeus, der von da an, weithin in Marmor leuchtend, die berühmte Burg des Kroisos schmückte.

Nachdem Alexander die Verhältnisse in Sardeis geordnet hatte, wandte er sich der Küste zu. Den Mithrenes nahm er in seinen engeren Stab auf und verwöhnte ihn auf jede Weise. Wie mag diesem Mann zumute gewesen sein? Die großen Herren des Iran waren später für Alexander wertvolle Mitarbeiter, ohne die er sein in einem so kurzen Zeitraum erobertes Reich kaum hätte zusammenhalten können. Die Lage der persischen Aristokraten, die im Anfang zu Alexander übergingen, blieb so lange prekär, als es noch einen König aus dem Hause der Achaimeniden gab. Erst nach dem Tod des Dareios ergab sich für sie die Möglichkeit, den Verrat zu beenden, indem sie Alexander als den durch das Recht der Waffen legitimierten neuen Herrscher des Iran anerkannten. Für die persischen Granden hing eben alles davon ab, ob Dareios oder Alexander siegen werde. Auch damals schon war, wie später einmal Talleyrand feststellte, Hochverrat nur eine Frage des Datums.

In Sardeis setzte Alexander den Asandros, einen Bruder Parmenions, zum Statthalter von Lydien ein. Dann wandte er sich wieder dem Meer zu. Den ganzen ihm jetzt offenstehenden Osten Anatoliens ließ er, so reiche Beute auch immer dort zu holen gewesen wäre, achtlos hinter sich. Sein Ziel war, Dareios und seine ganze militärische Macht herauszufordern und zu besiegen.
Die griechischen Siedlungen an der aegaeischen Küste Kleinasiens waren reiche, kunstliebende Handelsstädte. Alexander mochte wohl gehofft haben, daß sie ihn mit offenen Armen aufnehmen würden. Wenn schon die lydische Stadt Sardeis sich ihm so bereitwillig ergeben hatte, um wieviel mehr durfte er das von griechischen Städten erwarten. Aber je mehr Nachrichten über die Vorgänge in Ephesos und Milet Alexander auf seinem Marsch zur Küste erreichten, um so klarer wurde es ihm, daß die »Befreiung vom persischen Joch« so einfach nicht sein würde. Es ging nämlich diesen Griechenstädten unter der persischen Oberhoheit durchaus nicht schlecht. Schon die Tatsache, daß Memnon, der königliche Hochkommissar, selbst ein Grieche war, zeigt, wie weich das persische Joch gepolstert war. Von denen, die es trugen, betrachteten es keineswegs alle als erstrebenswert, es Alexander zuliebe abzuwerfen.
Die für die Perser wichtigen Tribute drückten diese wohlhabenden Gemeinden nicht. Und betrachtete man die Zahlungen statt vom politischen vom kaufmännischen Standpunkt aus, waren sie nicht mehr als eine Art Steuer, die der Erhaltung des Achaimenidischen Königsfriedens diente. Die Ordnung im Persischen Reich machte einen verhältnismäßig risikofreien, hohe Gewinne abwerfenden Handel bis tief nach Asien hinein möglich. Was diesen hohen Grad von Sicherheit für Handel und Verkehr gewährleistete, war das Netz der persischen Königsstraßen, die, von Susa ausgehend, auch die fernsten Teile des Reiches mit der Residenz verbanden. In Abständen von etwa dreißig Kilometern angelegte Relaisstationen, an denen stets frische Pferde bereitstanden, machten es den königlichen Kurieren möglich, auch große Entfernungen in erstaunlich kurzen Fristen zu überwinden.
Ebenso war bei irgendwelchen Unruhen Militär auf den guten Straßen immer rasch zur Stelle. Dieses System ausgezeichneter Verbindungen reichte zeitweise bis in das Industal. Unter den frühen Achaimeniden war der Punjab fester an den Iran gekettet

als je zu Alexanders Zeit. In Baktrien, im Norden des heutigen Afghanistan, gab es Umschlagplätze für den Handel mit den Nomaden der Sibirischen Steppe und den Bewohnern der Oasen in den Wüstengebieten des Tarimbeckens. Es ist um diese Zeit, daß chinesische Seide im Westen auftaucht. Der Handel ging zwar noch über so viele Zwischenstationen, daß die, die am Anfang der Kette standen, nichts von denen wußten, bei denen sie endete, aber er begann doch schon Welthandel zu werden. Diese Entwicklung erhielt durch Alexanders Eroberungszug einen kräftigen neuen Antrieb. In einer Vitrine des Museums von Kabul befindet sich, aus dem gleichen Fund stammend, neben einem hellenistischen Glasgefäß und einer indischen Elfenbeinschnitzerei das Fragment eines chinesischen Lackkästchens.
Die Chinesen haben in ihrem weiten Land mit archäologischen Ausgrabungen in großem Stil begonnen. Bald werden Beweise dafür, daß griechische Objekte schon vor Alexander in den Fernen Osten gelangt sind, aus der Erde Chinas ans Licht treten. Schließlich kommen irische Goldarbeiten in aegyptischen Gräbern schon des 14. Jahrhunderts vor Christi Geburt vor. Kretische Bronzeäxte der Minoischen Kultur sind im Hafen von Falmouth an der Südwestspitze Englands, sumerische Tontafeln in Siebenbürgen gefunden worden. Daß es in Kabul überhaupt ein Museum gibt und daß die Chinesen eine so ausgesprochen humanistische Wissenschaft wie Archäologie betreiben, ist einer der stillen Siege Europas auf dem Felde der ost-westlichen Auseinandersetzungen. Das Wort »Museum« leitet sich von einer Schöpfung Alexanders her, dem »Museion« in Alexandreia, das als Tempel der Musen eine Stätte der Bildung und der Kunst war und später durch seine Bibliothek berühmt wurde.
Die Tribute also, die die griechischen Städte an die Perser zahlten, waren keine sehr schwerwiegende Belastung für sie. In religiöse Gebräuche hatten die persischen Könige, die sich der Toleranz als eines Mittels der Politik bedienten, nur selten eingegriffen. Ihre Vorgänger in der Herrschaft in Kleinasien, die Könige der Lyder, hatten sogar häufig die Orakel von Delphoi, Ephesos und Delos befragt. Von König Kroisos rühmt Herodot, daß er viele kostbare Gaben dem Apollon in Delphoi, der Artemis in Ephesos und anderen griechischen Göttern geweiht habe. Es scheint also, daß es sich in diesen Plätzen ganz gut hat leben lassen. Auf jeden Fall waren die unter persischer Hoheit stehenden Städte von den Bruderkriegen verschont geblieben.

Die Sicherheit und der Frieden des Achaimenidischen Reiches hatten natürlich, wie alles auf der Welt, ihren Preis. In jeder dieser griechischen Städte gab es eine demokratische und eine oligarchische Partei. Die demokratische Partei war die Partei der Werktätigen, die oligarchische die der großen Handelsherren. Die persische Diplomatie hatte es verstanden, im Lauf der Zeit fast überall der Partei der Oligarchen, deren Interessen sie Susa geneigt machten, zur Herrschaft zu verhelfen. Diesen für sie bequemen Status hielten die Perser aufrecht, indem sie die Routine der Ehrungen, Schmeicheleien und Bestechungen mit gelegentlichen brutalen Aktionen unterbrachen. Alexander mußte sich sagen, daß der Befreiung einer Stadt unter diesen Umständen fast mit Sicherheit jedesmal ein Bürgerkrieg vorausgehen werde. Doch lagen die Verhältnisse überall ein wenig anders. In Halikarnassos zum Beispiel herrschte noch eine alte karische Dynastie, die mit dem persischen Hochadel verwandt war. Für die militärische Situation der griechischen Städte Anatoliens war es von Bedeutung, daß sie Hafenstädte waren. In jeden dieser Plätze konnten die Perser von See aus Verstärkungen werfen. In einzelnen Fällen haben sie das nachher auch getan.
Bei diesen verwickelten Verhältnissen mußte Alexander sich genau überlegen, wie er vorzugehen habe, um die anatolischen Hellenen für seine Ziele zu gewinnen. Keinesfalls durfte bei ihnen der Verdacht aufkommen, daß nun er die soeben zurückgewonnene Freiheit bedrohe. Und was würden sie als Bundesgenossen wert sein? Nur allzu gut erinnerte sich der König von seiner Kronprinzenzeit her der Erfahrungen, die sein Vater Philipp mit der Wankelmütigkeit der hellenischen Städte des Festlandes gemacht hatte. Auch seine eigene Regierung hatte mit der Niederwerfung der Aufstände hellenischer Städte begonnen. Welche Schwierigkeiten, die sich vor dem jungen Sieger auftürmten! Nichts beweist überzeugender seine politische Begabung als die Tatsache, daß er für jeden dieser so verschiedenartigen Widerstände und für jedes dieser Hindernisse ein Mittel der Überwindung wußte.
Man kann bei Alexander nicht mit langen Perioden innerer Entwicklung rechnen. Nach dem Sieg am Granikos hatte er nur noch zehn Jahre zu leben. All das Großartige, das Alexander der Welt schenkte, hat er in dieser kurzen Zeit geschaffen. Angesichts der Fülle der Schwierigkeiten, denen er sich nunmehr gegenübersah, erwachte in ihm der Staatsmann.

Es mag auch zu diesem Zeitpunkt gewesen sein, daß Alexander den seinem Charakter so angemessenen Entschluß faßte, eine Politik des Großmuts zu betreiben. Was ihm völlig fehlte und auch späterhin nicht bei ihm in Erscheinung trat, war Zynismus, dieses Laster alter Männer, die glauben, die Welt zu kennen, während sie doch nur die Welt ihrer Enttäuschungen kennen. Nie erfährt der Zyniker, was Großmut für Wirkungen hervorzubringen vermag; denn nie je übt er diese Tugend aus.

Wir stehen zwar erst am Anfang der großen Geschehnisse. Doch wollen wir einen Augenblick darauf verschwenden, die vollkommene Vorurteilslosigkeit zu betrachten, mit der Alexander an die Dinge heranging. Ihm stand die Phantasie zur Verfügung, sich für die allerverschiedenartigsten Probleme die allerverschiedenartigsten Lösungen einfallen zu lassen. W. W. Tarn hat einmal zusammengestellt, von welch verblüffender Mannigfaltigkeit die staatsrechtlichen Beziehungen Alexanders zu den vielen am Ende seiner Laufbahn von ihm abhängigen staatlichen Gebilden waren. Nichts kann deutlicher demonstrieren, wie überlegen, wie hohen Ranges dieser Mann war und mit wieviel Recht die Römer ihn später »den Großen« nannten.
Tarn betrachtet dabei zugleich auch die Frage der Koordinierung des späteren Weltreichs Alexanders mit all den Ländern, welche, wenn auch nicht tatsächlich zu diesem Reich gehörend, so doch innerhalb seiner Macht- und Einflußsphäre lagen. Dieses Reich war, wie der Gelehrte ironisch feststellt, staatsrechtlich noch komplizierter als das British Empire.
In Aegypten war Alexander ein absoluter Herrscher und ein Gott. In Asien war er ein absoluter Herrscher, aber kein Gott. In Hellas war er ein Gott, aber kein absoluter Herrscher. In Makedonien war er weder ein absoluter Herrscher noch ein Gott, sondern ein halbkonstitutioneller König, demgegenüber sein Volk sich einiger überlieferter Privilegien erfreute. Die phoinikischen Könige waren unterworfene Verbündete. Die Könige von Kypros waren freie Verbündete. Sie prägten Goldmünzen, was ein Zeichen der Hoheit ist. Der Hohepriester in Jerusalem regierte unter Alexanders Oberhoheit weiterhin Judaea nach dem Gesetz Mosis. Die Tempelstaaten Kleinasiens durften ihre seltsamen mutterrechtlichen und theokratischen sozialen Systeme unverändert beibehalten. In Lydien und in Babylon, seiner späteren Residenz, schränkte Alexander seine Rechte zugunsten einiger

alter Gebräuche seiner neuen Untertanen freiwillig ein. In Karien behielt die alte Liga des Zeus Chrysaoros ebenfalls ihre Autonomie. Das Land selbst wurde von einer karischen Prinzessin, der Fürstin Ada, regiert, die Alexander selbst eingesetzt hatte und zu der er in der Beziehung eines Adoptivsohnes stand. Seïstan, eine Landschaft im Osten des Iran, in der persische Nomaden ihre Herden weideten, war autonom. Zu den Völkern im Punjab hatte Alexander überhaupt keine Beziehungen; ihre tatsächliche Organisation war die Dorfgemeinschaft. Er war, und auch das nur kurze Zeit, der nominelle Souverän einiger Rajahs, die in diesen Gebieten herrschten.

Alexanders Beziehungen zur Welt der Griechen waren in gleicher Weise verwickelt. Philipp hatte einige selbständige griechische Kolonialstädte dem makedonischen Staat einverleibt. Alexanders neugegründete Städte waren mehr griechisch als makedonisch. Verschiedene griechische oder halbgriechische Städte in Pamphylien und Kilikien an der Südküste Anatoliens wurden seine Untertanen. Dagegen machte er die alten Griechenstädte Asiens entlang der Westküste der Aegaeis bis hinauf nach Kyzikos am Hellespontos zu seinen freien Verbündeten. Mit den Kolonien am Schwarzen Meer, in Sizilien und in Italien unterhielt er überhaupt keine Beziehungen.

In Thessalien, der an Makedonien im Süden angrenzenden nordöstlichsten Landschaft von Hellas, wurde Alexander auf Lebenszeit zum Haupt der Thessalischen Liga gewählt. Der um das Heiligtum in Delphoi gruppierten Amphyktionischen Eidgenossenschaft gehörte er als ein Mitglied an, das in der Versammlung zwei Stimmen hatte. Im alten Hellas war er als Nachfolger seines Vaters der Bundesfeldherr des Korinthischen Bundes. Um Sparta, das sich in den ersten Jahren seiner Regierung neutral verhielt, kümmerte er sich nicht. Nachdem im Jahre 330 ein Angriff Spartas auf Makedonien abgeschlagen worden war, nahm er die Besiegten ohne weitere Repressalien in den Korinthischen Bund auf. In den verschiedenen Städten dieses Bundes wurde er außerdem später zum Gott ernannt mit den juristisch schwer definierbaren Funktionen eines Gottes. Das alte Hellas gehörte staatsrechtlich nicht zu seinem Reich, aber auf der anderen Seite stand es nicht gänzlich außerhalb desselben, was viele Griechen zu ihrem Schmerz erfahren mußten. De facto gehorchte Hellas seinen Befehlen, und sein Stellvertreter in Makedonien, Antipatros, unterhielt weiterhin Philipps Garnisonen in Korinth, Chalkis und auf der Kadmeia, der erhalten gebliebenen Burg des von Alexander zerstörten Theben. Dabei bestand der technische, wissenschaftliche und künstlerische Stab des königlichen Hauptquartiers fast ausschließlich aus Griechen.

Als Staatsmann ist Alexander ein Vorbild gewesen. Seinen Namen, der ursprünglich von einem troischen Prinzen stammt, haben getragen ein römischer Kaiser, drei russische Zaren, ein König von Polen, drei Könige von Schottland, zwei Könige der Serben, ein König der Hellenen und acht Päpste, darunter der berühmteste der Päpste der Renaissance Alexander VI. Borgia. Der römische Kaiser war Alexander Severus, der letzte der aus Syrien stammenden Herrscher. In besonderer Weise setzte er die mit Kyros beginnende, von Alexander dem Großen übernommene Tradition religiöser Toleranz fort. In der Privatkapelle des kaiserlichen Palastes standen nebeneinander die Portraitbüsten von Abraham, Orpheus, Alexander dem Großen, Apollonios von Tyana und Jesus von Nazareth.

Tarn bemerkt am Ende dieser erstaunlichen Aufstellung der staatsrechtlichen Funktionen Alexanders, ihre Vielfalt sei ein Beweis dafür, daß er offenbar niemals eine Koordinierung dieser unglaublichen Masse von Rechten im Sinn gehabt habe; sonst hätte man wenigstens in späterer Zeit irgendeinen Ansatz dazu bemerken müssen. Tarn schließt daraus, und man muß ihm zustimmen, daß Alexander niemals einen Anspruch erhoben habe, der göttliche Herrscher der bewohnten Welt zu sein oder es werden zu wollen.

Das merkwürdige Staatsgebilde, welches Alexander geschaffen hatte, zeigte, als sein Träger abtrat, eine erstaunliche Lebenskraft. Ohne weiteres doch glaubt man annehmen zu können, daß eine staatliche Schöpfung, welche so ausgesprochen auf einen einzelnen Mann abgestellt war, bei dessen Ausscheiden auseinanderfallen müsse. Das war nicht der Fall. Zwar blieb das Alexanderreich in der Einheit, die es am Ende von Alexanders Leben hatte, nicht erhalten. Es fiel politisch in drei Bereiche auseinander. Aber das geschah mit dem Reich Karls des Großen auch. Merkwürdig ist höchstens, daß so viele Historiker Alexander das zum Vorwurf machen, was Karl von allen verziehen wird. In der Nachfolge Karls entstand die Epoche der Romanik. In der Nachfolge Alexanders entstand die Epoche des Hellenismus. Ein Beispiel selbst noch aus unserer bewegten Zeit für die Langlebigkeit, die politische Schöpfungen haben können, ist die Verwandlung des Weltreichs der Königin Victoria, Kaiserin von Indien, in das Commonwealth of Nations.

Kehren wir zurück zu den Ereignissen des Sommers 334. Die Besetzung von Ephesos, die Eroberung von Milet, die Einnahme von Halikarnassos waren drei Modellfälle der Verhältnisse in Anatolien. Jeder dieser Fälle erforderte andere Maßnahmen. In Ephesos kam es zum Aufstand der auf Alexanders Seite stehenden Demokraten gegen die persisch gesinnten Oligarchen. In Milet wurde sinnloser Widerstand geleistet, der mit der Eroberung der Stadt endete. In Halikarnassos verzichtete Alexander auf die Mühe, ein Kastell zu erobern, das für seine weiteren Pläne nicht mehr gefährlich war. Um die Halbinsel Knidos, die Südwestecke Anatoliens, die vom Festland durch unwegsames Gebirge getrennt ist, kümmerte er sich überhaupt nicht. Alle diese so verschiedenen Aktionen hatten nur das gemeinsam, daß sie wohlüberlegt waren und mit Entschlossenheit und Präzision durchgeführt wurden.
Die erste wichtige Stadt, die Alexander erreichte, war Ephesos, damals die Königin unter den Ionischen Städten. Hier hatten die Perser wenige Jahre vorher eine ihrer brutalen Aktionen durchgeführt. Es war im Jahre 338, als die Bürger von Ephesos gegen die Perser aufstanden. Im einfachen Volk war die Liebe zur Freiheit niemals ganz erloschen. Die Aufständischen hatten gehofft, das zur Großmacht emporgestiegene Makedonien Philipps werde der Stadt helfen. Die Hoffnung trog. Autophradates, der Feldherr des Perserkönigs, war mit einem Heer vor der Stadt erschienen und hatte die Behörden zu Unterhandlungen aufgefordert. Als sie dieser Aufforderung gutgläubig nachkamen, nahm er sie gefangen und überfiel die Stadt. Viele Bürger wurden getötet. Die Stadt bekam wieder eine persische Besatzung. Die öffentliche Gewalt wurde an den Führer der Oligarchen, Syrphax, übertragen. Dieser Aufstand war noch nicht vergessen.
Als die Nachricht von der für die Perser verlorenen Schlacht am Granikos in Ephesos eintraf, drohte der Aufstand erneut aufzuflammen. In diesem Augenblick erschien Memnon der Rhodier auf seiner Flucht vom Granikos zur Küste mit einer offenbar noch kampffähigen Truppe vor der Stadt. Syrphax und seine Partei waren noch einmal gerettet, aber nur für eine Atempause. Alexander, der Sieger, war schon im Anmarsch. Obwohl also die Herrschaft der Oligarchen nur noch kurze Zeit dauern konnte,

spielte sich in Ephesos etwas ab, was so bar jeder Vernunft war, daß man dem Bericht keinen Glauben schenken würde, hätten wir nicht selber Ähnliches erlebt.
Die Oligarchen öffneten dem Memnon die Tore der Stadt. Dann begannen sie eine Orgie des Hasses und des Mordens. Wessen sie habhaft werden konnten von den Führern der Volkspartei, den brachten sie um. Gräber wurden geschändet. Tempel wurden geplündert. Die Bildsäule König Philipps wurde umgestürzt. Die verblendeten Oligarchen taten alles, um den Haß, der doch in Kürze zu Rache werden mußte, zu einer lodernden Flamme zu schüren. Es geschah, wie Droysen in einer seiner trefflichen Formulierungen bemerkt, alles, was den Untergang einer Gewaltherrschaft noch mehr als ihren Beginn zu schänden pflegt.
Als Memnon mit seinen Truppen seine Flucht nach Halikarnassos fortsetzte, brach der Aufstand los. Syrphax und seine Leute flüchteten sich in die Tempel. Sie wurden von den Altären weggerissen und gesteinigt. Das Morden wäre auf die entsetzlichste Weise noch lange weitergegangen, hätte nicht Alexander durch sein Erscheinen den Greueln ein Ende gemacht.
So politisch nützlich der Aufstand des Demos für Alexander war, die Grausamkeit, mit der er ablief, hat ihn sehr betroffen. Doch brauchte er, wenn die Epheser zuverlässige Bundesgenossen werden sollten, ihre Sympathie. Er traf eine jener Entscheidungen, die so charakteristisch für seinen Einfallsreichtum sind. Er erließ den Ephesern zwar nicht, wie sie erwartet hatten, die Tribute, die sie bisher an die Perser gezahlt hatten. Um aber der Sache den politischen Charakter zu nehmen, bestimmte er, daß die Zahlungen, die bisher an die Perser geleistet worden waren, nunmehr an den Tempel der Artemis abzuführen seien. Gewissermaßen verurteilte Alexander also die Epheser dazu, an sich selbst Tribute zu zahlen. Durch diese Maßnahme gewann der König das Wohlwollen der mächtigen Priesterschaft, und dazu kam noch der ökonomische Vorteil, daß das Geld im Lande blieb.
Der Tempel der Artemis in Ephesos war in derselben Nacht, in der Alexander geboren wurde, in Flammen aufgegangen. Über dem alten Asien hatte eine Fackel geleuchtet, welche sein Schicksal ankündigte. Alexander erklärte sich bereit, den Tempel in größerer Pracht wiederaufzubauen. Er stellte nur die eine Bedingung, daß am Tempel sein Name als der des Erbauers angebracht werde. Die Epheser wiesen die Bitte ab, obwohl Alexander sich erbot, die Kosten des Neubaus zu übernehmen.

Diese Episode ist aus zwei Gründen sehr aufschlußreich. Erstens einmal zeigt sie, daß Alexander das Laster der Tyrannen vermied, Dinge, deren Wert in ihrer Freiwilligkeit liegt, zu erzwingen. Zweitens zeigt sie, daß er, damals noch ein ganz armer Mann, der seinen Soldaten noch nicht einmal eine lohnende Plünderung hatte bieten können und deshalb die Löhnung sehr pünktlich zahlen mußte, schon zu diesem Zeitpunkt eine höchst optimistische Meinung von seinen künftigen finanziellen Möglichkeiten hatte.
Der Artemistempel wurde später von Cheirokrates so prachtvoll wiederaufgebaut, daß er von da an zu den Sieben Weltwundern zählte. Aus den vielen antiken Beschreibungen, die es von ihm gibt, wissen wir ziemlich genau, wie er ausgesehen hat. Er wurde am Hafen auf einer marmornen Plattform errichtet. An der Mauer der Plattform brachen sich die Wellen. Der Tempel hatte über einhundert Marmorsäulen von zwanzig Meter Höhe. Einige dieser Säulen stehen noch heute in der Hagia Sophia in Konstantinopel. Die Göttin, die in diesem Tempel verehrt wurde, war zur Zeit Alexanders noch die sogenannte persische Artemis, die geflügelt zwischen zwei Tieren dargestellt wurde.
Die berühmte »Diana der Epheser«, die eine so große Rolle bei dem Aufenthalt des Apostels Paulus in Ephesos spielte, war eine asiatische Fruchtbarkeitsgöttin aus hellenistisch-römischer Zeit, die zahlreiche Brüste hatte. Daß diese asiatische Artemis, von der ein besonders schönes Standbild in Neapel zu sehen ist, die aegaeische Artemis verdrängte, gehört zu den Symptomen der ostwestlichen Umkehrung der durch Alexander in Gang gesetzten westöstlichen Drift.
In Ephesos konnte Alexander den Maler Apelles begrüßen. Er kannte ihn. Der berühmte Meister war eine Zeitlang Gast König Philipps am Hofe zu Pella gewesen. Mehrfach hatte er Philipp gemalt. Es muß das für ihn eine zwar höchst reizvolle, aber auch sehr schwierige Aufgabe gewesen sein. Eine erhalten gebliebene, in der Ny Carlsberg Glyptotek in Kopenhagen stehende Portraitbüste Philipps zeigt eines dieser großartigen und unheimlichen Gesichter, die wie eine Landschaft des Schicksals sind von jener Art, von der Lichtenberg einmal gesagt hat, daß sie der wohl interessanteste Teil der Erdoberfläche sei.
Alexander verbrachte mit Apelles im Atelier und an der Tafel viele anregende und fröhliche Stunden. Es ist immer wieder erstaunlich festzustellen, wie maßvoll und ausgeglichen der

König in seinem alltäglichen Verhalten war. So oft wie nur möglich unterbrach er die kriegerischen Aktionen durch die Veranstaltung gymnischer und künstlerischer Wettkämpfe. Er ging gern auf die Jagd. Auch war er ein vorzüglicher Reiter. Die Leibesübungen waren eine so wichtige Angelegenheit, daß im Hauptquartier lederne Zelte von über dreihundert Meter Länge mitgeführt wurden. Auf diese Weise konnte man auch in heißen Gegenden im Schatten trainieren. Gern saß Alexander, ein für seine Liebenswürdigkeit berühmter Gastgeber, mit seinen Freunden, des heiteren Gespräches pflegend, beim Wein. Seine Fähigkeit zu schlafen war schlechthin bewundernswert. Keine noch so gespannte Lage konnte ihn hindern, sich zu entspannen. Am Morgen der Schlacht von Gaugamela, während beide Heere schon kampfbereit einander gegenüberstanden, schlief der König noch immer in seinem Zelt. Von dem ganzen durch den Aufbruch der Armee im Lager entstandenen Lärm hatte er nichts gehört. Schließlich, damit die Weltgeschichte weitergehen konnte, weckte Parmenion ihn. Alexander besaß, wie man heute sagen würde, gute Nerven.

Die Behauptung, daß der König in späteren Jahren der Trunksucht verfallen sei, steht auf schwachen Füßen. Sicher überliefert ist eine Volltrunkenheit Alexanders nur in einem Fall. Das war in Marakanda, als er den Kleitos tötete. Auf der anderen Seite wird berichtet, daß der König nach Gelagen zuweilen sechsunddreißig Stunden geschlafen habe. Einem Trinker ist das unmöglich. Das kann nur ein gesunder Mann, der gelegentlich das Maß überschreitet. Im Vergleich zu dem klinischen Bild, das Alexander bietet, sei noch einmal auf Napoleon hingewiesen. Auch von ihm wird berichtet, daß er in jeder Lage und zu jeder Tageszeit habe schlafen können und daß er, geweckt, stets sofort hellwach gewesen sei; aber als er einmal sechsunddreißig Stunden geschlafen hat, war das nach der Schlacht von Aspern, seiner ersten Niederlage. Diese Reaktion auf die Zerstörung des Nimbus seiner Unbesiegbarkeit ist klinisch als »Flucht ins Unbewußte« aufzufassen.

Apelles hat einen Teil des Feldzuges durch Asien mitgemacht. Das berühmteste der Bilder, die er im Lauf der Jahre von Alexander malte, war eine Darstellung des Königs als Zeus mit dem Blitz in der erhobenen Hand. Alexander weihte dieses Bild dem Tempel der Artemis in Ephesos. Ein letzter Abglanz dieses Meisterwerkes ist uns erhalten geblieben in einer römischen

Darstellung Alexanders als Zeus, die im Hause der Vettier in Pompeji gefunden wurde. Alexander ließ dem Künstler für dieses Bild zwanzig Talente überreichen. Das ist das höchste Honorar, das je ein Maler für ein Bild erhalten hat. Nur die viertausend Goldflorins, für die König Franz I. von Frankreich von Leonardo da Vinci die Mona Lisa erwarb, lassen sich mit Alexanders Honorar für Apelles vergleichen.
Wie eng und herzlich die Freundschaft zwischen dem König und dem Künstler war, bezeugt eine Anekdote. Pankaste, eine Hetaere des Königs, wahrscheinlich die überhaupt erste Frau, zu welcher Alexander Beziehungen hatte, stand Apelles Modell für eines seiner Hauptwerke »Die Geburt der Aphrodite aus dem Schaum des Meeres«. Während der Sitzungen verliebte sich der Maler in sein schönes Modell. Als Alexander davon erfuhr, schenkte er Pankaste seinem Freund.

Alexander opferte der Artemis, hielt eine glänzende Parade ab und brach zur Eroberung Milets auf. Milet erteilte Alexander eine strategische Lehre, die er nicht mehr vergessen sollte.
Die Entfernung von Ephesos nach Milet beträgt nur etwa fünfzig Kilometer. Auf der guten Straße, die die beiden volkreichen Städte miteinander verband, waren das für die Truppe höchstens zwei Tagemärsche. Auf die aus ihren kargen Bergen kommenden makedonischen Hirten muß dieses wunderbar fruchtbare Land mit seinen reichen Dörfern, seinen Gärten, seinen Weinbergen und Olivenhainen einen Eindruck gemacht haben wie die Riviera auf einen aus einem Hochalpental kommenden Gebirgsbauern. Dazu ist diese Landschaft, die sich von Smyrna bis Halikarnassos hinzieht, gesättigt von geschichtlichen Überlieferungen.
Der Streifen ist zwischen zwanzig und fünfzig Kilometer breit, im Osten vom übrigen Festland durch hohe Gebirge getrennt, die ihn gegen die kalten Nordost- und Ostwinde abschirmen. Durch von Osten nach Westen bis zum Meer reichende Ausläufer dieser Gebirgszüge wird der Streifen mehrfach unterbrochen. Zwischen dem feinen Graublau der Gebirgszüge, die bis zu fünfzehnhundert Meter hoch sind, und dem leuchtenden Blau der See windet sich die Straße in vielen Kurven durch sanfte Hügelketten. Nur gelegentlich muß ein kleiner Paß überwunden werden. Für die Gründung griechischer Kolonien war das eine geradezu ideale Landschaft. Und so haben es alle diese Gründungen denn auch zu hoher Blüte gebracht.

Den Milesiern war es unter den Persern besser ergangen als den Ephesern. Die demokratische Verfassung war ihnen belassen worden. Diese Toleranz der Perser hatte beim Auftauchen Alexanders einen witzigen Widerspruch zur Folge. Der Befehlshaber der persischen Streitkräfte in Milet, ein Grieche namens Hegesistratos, der wahrscheinlich sogar ein Bürger von Milet war, hätte eigentlich ein Gegner Alexanders sein müssen. Doch hatte er dem König sogleich nach der Schlacht am Granikos die Übergabe der Stadt schriftlich angeboten. Der Demos dagegen, den Alexander für seinen natürlichen Verbündeten halten durfte, schickte nach Athen, Hilfe gegen Alexander zu erbitten. Als Alexander schon im Anmarsch war, traf in Milet die Nachricht ein, daß die persische Flotte, vierhundert Segel stark, herannahe. Daraufhin verwarfen beide milesischen Parteien ihre ursprüngliche Disposition. Hegesistratos entschloß sich zu kämpfen. Der Demos dagegen hätte nunmehr gern die Stadt kampflos an Alexander übergeben. Alexander lernte aus diesem plötzlichen Wechsel der Lage, der allein durch das Auftauchen der persischen Flotte am Horizont hervorgerufen wurde, daß keine der Hafenstädte der Aegaeis, weder an den Küsten noch auf den Inseln, für ihn ein sicherer Besitz sei, solange es eine persische Flotte gab.

Seine eigene Flotte bestand aus nicht mehr als hundertsechzig Schiffen. Nikanor, seinem Admiral, war es gelungen, noch vor der persischen Flotte Milet zu erreichen. Fast zur gleichen Zeit erschien Alexander unter den Mauern der Stadt.

Die von Osten nach Westen sich erstreckende Bucht von Latmos, in die vom Gebirge im Osten kommend der Maiandros mündete, öffnete sich breit ins Meer hinaus. An ihrem Südufer lag Milet. Die Nordseite der Bucht wurde von dem bis ans Meer reichenden Vorgebirge Mykale gebildet, auf dessen Südhang in einer höchst malerischen Lage mit dem Blick auf das gegenüberliegende Milet Priëne sich ausbreitete. Vor der Bucht lag die Insel Samos, in ihrer Mitte die kleine Insel Lade. Bei dieser Insel hatte, noch vor dem Beginn der Perserkriege des 5. Jahrhunderts, jene Seeschlacht stattgefunden, in der die Perser die Flotte der Vereinigten Ionischen Städte besiegten. Heute ist durch den Schlamm, den der Maiandros im Lauf der Jahrhunderte vom Gebirge heruntergebracht hat, die ganze Bucht zu Land geworden. Nur als unbedeutender Hügel noch hebt sich Lade aus dem mit Rhododendren dicht bewachsenen Schwemmland heraus.

Es ergab sich folgende militärisch groteske Situation. Alexander besetzte sofort nach seinem Eintreffen die äußeren Bezirke und zwei der vier Häfen Milets. Danach begann er die Belagerung der inneren Stadt. In den Häfen fand Nikanor mit seinen Schiffen Schutz. Die persische Flotte ging am Vorgebirge Mykale vor Anker. Sie hatte die klare Aufgabe, der persischen Besatzung von Milet Hilfe zu bringen. Dazu hätte sie natürlich zunächst Nikanors Streitkräfte vernichten müssen. An Land angreifen konnten die Perser ihn nicht; dafür war Alexander militärisch zu stark. Auf dem Wasser war Nikanor nicht zu fassen. An jedem Morgen lief die Flotte des Weltreichs in Paradeformation aus in der Hoffnung, der makedonische Admiral werde sich zur Schlacht verleiten lassen. Der aber rührte sich nicht. Abends kehrte die persische Flotte auf ihren Ankerplatz am Vorgebirge Mykale zurück. Es war eine höchst lächerliche Lage, aus der aber wohl nicht einmal Admiral Nelson dem persischen Flottenchef einen Ausweg hätte zeigen können.

Im Hauptquartier Alexanders gab es Abend für Abend Diskussionen über die Frage, ob man die Seeschlacht annehmen solle oder nicht. Sogar der vorsichtige Parmenion war für den Angriff, mit der Begründung, daß man nichts riskiere; verlöre man die Seeschlacht, sei die Situation nicht verschlechtert; ohnehin ja hätten die Perser die unbestrittene Seeherrschaft in der Aegaeis; gewönne man, sei es ein großer Schritt vorwärts im Kampf gegen das Perserreich.

Parmenions Gründe waren gewiß wohlerwogen; aber richtig waren seine Schlüsse nur vom rein militärischen Standpunkt aus. Eine Niederlage zur See hätte zwar die militärische Lage der Makedonen gegenüber den Persern nicht wesentlich verschlechtert, wohl aber die Wirkung der Person Alexanders auf die Welt. In allen seinen militärischen Unternehmungen, angefangen bei den Feldzügen, die er nach seiner Thronbesteigung zur Wiederherstellung des auseinandergebrochenen Reiches Philipps II. hatte unternehmen müssen, bis zu seinem Übergang nach Asien und der Schlacht am Granikos, war Alexander, ohne einen einzigen Rückschlag, erfolgreich gewesen. Die Aura der Unbesiegbarkeit begann sich um ihn zu bilden. Diese Gloire war es, die Alexander nicht aufs Spiel setzen wollte.

Es ist unwahrscheinlich, daß der junge König seine hintergründigen Überlegungen über Risiko und Ruhm seinen alten Generalen mitgeteilt hat. Sie hätten ihn nicht verstanden. Allerdings ist es genau ebenso unwahrscheinlich, daß er seine intellektuelle Überlegenheit diesen verdienten Männern gegenüber auf so taktlose Weise zum Ausdruck gebracht hätte, wie manche Anekdoten das darstellen. Zu viele Beispiele bezeugen, daß der König ein Mann von guten Manieren war.

Alexander also lehnte die Seeschlacht ab. Es gab eine sichere Methode, die persische Flotte auszuschalten, ohne eine Niederlage gegen einen so hoch überlegenen Gegner zu riskieren. Alexander mußte versuchen, alle Häfen der Küsten des östlichen Mittelmeers von Land her zu besetzen oder zu erobern, bevor die persische Überlegenheit zur See das Kriegsglück zugunsten der Perser wenden konnte.

In dieser Lage hatte Alexander einen gescheiten, auf scharfer Beobachtung beruhenden Einfall. Es war eine Idee, die es ihm möglich machte, die persische Flotte aus der Bucht von Latmos zu vertreiben, ohne dabei ein einziges Schiff aufs Spiel zu setzen. Man kann sich vorstellen, mit welchem Behagen der König die Befehle für die Durchführung eines Planes gab, durch dessen Gelingen er Parmenion beweisen konnte, daß man mit Infanterie eine Seeschlacht gewinnen könne.

Vor Priëne, am Vorgebirge Mykale, wo die persische Flotte lag, gab es kein Trinkwasser. Die Perser mußten abends, wenn sie von der großen und lächerlichen Parade ihrer Macht unverrichteter Dinge zurückgekehrt waren und wieder vor Priëne ankerten, Landungstrupps losschicken, Trinkwasser für die Schiffsbesatzungen aus dem Maiandros zu holen. Der König wußte das. Offensichtlich hatte er die feindliche Flotte am gegenüberliegenden Ufer der Bucht von Spähern beobachten lassen. Er war eben zugleich Stratege, Taktiker, Truppenführer und, trotz seiner Jugend, ein listiger alter Soldat. In der Dämmerung schickte er Truppen an den Maiandros mit dem Befehl, die persischen Matrosen am Wasserholen zu hindern.

Was für ein Vergnügen muß eines Morgens dem König die Meldung bereitet haben, daß die persische Flotte nach Samos abgesegelt sei! Und was wohl mögen abends die alten Korporäle für pompöse Redensarten geführt haben, wie sie allein durch Schwerterklirren einen Sieg über die mächtige Flotte des Dareios erfochten hätten. Sie kehrte nicht zurück. Den Fall Milets hat sie nicht verhindern können.

Alexander verzichtete nach der Eroberung der Stadt weise auf alle Bestrafungen. Sogar die griechischen Söldner, die im Dienst der Kaufleute von Milet gegen ihn gekämpft hatten, nahm der Sieger unter ehrenvollen Bedingungen in seine Armee auf. Dann aber tat er etwas, was von einer völlig unglaublichen Unwahrscheinlichkeit ist. Er tat, was zu dem gleichen Resultat führte, als hätte er die Seeschlacht gegen die Perser angenommen und verloren. Er löste die Flotte auf.

Außer den Überlegungen Alexanders über Risiko und Ruhm gab es für diesen Entschluß freilich auch noch eine Reihe von sachlichen Gründen. Die persische Flotte bestand überwiegend aus Schiffen, die die phoinikischen Städte und die Könige von Kypros gestellt hatten. Sie waren bemannt mit den besten Seeleuten der damaligen Welt. Alexanders eigene Besatzungen dagegen waren ungeübte, meerfremde Makedonen oder unwillige Festlandshellenen. Diese Flotte, mit der er gegen die Perser doch nichts ausrichten konnte, kostete ihn an Löhnung über fünfzig Talente im Monat, die er durchaus nicht besaß. Durch die Auflösung der Flotte gewann er eine beträchtliche Anzahl Soldaten für sein Heer.

Der Perserkönig tat später etwas Ähnliches wie Alexander. Er befahl, die griechischen Söldner, die als Seesoldaten bei der persischen Flotte dienten, an Land zu schicken, um mit ihnen sein Heer zu verstärken. Diese Maßnahme schränkte die Möglichkeit der Perser zur See erheblich ein. Sie war für Dareios ebenso falsch, wie Alexanders Maßnahme für ihn richtig gewesen war. Der Entschluß des Dareios erklärt sich am ehesten daraus, daß das Persische Reich eben doch eine kontinentale und keine maritime Macht war.

Daß das Ende der makedonischen Flotte durch ein königliches Auflösungsdekret weit weniger dramatische Folgen hatte, als wenn sie in einer Seeschlacht vernichtet worden wäre, ist ein Problem, das zur Psychologie der Politik gehört. Von dem Augenblick an, da Alexander seine eigene Flotte aufgelöst hatte, war sein einziges Kriegsziel die Ausschaltung der persischen Flotte. Alles, was er von jetzt an unternahm, richtete sich auf dieses und nur auf dieses Ziel, bis es nach zwei Jahren härtester Kämpfe erreicht war.

In Kleinasien beschränkte sich Alexander auf das unbedingt Notwendige. Von Milet aus zog er nach dem weiter im Süden gelegenen Halikarnassos. Dort stieß er wieder auf seinen großen Gegenspieler Memnon. Und wieder hatte Alexander Gelegenheit festzustellen, wie gefährlich und einfallsreich dieser Mann war. Doch sollte er das nur noch kurze Zeit sein. Im Frühjahr, noch ehe der Feldzug von 333 richtig begonnen hatte, starb Memnon.

Halikarnassos wurde erobert und zerstört. Allerdings gelang es der persischen Besatzung, sich auf die fast uneinnehmbare Hafeninsel zurückzuziehen. Alexander wollte seine Zeit nicht nutzlos vertun. Er ließ eine starke Truppenmacht unter des Ptolemaios Befehl in Halikarnassos zurück. Erst im nächsten Sommer konnte, nach einer schweren Schlacht, Orontopates, der persische Befehlshaber von Halikarnassos, endgültig aus Karien vertrieben werden.

Während der wenigen Monate, die Memnon blieben, brachte er es noch einmal fertig, Alexander in Gefahr zu bringen. Nachdem der König Halikarnassos verlassen und sich der Südküste Anatoliens zugewendet hatte, machte sich Memnon daran, die Inseln der Aegaeis eine nach der anderen zu besetzen. Je weiter er damit gelangte, um so größer wurde die Gefahr, daß Athen von Alexander abfallen werde. Der König hatte die Nerven, dieses Risiko während seines ganzen Winterfeldzuges bestehen zu lassen, ohne sich darum zu kümmern. Seine beste Waffe in diesem Nervenkrieg war seine Urteilskraft. Er schätzte die Unentschlossenheit der athenischen Führung völlig richtig ein. Er traute den Athenern einen Entschluß nicht zu, der die Gefahr ihrer vollständigen Vernichtung einbeschloß. Der Schrecken, den die Zerstörung des aufständischen Theben gleich im Beginn der Regierung Alexanders hervorgerufen hatte, wirkte noch immer nach. Der König sollte recht behalten. Ehe Memnons Erfolge in der Aegaeis sich auswirken konnten, starb der Rhodier. Athen blieb ruhig. Doch wird Memnons Tod Alexander sicherlich gelegen gekommen sein. Erst Jahre später, in Baktrien, traf der König wieder auf einen Gegner, der ihm gewachsen war. Es war der Fürst Spitamenes, von dem Alexander die Bedingungen des Steppenkrieges erst erlernen mußte.

Ein sehr merkwürdiges Zusammentreffen von Umständen hat dazu geführt, daß Alexander zwei Jahre später Barsine, die Witwe Memnons, morganatisch heiratete. Eigentlich war es König Dareios, der den Anlaß dazu gegeben hatte. Als Dareios den Oberbefehl zur See in der Aegaeis auf Memnon übertrug, verlangte er, daß Barsine, als eine Art Unterpfand für die Treue Memnons, sich an den Hof zu Susa begebe. So fiel sie bei der Besetzung von Damaskos in die Hand des Siegers von Issos.

Barsine war königlichen Geblüts. Ihr Vater, der Satrap Artabazos, war ein Enkel des Königs Artaxerxes II. Es war Parmenions Rat, auf den hin Alexander Barsine heiratete. Sie gebar ihm, später in Baktrien, einen Sohn, dem der König den Namen Herakles gab. Dieser Prinz wurde, als er das Alter erreichte, in dem sein Vater den Thron bestiegen hatte, mit seiner Mutter zusammen ermordet.

Nach Halikarnassos teilte Alexander sein Heer. Parmenion mit dem größten Teil des Trosses schickte er zur Überwinterung nach Gordion, das in Zentralanatolien ungefähr hundert Kilometer westlich des heutigen Ankara liegt. Er selbst machte sich mit einer kleinen mobilen Truppe auf, die Häfen der Südküste Kleinasiens zu besetzen, damit auch sie der persischen Flotte nicht mehr als Stützpunkte dienen könnten. Außerdem wollte er den unbotmäßigen Bergvölkern des westlichen Tauros ein wenig Respekt vor der makedonischen Macht beibringen. Hier zum erstenmal unternahm er es, den Krieg gegen ein Bergvolk im Winter zu führen, weil es dann in den Tälern bleiben mußte und nicht, wie im Sommer, in die schützenden Berge flüchten konnte.

Während Alexander seinen Winterkrieg in Pamphylien und Lykien führte, teilte ihm der treue Parmenion mit, daß er einen Anschlag auf das Leben des Königs entdeckt habe. Der Verräter, Alexandros der Lynkestier, gehörte einer vornehmen makedonischen Adelsfamilie an, die sogar gewisse Ansprüche auf den Thron erhob. Zwei der Brüder des Alexandros waren in das Attentat auf König Philipp verwickelt gewesen und hingerichtet worden. Dem Alexandros, dessen Teilnahme an jener Verschwörung, obwohl sie sicher stattgehabt hatte, sich nicht beweisen ließ, war von Alexander nicht nur verziehen worden; er hatte ihm sogar hohe Kommandos anvertraut, zuletzt noch die als große Ehre geltende Führung der Thessalischen Ritterschaft. Und nun hatte Parmenion einen Boten abgefangen, den Dareios dem Alexandros geschickt hatte. Aus dem Geständnis dieses Boten erfuhr Parmenion von dem Mordplan.

Die Entdeckung der Verschwörung muß das noble und große Herz Alexanders schwer getroffen haben. Er war ein Mann, der von Natur dazu neigte, Vertrauen zu schenken. Das war es auch, was es ihm jederzeit so leicht machte, selbst die schwierigsten Aufgaben anderen zu übertragen. Kleine Leute wollen immer alles selber machen. Große Herren sind fähig, Verantwortungen gelassen zu delegieren. Alexander wußte, daß bei tüchtigen

Leuten mit zunehmender Verantwortung die Fähigkeiten wachsen. So mochte er gehofft haben, daß der Reiz großer Aufgaben den Ehrgeiz des Lynkestiers befriedigen werde. Darin sah er sich jetzt getäuscht. Die Entdeckung der Verschwörung verschaffte Alexander die Einsicht, was für eine bittere Sache es ist, Herr aller Anderen zu sein.

Der König konnte sich nicht entschließen, Alexandros hinrichten zu lassen. Jahrelang führte er ihn als Gefangenen im Hauptquartier mit, bis er ihn, im Zusammenhang mit einer anderen Verschwörung, schließlich doch dem Henker übergab.

Nachdem der König fast den ganzen Winter in Pamphylien und Kilikien, teils kämpfend, teils marschierend, verbracht hatte, ging er schließlich über einen Paß des westlichen Tauros nach Norden zurück, um sich in Gordion wieder mit Parmenion zu vereinigen.

Das große Jahr 333 war gekommen.

Die Erfolge Alexanders im ersten Jahr seines Feldzuges dürften seinen Zeitgenossen nicht besonders großartig erschienen sein. Auch wir neigen dazu, unsere Bewunderung bis Susa, Persepolis oder Samarkand zu verschieben. Die Zeitgenossen machten den Fehler, das Gewicht der Ereignisse zu unterschätzen. Wir machen den Fehler, die Größe der Leistung zu unterschätzen.

Daß Alexanders anatolischer Feldzug des Jahres 334/333 den Zeitgenossen keinen so tiefen Eindruck machte, hatte viele Gründe. Diese Art der Kriegführung sprengte noch nicht den Rahmen dessen, was die Welt jener Tage gewohnt war. Persische Satrapen hatten immer einmal wieder eine Niederlage hinnehmen müssen. Insofern war ein Sieg wie der am Granikos nichts Überraschendes. Auch war Anatolien mit seinen vielen Kolonien der griechischen Welt zu vertraut, als daß Alexanders Unternehmen die Faszination »Abenteuer in der Ferne« hätte haben können. Schon siebzig Jahre vorher hatte sich Xenophons Söldnerheer, nach dem Tod Kyros' des Jüngeren plötzlich auf sich selbst gestellt, von Mesopotamien aus ziemlich unbehelligt nach Trapezunt an der Südküste des Schwarzen Meeres durchschlagen können. Manchem Soldaten Alexanders mag ein Großvater, der an der Anabasis der Zehntausend teilgenommen hatte, schöne Geschichten davon erzählt haben. Xenophon hatte auf seinem Marsch nach Norden sein Heer eine Route geführt, die sogar noch östlich der von Alexander besetzten Gebiete verlief.

Der Charakter des Abenteuers wäre weit eher den Kriegszügen Philipps II. zugekommen. Sie hatten sich über größere Entfernungen erstreckt als Alexanders bisheriger Feldzug. Sie hatten bis zur Donau und gelegentlich darüber hinaus geführt. Philipp war bis in Gegenden vorgedrungen, die den immer nur an den Küsten entlangfahrenden, selten in ein Land eindringenden Griechen unbekannt waren. Das hatte die Phantasie angeregt. Vor allem aber konnten die zeitgenössischen Betrachter der Lage im Frühling des Jahres 333 vor Christi Geburt nicht wissen, welche Folgen dieses anatolische Unternehmen haben würde. Sie wußten nicht einmal, ob das Ergebnis des Feldzugs beständig sein, ob Alexander seine Eroberungen werde halten können, kurz, sie wußten nicht, daß es Alexander der Große war, der diesen Feldzug führte. Wir hingegen unterschätzen die Leistung. Wir wissen, daß dies alles nur ein Anfang war, daß das bisher Erreichte

nicht wieder verlorengehen würde. Mit diesem anatolischen Feldzug Alexanders begann die Eroberung des Ostens durch den Westen, begann die Verwandlung der Welt.
Jede Geschichtsbetrachtung neigt dazu, aus der Rückschau heraus die Ereignisse so erscheinen zu lassen, als ob sie gar nicht anders hätten verlaufen können. Den Tatsachen stehen da nur Möglichkeiten gegenüber, denen, da sie niemals Wirklichkeit wurden, nur eine imaginäre Existenz zukommt. Aber bevor die Entscheidungen fallen, sind fast alle Möglichkeiten Gefahren. Gefahren, die drohen, sind etwas, was der Mensch als real empfindet. Wenn man jahrelang nur wenige Meilen westlich einer siegreich vorrückenden Armee geschlafen hat, weiß man, was »drohende Gefahr« bedeutet.
Die Fähigkeit, drohende Gefahren vorauszusehen, ist eine Funktion der Phantasie. Phantasie ist eine wichtige Eigenschaft des Genialen. Es ist die schöpferische Fähigkeit, sich etwas vorzustellen, was noch nicht in die Sphäre der Realität eingetreten ist. Es ist klar, daß ein Genialer mit seiner reicheren Phantasie mehr Gefahren sieht als ein phantasiearmer Mensch. Ob aber nun eine Gefahr, die von der Phantasie »imaginiert« wird, eine Möglichkeit ist, die tatsächlich eintreten kann, oder ob die Gefahr »nur in der Einbildung« besteht, vermag allein eine starke Urteilskraft zu entscheiden und zuweilen auch diese nicht. Alexander jedenfalls hatte eine ungewöhnliche Begabung, Gefahren richtig einzuschätzen, und eine freilich noch ungewöhnlichere Begabung, ihnen wirksam zu begegnen.
Abends in seinem Zelt, vor dem Einschlafen, wenn die Sorgen den Menschen überfallen, hatte Alexander Gelegenheit, seine Phantasie spielen zu lassen. Es ist ein hartes Lager gewesen, auf welchem des Königs junger Ruhm ruhte. In Makedonien hatte Alexander als Statthalter Antipatros zurückgelassen. Er hatte ihm die volle Regierungsgewalt anvertraut. Wir heute wissen, daß Antipatros ein ganz ausgezeichneter Mann war, der sich allen Aufgaben, die an ihn herantraten, gewachsen zeigte, der auftauchender Gefahren Herr zu werden verstand, der Alexander treu ergeben war und blieb. Wenn aber Alexander erwog, was alles in Makedonien passieren könne, fehlte es nicht an Möglichkeiten. Für die Barbaren im Norden mußte es eine große Verlockung sein, aufsässig zu werden, um die Tribute, die Philipp ihnen auferlegt hatte, wieder abzuschütteln. Sie wußten, daß der König der Makedonen mit dem Hauptteil seiner Streitkräfte

in Kleinasien stand. Diese Aufstände sind zu einem späteren Zeitpunkt erfolgt.
Der Statthalter konnte auf die Idee kommen, auf eigene Faust Feldzüge zu unternehmen, um für sich selbst Ruhm und Beute zu gewinnen. Ein späterer Statthalter hat, ohne Alexander zu fragen, einen Feldzug gegen die Skythen unternommen; er hat Olbia belagert, eine griechische Stadt an der Mündung des Borysthenes, des Dnjepr, deren Ruinen noch heute im Wasser zu sehen sind; er hat eine furchtbare Niederlage erlitten. Dieses Unglück ist, wenn auch erst zehn Jahre später, eingetreten. Es war keine eingebildete Gefahr.
Die Athener konnten zu jedem Zeitpunkt neue Schwierigkeiten machen. Die den Makedonen feindliche Partei in Athen hat das auch die ganzen Jahre hindurch versucht. Dabei hofften die Athener auf Hilfe von den Persern. Nach der Schlacht von Issos wurde in Damaskos von Parmenion eine Delegation verhaftet, die Athen, Theben und Sparta an den Hof des Großkönigs geschickt hatten.
Die Spartaner waren auf alle Fälle seine Feinde. Gehörten sie doch nicht einmal dem Korinthischen Bund an. Im Sommer des Jahres 330 mußte auf der Peloponnes gegen das spartanische Heer unter König Agis eine schwere Schlacht geschlagen werden.
Von den Inseln der Aegaeis war keine einzige sicher in Alexanders Besitz. Zur See herrschten die Perser. Ob wohl der in Milet gefaßte Entschluß, die Flotte aufzulösen, richtig gewesen war? Nun, es war geschehen! Darüber brauchte er sich keine Gedanken mehr zu machen. Aber wann würden die Perser seine Basis am Hellespontos angreifen und damit seinen Nachschub unterbrechen? Warum die Perser das nicht getan haben, hat weder Alexander je begriffen, noch können wir es begreifen. So ist also von allen Bedrohungen gerade die allerwahrscheinlichste eine eingebildete Gefahr gewesen. Aber mußte Alexander sich nicht darüber Gedanken machen, ob dieses unverständliche Versagen der persischen Kriegführung nicht einen gefährlichen Grund hatte? Konnte es nicht sein, daß der Großkönig, der schließlich noch immer über praktisch unbegrenzte Mittel verfügte, irgendwo am Kaspischen Meer ein Heer dieser vortrefflichen Reiter aus den Steppen Baktriens und der Sogdiana sammelte, um über Aserbeijan und Armenien ihm in den Rücken zu fallen?
In seiner makedonischen Residenz Pella hatte Alexander nicht nur den Antipatros zurückgelassen, sondern auch seine Mutter

Olympias. Zwischen Mutter und Sohn wurden im Laufe der Jahre viele Briefe gewechselt. Leider ist keiner dieser Briefe erhalten geblieben, und auch über ihren Inhalt ist nur wenig bekannt. Als Hephaistion sich einmal, während Alexander einen Brief seiner Mutter las, neben ihn setzte und mitzulesen begann, ließ Alexander ihn zwar gewähren, drückte aber dem Freund schweigend seinen Siegelring auf die Lippen.
Eines ist bekannt. Unter den Briefen der Olympias dieses ersten Jahres war kaum einer, in dem sich die Königinmutter nicht über Antipatros beklagte, ihn verdächtigte, ihn verleumdete. Alexander kannte zwar seine Mutter und wußte, daß sie am liebsten selbst die Zügel der Herrschaft in die Hand genommen hätte. Aber schließlich wußte er auch, daß sie eine gescheite Frau war. Zwar hat er einmal über seinen Statthalter gesagt: »Antipatros ist von außen weiß gekleidet, aber innen ist er ganz von Purpur!« Doch konnte nicht auch wahr sein, was Olympias über Antipatros Unfreundliches schrieb? Was gehörte dazu, immer wieder Verdächtigungen anzuhören, ohne ihnen Glauben zu schenken, wenn man so intelligent war wie Alexander, so viel Phantasie hatte und schon so viel Intrige und Verrat erlebt hatte wie er in seinem jungen Leben!
Und was nun lag vor ihm auf seinem Weg nach Süden? Das erste Hindernis waren die berühmten Kilikischen Tore, der einzige aus dem Innern Anatoliens nach Syrien und Aegypten führende Paß über das westliche Taurosgebirge. Wenn der Paß sachgemäß verteidigt wurde, war er so gut wie unbezwingbar.
Und was würde Dareios unternehmen? Wo würde die große Schlacht der Entscheidung stattfinden? Über den Ausgang der militärischen Auseinandersetzung machte Alexander sich keine Sorgen, so vollständig war er von der taktischen Überlegenheit der makedonischen Phalanx und der strategischen Überlegenheit seiner eigenen Führung überzeugt. Und gerade darin sollte er sich getäuscht haben. Nur sehr wenig hat gefehlt, und die Schlacht von Issos wäre verloren gewesen, ehe sie überhaupt begonnen hat.
Keine von all diesen Bedrohungen und Gefahren, so viele Möglichkeiten von Fehlentscheidungen sie auch immer enthalten mochten, hat Alexander seiner Ruhe beraubt. Er faßte seine Entschlüsse kühlen Herzens. Insofern ist es wirklich von weltgeschichtlicher Bedeutung, daß Alexander einen so gesunden Schlaf hatte. Denn wahrhaftig, nie in seinem Leben wieder sind die

Gefahren, von denen er umgeben war, so zahlreich gewesen und die Risiken, die er eingegangen war, so hoch wie in diesem ersten Jahr seiner Kriegführung.

Das Problem des Risikos ist von Bedeutung, wenn man Alexander in seinen Maßnahmen wirklich verstehen will. Und die Risiken Alexanders wiederum sind auf das engste mit dem verknüpft, was man gemeinhin seine Ruhmsucht nennt.
Ein Risiko eingehen kann tapfer, mutig oder kühn sein. Es sind das drei verschiedene Verhaltensweisen. Tapfer kann einer sein, auch wenn er Angst hat. Mutig ist, wer seine Furcht zu überwinden weiß. Kühn ist, wer weder Angst noch Furcht kennt. Insofern ist Kühnheit auch keine eigentliche Tugend. Sie ist ohne Verdienst. Sie ist eine schöne Eigenschaft des Menschen. Darum wohl auch wird sie von den Göttern so selten nur verliehen. Achilleus war nicht kühn. Hektor war es nicht. Alexander der Große war es. In der ganzen Weltgeschichte ist dieses Prädikat nur einem Herrscher zugebilligt worden, Herzog Karl dem Kühnen von Burgund. Aber Karl der Kühne war der Repräsentant der untergehenden Welt des Feudalismus, war ein Mann, der scheiterte. Alexander war die Zukunft selbst.
Die deutsche Sprache, die alte Amme unserer Weisheit, kennt noch die Tollkühnheit. In diesem Begriff steckt eine wenn auch immer noch mit Bewunderung gemischte Abwertung. Tollkühn ist einer, der kühn und toll zugleich ist, der also ein Risiko nicht angemessen abzuschätzen versteht. Eine vernünftige Kalkulation des Risikos ist mit Kühnheit wohl vereinbar. Erst wer ein unvernünftiges Risiko eingeht, ist tollkühn. Dieser Vorwurf ist Alexander oft gemacht worden. Immer wieder habe Ruhmsucht ihn veranlaßt, in törichter Weise sein Leben und damit sein ganzes Werk aufs Spiel zu setzen. Diese Ansicht freilich wird eher von Gelehrten als von Soldaten vertreten.
Hören wir zunächst, was Fuller sagt. Fuller, der als Major die erste Tankschlacht der Geschichte, den Durchbruch der englischen Panzer bei Cambrai 1917, befehligte, ein Mann also, der vom Kriegführen etwas versteht, hat die Feldzüge Alexanders vom modernen militärwissenschaftlichen Standpunkt aus auf das sorgfältigste untersucht. Er sagt: »Obgleich Alexander einer der kühnsten Feldherrn der Geschichte ist, hat er die Risiken, die er einging, selten dem Zufall überlassen. Sie wurden sorgfältig erwogen und gemäß ihrer Wahrscheinlichkeit kalkuliert.«

Wer den persönlichen Mut, mit dem Alexander in Schlachten und bei Belagerungen immer wieder sein Leben aufs Spiel setzte, als unvernünftige Tollkühnheit betrachtet, versteht nichts von der Psychologie der Gefahr. Wenn der Feldherr den Befehl zur Schlacht gibt, gibt er Hunderten den Befehl zu sterben. Er verliert völlig seine Glaubwürdigkeit, wenn er nicht das, was er verlangt, auch zu geben bereit ist. Die moderne Form der Kriegführung, bei der ein anonymer Generalstab das militärische Geschehen aus dem Hintergrund lenkt, verschleiert diesen Sachverhalt. In dem räumlich engen Rahmen, in dem sich die Schlachten der Antike abspielten, war der Feldherr zu jedem Zeitpunkt des Kampfes für fast jeden Soldaten sichtbar. Schließlich heißt das Wort »Feldherr« nichts anderes als »Herr des Feldes«, nämlich des Schlachtfeldes. Und Alexander war sich dessen bewußt. Seinen auffallenden weißen Helmbusch trug er, seinen auffallenden Rappen mit dem weißen Kopf ritt er, damit seine eigenen Soldaten ihn sehen könnten, damit ihr Mut durch den seinen angespornt werde. Nichts war von Alexander sorgfältiger kalkuliert als gerade seine Kühnheit. Daß er den Kampf liebte, mag ihm das erleichert haben. Aber er wußte, daß er aus seinen Soldaten das Äußerste nur herausholen konnte, wenn er in allem und eben auch im Todesmut ein von keinem übertroffenes Vorbild war. Die Kühnheit Alexanders hat keine Grenzen gekannt, aber Tollkühnheit war sie eben gerade nicht. Der beste Beweis dafür, wie recht Alexander hatte, daß er seiner Kühnheit keine Grenzen setzte, ist sein Gegner Dareios. Zweimal, bei Issos und bei Gaugamela, hat dem Perserkönig jenes kleine Mehr an Entschlossenheit gefehlt, das Alexander an seiner Stelle gehabt hätte. Beide Male hat Dareios, statt sich in dem Augenblick, als die Schlacht sich zu seinen Ungunsten zu wenden begann, mit äußerster Kühnheit auf den Feind zu stürzen, die Flucht ergriffen. Nur Kühnheit hätte das Schicksal wenden können. Dareios hatte sie nicht. Daß sie ihn wahrscheinlich das Leben gekostet hätte, ist ein schlechter Einwand. Durch die Flucht hat er es auch nicht gerettet.
Der Kalkül der Kühnheit geht aber bei Alexander noch weiter. Derselbe Mann, der bis zuletzt durch seine Priester die Eingeweide der Opfertiere über die Zukunft befragen ließ, war in seiner psychologischen Clairvoyance von einer Modernität, die etwas Unheimliches hat. Ganz bewußt hat Alexander die Goldene Aura um seine Person sowohl geschaffen als auch immer

wieder in ihrem Glanz erneuert. Mit einer für seine Zeit unglaublichen Intuition erkannte er, daß »Gloire« nicht nur irgendein imaginärer Wert, sondern eine tragfähige *res politica* ist. Am Ende genügte es, daß er den Ruf der Unbesiegbarkeit hatte, um unbesiegbar zu sein. Daß Alexander sich solcher Zusammenhänge bewußt war, läßt sich zeigen. Er hat sich ihrer mit überlegener Klugheit bedient. Als Parmenion vor der Schlacht am Granikos aus wohlüberlegten und von Alexander auch als richtig anerkannten Gründen von einem sofortigen Angriff auf die zur Schlacht aufgestellten Perser abriet, begründete Alexander seine Ablehnung von Parmenions Vorschlag damit, daß er erklärte, ein Zögern stimme nicht zu seiner Art, einer Gefahr zu begegnen; die Perser würden Mut fassen, weil sie nicht sofort erführen, was sie fürchteten.
Welch treffsichere Psychologie!
Hätte der Glanz, der die Person des jungen Fürsten umgab, keine andere Funktion gehabt, als die königliche Eitelkeit zu befriedigen, wie vielen Irrtümern wäre Alexander verfallen! Nichts trübt die Urteilskraft sicherer als Eitelkeit. Aber nichts war bis zu des Königs letzten Tagen so ungetrübt wie gerade die Klarheit seiner Entscheidungen. Neuere Psychiater zwar erklären, der König habe in späteren Jahren zum Größenwahn geneigt. Man kann ihnen da nicht einmal widersprechen. In der Tat hat er sich eingebildet, Alexander der Große zu sein.
Es war der Ruf seiner Unbesiegbarkeit, die allgemeine Überzeugung, daß er ein Liebling der Götter und gegen die Tücken des Schicksals gefeit sei, welche es überhaupt erst möglich machten, daß Alexander so viele Jahre lang in den Steppen und Dschungeln Asiens Krieg führen konnte, ohne daß das ganze eben erst eroberte Reich der vollständigen Anarchie verfiel. Das Zentrum seiner Macht war zwar immer der Königliche Hof. Daß er sich nicht an einem festen Platz befand, bedeutete für die Ausübung der Regierung keine Schwierigkeit. In dieser Sache folgte Alexander der Gewohnheit der persischen Großkönige. Auch Karl der Große, auch die Sachsenkaiser, auch die Staufenkaiser sind mit ihren Hofhaltungen von Pfalz zu Pfalz gezogen. Ebenso waren die Residenzen der großen asiatischen Eroberer – der Mongolen, der Seljuken, der Osmanen – durch lange, und zwar gerade durch die erfolgreichen Zeiten hindurch wandernde Zeltstädte. Dem Serail in Istanbul mit seinen eleganten Pavillons sieht man noch an, daß er aus einer Zeltstadt entstanden ist.

Alle Fäden liefen in der Residenz und damit in der Hand des Königs zusammen. Aber die Verwaltung der einzelnen Teile des riesigen Reiches und die ganze große Organisation der Versorgung der Armee mit ihren langen Nachschubwegen waren natürlich ortsgebunden. Die Unordnung, welche als Folge der langen Abwesenheit des Königs im Osten schließlich manchenorts entstand, ist zwar nicht gering gewesen, wurde aber zu keiner Zeit und in keiner Form bedrohlich für den Bestand der königlichen Macht.
Alexanders Gloire erstrahlte besonders hell, als er einmal in ernste Lebensgefahr geriet. Das Heer, schon auf dem Rückmarsch, zog den Indus hinab. Da wurde Alexander beim Angriff auf eine Stadt der Maller so schwer verwundet, daß man seinen Tod befürchten mußte. Nun gab es in dieser Armee doch wahrhaftig genug hervorragende Generale, die in vielen schwierigen Lagen ihre Tüchtigkeit und bei vielen schwierigen Aufträgen ihre Selbständigkeit immer wieder bewiesen hatten. Die Soldaten waren verwitterte, narbenbedeckte Krieger, harte, tapfere Männer von einer Kriegserfahrung, wie es sie kaum in der Geschichte wieder gegeben hat. Aber das ganze Heer war vollständig davon überzeugt, daß, stürbe Alexander, sie alle miteinander in diesem fremden heißen Land, in diesen moskitoverseuchten, von Schlangen wimmelnden, von Tigern bevölkerten Dschungeln verloren seien und keiner je die Heimat wiedersehen werde.
Daß die Wirkung, die Alexander auf Menschen ausübte, ganz außerordentlich gewesen sein muß, dafür gibt es viele Beweise. Schon im Altertum haben sich die Historiker darüber verwundert, wie merkwürdig blaß, ja unbedeutend des Königs Mitarbeiter neben ihm wirken. Und darunter befanden sich doch, wie uns die weiteren Ereignisse lehren, hervorragende Männer, denen vom Schicksal bestimmt war, große geschichtliche Leistungen zu vollbringen.
Von Natur hatte der König etwas Angenehmes in seinem Wesen. Es wird berichtet, daß er den Kopf immer ein wenig schief gehalten und daß sein Blick etwas Weiches gehabt habe. An dem im Museum in Konstantinopel stehenden Marmorkopf, der von einer in hellenistischer Zeit in Pergamon offenbar nach einem älteren Original geschaffenen Statue stammt, kann man das noch heute sehen. Aber dieser in seinem alltäglichen Umgang überaus liebenswürdige Mann hatte zuweilen Ausbrüche von Zorn, die von seiner Umgebung ihrer Heftigkeit wegen gefürchtet wurden.

Doch sollte man bei der Beurteilung solcher Ausbrüche jeweils ihre Veranlassung in Betracht ziehen. Daß zum Exempel Dummheit einen gescheiten Mann in Zorn bringt, ist das Natürlichste von der Welt. Wer je das Opfer eines solchen Ausbruchs wurde, vergaß ihn niemals wieder.
Kassandros, der soeben aus der Heimat in Babylon eingetroffene Sohn des Reichsverwesers Antipatros, ließ sich, als er zum erstenmal Zeuge war, wie einige vornehme Perser dem König nach orientalischer Sitte ihre Ehrerbietung bewiesen, zu einem lauten Lachen hinreißen. Alexander, für den die Versöhnung der Perser mit dem neuen Regime, die Angleichung der Sitten der Sieger und der Besiegten eines der wichtigsten Probleme seiner inneren Politik war, wurde über die naive Dummheit dieses Gelächters so zornig, daß er Kassandros an den Haaren ergriff und seinen Kopf ein paarmal gegen die Wand schlug. Noch Jahre nach Alexanders Tod, als Kassandros, längst König von Makedonien, sich in Delphoi unvermutet einer Bildsäule des Königs gegenübersah, erschauerte er vor Schrecken und geriet völlig aus der Fassung.

In vielem aufschlußreich für die Beziehungen Alexanders zu den Menschen sind die Anekdoten, die über ihn im Umlauf waren. Die Anekdote, für die strenge Wissenschaft ein ewiges Skandalon, ist eine der großen Entzückungen des Geistes. Der Esprit sammelt die Symptone eines Menschen wie in einer Linse, um dann in diesem gebündelten Strahl das Charakteristische aufleuchten zu lassen. Kaum eine Anekdote je hat sich so ereignet, wie sie erzählt wird. Ihre endgültige Form ist immer das Ergebnis eines schöpferischen Kollektivs. Es ist eine Art von höherer Wahrheit, die in der Anekdote zum Ausdruck kommt. Freilich, von welcher Art diese höhere Wahrheit ist, kann man daraus ersehen, daß von den Ereignissen, über welche die drei bekanntesten Alexander-Anekdoten berichten, zwei niemals stattgefunden haben und die dritte nicht so verlaufen sein kann, wie die Anekdote es erzählt.
Als Knabe sei Alexander einmal bei der Meldung von einem großen militärischen Erfolg seines Vaters Philipp in Tränen ausgebrochen und habe geklagt, sein Vater werde ihm zu erobern nichts mehr übriglassen. Sehen wir einmal ganz davon ab, daß diese Klage, hätte Alexander sie erhoben, ein höchst bedenkliches Licht auf die geographischen Kenntnisse des späteren Welt-

eroberers würfe, die Anekdote kommt in keiner antiken Quelle vor. Sie tritt erst im späten Mittelalter auf. Das Ereignis hat nicht stattgefunden.

Die zweite dieser Geschichten kennt jedes Schulkind. Es ist die Geschichte von dem Besuch, den der König in Korinth dem Diogenes gemacht habe. Als der König den Philosophen, der vor seiner Tonne saß, gefragt habe, ob er etwas für ihn tun könne, habe Diogenes geantwortet: »Geh mir ein wenig aus der Sonne!« Und darauf soll Alexander zu seiner Umgebung geäußert haben: »Wäre ich nicht Alexander, möchte ich Diogenes sein!« Alexander ist nur ein einziges Mal, und zwar ganz im Anfang seiner Regierungszeit, in Korinth gewesen. Hätte der König zu einem so frühen Zeitpunkt seiner Laufbahn von sich selbst wirklich gesagt »Wäre ich nicht Alexander ...«, könnte man mit einem gewissen Recht den Vorwurf des Größenwahns erheben. Aber wir besitzen eine sichere Nachricht, daß Diogenes zu der Zeit, als Alexander in Korinth weilte, sich in Athen befand. Die beiden sind einander nie begegnet.

Die dritte Anekdote endlich, die so, wie sie erzählt wird, nicht stimmen kann, ist die vom Gordischen Knoten, den Alexander, als er ihn nicht habe lösen können, mit dem Schwert durchhauen habe. Dieser Knoten gehörte zum Geschirr eines seit Generationen in Gordion aufbewahrten Wagens, der dem König Midas oder, wie andere Quellen sagen, dem König Gordion gehört hatte. Der Knoten verband die Deichsel des Wagens mit dem Joch. Anfang und Ende des Knotens waren unsichtbar. Das Orakel verhieß dem, der den Knoten »lösen« werde, die Herrschaft über Asien. Hätte Alexander den Knoten, den das Orakel »gelöst« wissen wollte, mit dem Schwert durchhauen, wäre das nach den religiösen Vorstellungen jener Zeit eine Verhöhnung des Orakels und damit der Götter gewesen. Es ist nicht gesagt, daß Alexander das so empfunden hätte, aber sicher ist, daß jeder seiner frommen makedonischen Soldaten ob solchen Sakrilegs entsetzt gewesen wäre. Alexander hat während seines ganzen Kriegszuges die religiösen Riten streng respektiert.

Eine Analyse der Quellen dahingehend, welche die Geschichte bringen und welche nicht, und eine weitere Analyse der Varianten, in denen die Geschichte wiedergegeben wird, machen es wahrscheinlich, daß es eine Story ist, die erfunden wurde, um Alexander als gottlos erscheinen zu lassen. Da bei uns das Gefühl für die religiöse Seite des Problems vollständig fehlt, wird die

Geschichte als Exempel genialer Entschlossenheit unausrottbar weiterleben. Dabei ist die technische Seite des Problems noch ganz außer Betracht geblieben. Der Knoten bestand aus dem Bast der Kornelkirsche. Er umschlang das Joch und die Deichsel des Wagens. Eine Deichsel steht gewöhnlich frei oder wird höchstens von einer losen Deichselstütze gehalten. Sie gibt also bei einer Berührung bis zu einem gewissen Grade nach. Ein solch elastisch ausweichendes Kombinat von zwei durch Bast miteinander verbundenen Hölzern mit einem Schwert zu durchschlagen ist physisch eine Unmöglichkeit. Aber selbst wenn wir auf die Tränen des Knaben, die Tonne des Philosophen und den Knoten aus Bast verzichten müssen, bleiben genug Geschichten übrig.

Besonders zahlreich sind die Anekdoten, in denen Alexanders Freigebigkeit eine rühmliche Rolle spielt.

Dem Serapion, einem der jungen Leute, die mit dem König Ball spielten, schenkte er niemals etwas, weil dieser ihn niemals um etwas bat. Bei einem Spiel warf Serapion den Ball nie dem König zu, sondern immer nur anderen Mitspielern. »Mir gibst du den Ball nicht?« fragte endlich der König. »Natürlich nicht«, erwiderte Serapion, »du hast ja nicht darum gebeten!« Alexander war entzückt von dem Witz dieser Antwort und machte Serapion ein großartiges Geschenk.

Als einmal der Schauspieler Lykon bei der Aufführung einer Komödie einen listigen Vers in seinen Text einschmuggelte, in dem er den König um ein Geschenk von zehn Talenten bat, ein Caruso-Honorar gewissermaßen, lachte Alexander und schenkte sie ihm. Er war ein König, der Humor hatte.

Dem Perillos, einem seiner Freunde, der ihn um eine Mitgift für seine Tochter gebeten hatte, ließ er fünfzig Talente auszahlen. Als Perillos meinte, zehn Talente wären auch genug gewesen, meinte der König: »Ja, für dich zu nehmen, aber nicht für mich zu geben!«

Als Knabe hatte Alexander beim Opfern den Göttern zuweilen Hände voll des kostbaren Weihrauchs gestreut. Leonidas, sein strenger Erzieher, verwies ihm das mit den spöttischen Worten: »So verschwenderisch kannst du räuchern, wenn du das Weihrauchland erobert hast!« Als Alexander nach der Eroberung Susas über unbegrenzte Mengen von Weihrauch verfügte, ließ er dem Leonidas, Spott nur mit Spott vergeltend, einen Brief überbringen: »Ich schicke dir hundert Talente Weihrauch, damit du gegen die Götter nicht mehr so karg zu sein brauchst.«

Alexander hat sich zuweilen ritterlich benommen, zuweilen chevaleresk, zuweilen wie ein Gentleman. Diese Feststellungen sind keine Anachronismen. Bei dieser oder jener Gelegenheit nimmt Alexander mit schöner Freiheit die Noblesse späterer Jahrhunderte vorweg.

Mitten in dem großen und entsetzlichen Jammer, den die Zerstörung der Stadt Theben mit sich brachte, hatte ein Haufen Thraker das Haus einer angesehenen und tugendhaften Dame namens Timokleia erbrochen. Während die Soldaten plünderten, entehrte ihr Anführer die Frau zuerst mit Gewalt; dann fragte er sie aus, ob sie irgendwo Gold oder Silber versteckt habe. Sie bejahte diese Frage und führte ihn ganz allein in den Garten, wo sie ihm einen Brunnen zeigte. »Hier«, sagte sie, »habe ich bei der Einnahme der Stadt die Kostbarkeiten meines Hauses hinuntergeworfen.« Der Thraker beugte sich über den Brunnenrand, um hinabzuspähen. In diesem Augenblick gab sie ihm von hinten einen Stoß, so daß er in den Brunnen stürzte. Dann warf sie so lange Steine hinab, bis er tot war. Daraufhin wurde sie von den Thrakern gebunden vor Alexander geführt. Vom ersten Augenblick an erschien sie dem König durch ihren Blick und ihren Gang als eine Frau von Würde und hohem Sinn. Sie hatte nicht die mindeste Bestürzung oder Angst gezeigt, als sie den Soldaten folgen mußte. Der König fragte sie, wer sie sei. Sie erwiderte: »Ich bin Theagenes' Schwester, der für die Freiheit Griechenlands deinem Vater, König Philipp, bei Chaironeia als Feldherr gegenüberstand und gefallen ist.« Alexander war voller Bewunderung über diese stolze Antwort. In ritterlicher Weise gab er Befehl, sie mit ihren Kindern frei von dannen ziehen zu lassen.

Als Alexander nach der Schlacht von Issos zusammen mit seinem Freund Hephaistion die Königin Sisygambis, Dareios' Mutter, in ihrem Zelt aufsuchte, verwechselte die Königinmutter den Hephaistion mit Alexander und machte ihre Reverenz dem Falschen. Alexander war ja nicht sehr groß, Hephaistion ein schöner und stattlicher Mann. Als Sisygambis ihren Irrtum bemerkte, der nach orientalischen Begriffen eine schwere Beleidigung der Majestät war, erschrak sie tödlich. Alexander half ihr aus der Verlegenheit. Mit dem Esprit und der Eleganz eines großen Herrn des Ancien Régime sagte er, auf Hephaistion deutend, nur eben: »Auch dieser ist Alexander!«

Schier unglaublich ist die Geschichte von dem Simulanten Antigenes. Ein Transport von Kranken und Verstümmelten, die nach

Makedonien zurückgebracht werden sollten, wurde zusammengestellt. Da entdeckte man, daß ein Mann namens Antigenes sich in die Krankenliste hatte eintragen lassen, ohne daß ihm irgend etwas fehlte. Vor Alexander geführt und von diesem befragt, warum er den Betrug veranstalte, gestand er, daß er das aus Liebe zu Telesippa getan habe, welche mit diesem Transport reisen wolle. Alexander fragte, wer diese Telesippa sei. Als er erfuhr, daß sie keine Sklavin, sondern eine Freigeborene sei, löste der König das Problem auf eine Art und Weise, daß man nur sagen kann, er habe sich wie ein vollendeter Gentleman benommen. Er wandte sich zu dem verliebten Simulanten: »Nun gut, mein Antigenes! Einer Freien mag ich nichts befehlen. So wollen wir beide zusammen versuchen, die Telesippa zu bereden, daß sie bei uns bleibe!«

Zu seinen Soldaten hatte Alexander ein besonders herzliches Verhältnis. Er verstand sich darauf, mit ihnen umzugehen. Vor der Schlacht am Granikos gab er den Befehl, die vorhandenen Vorräte in einem großartigen Festschmaus zu verbrauchen; denn am nächsten Tag werde man von den Vorräten des Feindes leben. Allein schon die Verzweiflung ihrer Zahlmeister über diese ungeheuerliche Verschwendung muß für die Soldaten ein köstlicher Spaß gewesen sein.

Nach jeder Schlacht suchte Alexander die Verwundeten auf. Bei jedem einzelnen erkundigte er sich, wie es zu seiner Verwundung gekommen war. Übrigens war Alexander medizinisch höchst interessiert. In Indien beschaffte er sich von eingeborenen Ärzten Kenntnisse über die Behandlung von Schlangenbissen und befahl dann, alle von Giftschlangen gebissenen Soldaten zur Behandlung zu ihm zu bringen. Während in England noch weit bis ins 19. Jahrhundert hinein der Glaube des Volkes dem mit dem heiligen Öl gesalbten König von Gottes Gnaden die Gabe zuschrieb, durch Auflegen der Hand Krankheiten heilen zu können, heilte Alexander, der sich zum Gott ernennen ließ, auf Grund empirischer naturwissenschaftlicher Erkenntnisse.

Ein Soldat trieb einen königlichen Maulesel, der schwer mit Gold beladen war. Das Tier drohte zusammenzubrechen. So nahm der Soldat die Last auf seine eigene Schulter und schleppte sie weiter. Der König sah, wie der Mann sich abquälte, und erkundigte sich, was da vor sich gehe. Als nun der Soldat seine Last gerade abwerfen wollte, rief ihm Alexander zu: »Nur nicht schlappmachen! Bring die Last bis zu deinem Zelt, und dann behalte sie!«

Besonders reizend in ihrem feinen Witz ist eine Geschichte, die sich beim Übergang des makedonischen Heeres über den Hindukush ereignete. Da der Übergang zeitig im Frühjahr stattfand und über einen mehr als dreitausend Meter hohen Paß führte, hatten die Soldaten unter der Kälte und dem Schnee bitter zu leiden. Am Abend sitzt der König an einem Lagerfeuer auf einem kleinen, für ihn bereitgestellten Sessel. Während er sich die Hände an der lodernden Flamme wärmt, sieht er einen seiner Soldaten, schneeblind und halb erfroren, auf das Feuer zuwanken. Der König erhebt sich und läßt den Soldaten auf seinem Sessel Platz nehmen. Als der Soldat, auftauend, langsam wieder zu sich kommt, erkennt er plötzlich, neben sich im Schnee sitzend, seinen König. Ein Schreck durchfährt ihn. Er will aufspringen. Da sagt dieser liebenswerte junge Held zu dem alten, im Dienst seines Hauses ergrauten Veteranen: »Siehst du, wenn das jetzt der Sessel des persischen Großkönigs wäre, dann hättest du dein Leben verloren. Aber an diesem Feuer steht der Sessel Alexanders, und so ist dir dein Leben gewonnen.«

Das Gefühl, daß ihr Feldherr ein Herz für sie habe, hat dem König natürlich die Zuneigung seiner Soldaten eingetragen. Aber das bedingungslose Vertrauen in seine Fähigkeiten als Stratege, der Respekt, den sie vor ihm hatten, der Todesmut, mit dem sie für ihn kämpften, war doch tiefer verankert. Daß der eigentliche Grund für die Wirkung Alexanders auf seine Soldaten der Kalkül der Kühnheit war, beweist die Meuterei, die in Opis, nach der Rückkehr des Heeres nach Mesopotamien, ausbrach. Der König, sich seiner Überlegenheit in kühler Selbstverständlichkeit bewußt, wagte es, vor die Meuterer hinzutreten und sie aufs heftigste zu beschimpfen. Nichts beweist die Echtheit seiner Rede überzeugender als gerade das Unwahrscheinliche ihres Inhalts. Kein Literat könnte erfinden, daß der Mann, gegen den gemeutert wird, den Meuterern seine Verachtung offen ins Gesicht schleudert, weil kein Literat, der nicht mindestens selbst einmal als Offizier vor einer meuternden Truppe gestanden hat, ein Urteil darüber hätte, daß Alexanders Vorgehen die wirksamste Methode ist, mit einer Rebellion fertigzuwerden. Arrian, der die Rede überliefert, mag in seiner eigenen bewegten militärischen Karriere ähnliches erlebt haben.

Diese Szene vollkommener Souveränität spielte sich freilich erst am Ende von Alexanders Laufbahn ab, als alle Abenteuer schon hinter ihm lagen. Damals in Anatolien träumte der König noch von der Ferne, die leuchtete und lockte, und von seinem jungen Ruhm.

Hätte Alexander bei diesem Stand der Dinge auf eine Fortsetzung seines Angriffs auf das Perserreich verzichtet, wären alle Voraussetzungen für die Gründung eines Aegaeischen Reiches gegeben gewesen. Er hätte sich dann natürlich wieder eine Flotte schaffen und noch Kreta dazuerobern müssen. Auch wäre es wünschenswert gewesen, daß das Schwarze Meer vollständig zu diesem Reich gehört hätte. Die Voraussetzungen dafür hatte schon König Philipp geschaffen. Dieses kleine, mit den makedonischen Stammländern vereinigte Imperium wäre ein geschlossenes, leicht zu verteidigendes und darum stabiles Gebilde gewesen, welches zu gründen Isokrates, der athenische Philosoph und Politiker, schon seinem Freund Philipp geraten hatte. Philipp, der Realpolitiker, hätte sich, wäre sein Feldzug gegen Anatolien so glänzend verlaufen wie der seines Sohnes, mit diesem Imperium begnügt. Diese griechisch-makedonische Macht hätte einen sehr alten Anspruch vertreten, nämlich daß sie eine politische Konsolidierung der viele Jahrhunderte alten, von Hellas ausgegangenen kolonialen Expansion sei, derzufolge diese Küsten zu Alexanders Zeit eben doch alle schon griechisch waren. Es ist ein interessanter Aspekt, daß es bei Vorhandensein einer derart soliden Aegaeischen Macht zu einer Eroberung des östlichen Mittelmeers durch die Römer vielleicht gar nicht gekommen wäre.
Ein politisches Gebilde etwa von der Ausdehnung dieses Aegaeischen Reiches hat später lange Zeit bestanden. Es war das Reich von Byzanz in seinen letzten Jahrhunderten, in denen es Europa gegen die anbrandenden Völkerwellen Asiens so erfolgreich verteidigte. Dem jungen König Alexander war zu wenig, was dem alten König Philipp genügt hätte. Worin der Träumer Alexander den Realpolitiker Philipp übertraf, war die Kühnheit eines Gedankens, des Gedankens, die westliche und die östliche Welt miteinander zu verschmelzen. So war das Imperium, das Alexander im Sommer 333 besaß, nur ein Anfang. Das Schicksal trieb ihn, ein größeres zu erobern. Er schuf damit unermeßliche neue Risiken. Er erwarb damit unermeßlichen neuen Ruhm.

Zwischen der Welt des Westens und der Welt des Ostens haben durch die Zeiten hindurch weder die Kämpfe der Macht noch die des Glaubens, weder der Wettstreit der Künste noch die Dispute der Denker jemals aufgehört. Ein Höhepunkt dieser Auseinandersetzung, die das älteste Thema der Geschichte ist, war der kriegerische Zusammenstoß des Westens mit dem Osten in der Schlacht von Issos im Jahre 333 vor Christi Geburt. Der Sieg fiel dem Westen zu. Die Folgen waren außerordentlich.

Die Schlacht fand im Monat November statt. Vor vielen Jahren bin ich einmal, und zwar zufällig um dieselbe Jahreszeit, in der das Ereignis sich abgespielt hat, über dieses Schlachtfeld geritten. Ich war auf dem Wege von Tarsos, der Stadt, in welcher der Apostel Paulus geboren ist, nach Damaskos und Jerusalem. Ganz in die Welt des frühen Christentums versponnen, war ich fast ein wenig verblüfft, auf diesen Wegen wandelnd Alexander zu begegnen! Zwar saß der unsterbliche Quartanervers von den drei Dreien in meinem Gedächtnis so fest wie in jedem anderen, das diesen erschütternden Reim jemals aufgenommen hat, aber ich hatte mir nie überlegt, wo Issos liegen könne. Noch weniger hatte ich mir Gedanken darüber gemacht, was für eine bedeutungsvolle Station auf dem Weg zum Christentum Issos ist.

Das Schlachtfeld liegt an der Küste des Mittelmeers ein wenig südlich jener Stelle, an der die Südküste Anatoliens in die Westküste Syriens, des Libanons und Palästinas umbiegt. Ein schmaler Streifen nur zieht sich hier zwischen Wasser und Gebirge hin, ein wenig Heide, ein wenig Moor. Nur hie und da begegnet man einem Hirten, der einem verwundert nachblickt. Das Land ist so karg, daß nicht einmal Schafe genug Futter finden. Es sind Ziegen, die hier weiden. In dem leisen Regen steht mitten in der Landschaft ein Esel, traurig und verloren, an einem Dornbusch knabbernd, in einer Einsamkeit so abgrundtief, als habe die Schöpfung ihr Geschöpf vergessen. Ein Stückchen weiter stoße ich in einer Senke auf eine Hütte. Ein Bauer haust darin. Ein aus dieser Einsamkeit flüchtender Bauer ist der Bote gewesen, der Dareios die Nachricht brachte, daß Alexander in der Nähe sei und sein Heer zum Angriff bereitstellte. Ein in Resten erhaltener Aquaedukt, der aus römischer Zeit stammt, zieht einen melancholischen Strich durch die Landschaft. Er kommt irgendwo von den Quellen in den Bergen her und endet an einer Stelle mitten im Gelände, an der ein kümmerlicher Hügel andeutet, daß hier einmal eine kleine antike Stadt gestanden hat. Mein Maulesel, störrisch wie diese Tiere sind, weigerte sich, den Hügel zu erklettern. Der Treiber hatte dafür nur eben ein Achselzucken übrig. So ließ ich mich aus dem Sattel gleiten und stieg zu Fuß die paar Meter in dem nassen Sand hinauf. Das Gelände ist so flach, daß man das Meer im Westen nur an dem weißen Streifen der Brandung erkennen kann. Landeinwärts im Osten wird der Horizont durch eine niedrige Hügelkette begrenzt. Die Entfernung vom Strand zum Fuß der Hügelkette beträgt nicht viel mehr als drei Kilometer. Die von kargem Kiefergestrüpp bedeckten Erhebungen dieser Kette sind höchst unscheinbar; kaum daß sie sich von dem grauverhangenen Himmel abheben. Und doch sind diese unscheinbaren Hügel an jenem kurzen Novembertag vor dreiundzwanzig Jahrhunderten von weltgeschichtlicher Bedeutung gewesen. Ob wohl noch manchmal in wilden Sturmnächten die Seelen der Toten, die zu Tausenden hier verscharrt liegen, über die Heide geistern?

Im Spätsommer des Jahres 333 vor Christi Geburt brach Alexander aus Anatolien auf. Er forcierte die Kilikischen Tore, die von den Persern erstaunlicherweise kaum verteidigt wurden. Dann besetzte er Tarsos, die Hauptstadt des fruchtbaren Kilikien. Sein Vormarsch war so schnell, daß er Tarsos erreichte, ehe die Perser ihre Absicht, die Stadt in Brand zu stecken, verwirklichen konnten. In Tarsos wurde Alexander durch eine heftige Krankheit für einige Zeit am Weitermarsch gehindert. Schließlich aber, Ende Oktober 333, setzte er seinen Weg nach Süden fort.

Alexander hatte erfahren, daß Dareios irgendwo in Syrien, zwischen dem Euphrat und der Küste, ein gewaltiges Heer sammle. An der Spitze des Heeres stand der Großkönig selbst. Alexanders Bestreben war, so bald wie irgend möglich die Hauptmacht des Gegners zu treffen. Daß er sie schlagen werde, daran zweifelte er keinen Augenblick. Dem taktischen Gedanken, unbedingt die Schlacht zu erzwingen, lag der operative Gedanke seiner maritimen Strategie zugrunde, mit dem Landheer nach Süden marschierend Hafen um Hafen zu besetzen, bis die persische Flotte jeder Basis im östlichen Mittelmeer beraubt sein würde. Irgendwo vorher die Schlacht gegen die Hauptmacht des Gegners zu schlagen, war deshalb eine vordringliche Aufgabe, weil Alex-

ander sonst eine Hunderte von Meilen lange, dünne Nachschublinie gehabt hätte, welche das persische Heer von der Landseite, die persische Flotte von See her jederzeit hätten unterbrechen können. Es ist der irreparable Fehler des Dareios gewesen, daß er, als es ihm endlich möglich war, die Nachschublinie wirklich zu unterbrechen, das zu früh getan hat.
Alexander marschierte die Küste entlang nach Süden mit jenem Elan, der für ihn so charakteristisch ist. Er marschierte an den Amanischen Toren vorbei. Die Amanischen Tore sind ein niedriger Gebirgspaß in der Hügelkette, die sich, wie vorhin beschrieben, einige Kilometer vom Strand entfernt von Norden nach Süden hinzieht. Durch diesen Paß kommt von Osten, also von Aleppo her, eine Straße aus dem oberen Syrien. Sie endete an der Küste bei Issos. Alexander selbst hatte die Absicht, erst über den nächsten, zwei Tagemärsche südlich von Issos gelegenen Paß, die Syrischen Tore, die Gebirgskette in östlicher Richtung zu überschreiten, um das Heer des Dareios zu treffen. Aber ehe Alexander dazu kam, zum Marsch durch die Syrischen Tore aufzubrechen, hatte der Großkönig, die Amanischen Tore nach Westen passierend, mit seinen Truppen bei Issos die Küste erreicht. Er stand im Rücken Alexanders! Das makedonische Heer war von allen Verbindungen abgeschnitten!
Der Fehler des Dareios war, daß er die Unterbrechung der Nachschublinie Alexanders zu einem Zeitpunkt vornahm, zu dem Alexander noch nahe genug war, dem Dareios die Schlacht aufzwingen zu können, ehe die von der Unterbrechung des Nachschubs zu erwartenden Versorgungsschwierigkeiten eingetreten waren. Mit der souveränen Sicherheit seines operativen Genies hatte Alexander sofort erkannt, daß die Situation, in die er mit seinem Heer geraten war, zwar verzweifelt aussah, tatsächlich aber für ihn einen Glücksfall ohnegleichen bedeutete. Nie wieder würde es eine so günstige Gelegenheit geben, das persische Heer, das ihm zahlenmäßig immer überlegen sein mußte, auf einem Gelände zu stellen, auf dem, seiner Enge wegen, diese Überlegenheit nicht voll zur Geltung kommen konnte. Die unscheinbaren Hügel, an denen entlang er die letzten zwei Tage marschiert war, jetzt wurden sie wichtig. Während sie bisher zu seiner Linken gelegen hatten, mußten sie, nachdem das Heer sich mit seiner Front statt nach Süden nach Norden formiert haben würde, in seiner rechten Flanke das Schlachtfeld in einer für ihn nützlichen Weise begrenzen.

Die Situation, die mit dem unerwarteten Vormarsch der Perser zur Küste eingetreten war, ist in allen ihren Aspekten in höchstem Maße fesselnd. Wir haben hier die Gelegenheit, den Meister bei der Arbeit zu beobachten. Während die Schlacht von Issos in der Wirklichkeit verloren schien, ehe sie begonnen hatte, war sie in Alexanders Geist gewonnen, ehe der erste Pfeil von einer Sehne schwirrte. Freilich ist Alexander wohl der einzige Makedone gewesen, der die Lage richtig beurteilte. Das Heer sah nur das Verzweifelte der Situation. Es fühlte sich überrumpelt und abgeschnitten. Die Soldaten schienen Grund zu haben, die Führungsqualitäten ihres jungen Königs anzuzweifeln. In allen Armeen der Welt ist es schließlich so, daß die Korporäle den Generalen strategisch überlegen sind. Warum waren die Pässe hinter ihnen nicht genügend gesichert worden? Im Heer verbreitete sich das Gerücht, die in Issos zurückgelassenen Kranken seien von den Persern unter grausamen Martern umgebracht worden. Wie sich später herausstellte, war dieses Gerücht wahr gewesen. Und was sonst noch für Gerüchte mögen von Mund zu Mund gegangen sein! Wer je selbst die Erfahrung gemacht hat, was für ein empfindliches und labiles Gebilde der sogenannte Geist der Truppe ist, weiß, daß eine Panik vor dem Ausbruch stand. Eine Kleinigkeit hätte sie zur Explosion bringen können.
Die Art, wie Alexander dieser Gefahr begegnete, zeigt ihn im vollen Glanz seiner Fähigkeiten. Das erste, was er tat, war, der Nachricht über den Feind zu mißtrauen. Als ihm die Meldung überbracht wurde, daß Dareios in seinem Rücken Issos erreicht habe, schickte er einige Offiziere in einem schnellen Boot die Küste entlang nach Norden zurück, um zu erkunden, ob das feindliche Heer tatsächlich am Meer stehe. Es stand! Man darf den Wert einer solchen Erkundung, die zu nichts weiter führt als zu erfahren, daß statthat, was man schon weiß, nicht unterschätzen. Man denke, wie lächerlich es gewesen wäre, hätte Alexander alle im folgenden geschilderten Maßnahmen ergriffen, und einige Zeit später wäre die Meldung gekommen, daß die Perser gar nicht in Issos stünden.
Nachdem die Feindlage geklärt war, befahl der König die Kommandeure der Truppe zu sich. Auch sie natürlich waren in Unruhe. Wer hat schon gern den Feind im Rücken! Auch sind es die Kommandeure, an denen sich die Erregung der Soldaten wie eine Brandungswelle bricht. Zwar ist es eines der ältesten Privilegien tapferer Krieger, über die Dummheit ihrer Offiziere zu

fluchen, aber das hindert den Offizier nicht, sich mit seinen Soldaten verbunden zu fühlen. Und hier war doch ganz zweifellos irgend etwas schiefgegangen. Soldaten haben für solche Malheurs eine gute Nase.

Alexander hielt den versammelten Kommandeuren eine Ansprache, deren wichtigste Phrasen Arrian mitteilt. Der Kampf sei ja in Wahrheit nur ein Kampf zwischen denen, die schon einmal gesiegt hätten, und den von ihnen Besiegten. Als ob er nicht gewußt hätte, wie oft Zorn und Verzweiflung der Besiegten bei einer neuen Begegnung die Arroganz der Sieger bestraft hatten! Die Gottheit habe den Perserkönig verwirrt und ihn dazu verführt, sein Heer aus der weiten Ebene in ein enges Gelände zu bringen, wo die Makedonen überlegen seien. Alexander scheute sich nicht einmal, das »morsche Riesenreich« als Argument zu benutzen, dieses Reich, das zu erobern ihn noch fast ein Dezennium kosten sollte. Kurz, er schilderte alle Vorzüge der Lage, ohne ihre Nachteile zu erwähnen. Er malte die Folgen des Sieges farbig aus, ohne eine Niederlage überhaupt in Betracht zu ziehen. Und schließlich warf er mit unnachahmlicher Nonchalance die Bemerkung hin: »Und übrigens ist es Alexander, der sein Heer gegen Dareios führt!« Und dabei mag er, mit seinem weichen Blick, die Recken, die ihn umstanden, sanft angeschaut haben. Er wußte, daß sie dieser Suggestion nicht würden widerstehen können. Und während die sanfte Nonchalance zu wirken begann, fing er – ein alter Trick der Souveraine – damit an, einzelne auf irgendeine ihrer Heldentaten hin persönlich anzusprechen. Alexander hatte ein glänzendes Gedächtnis. Auf jeden, den der König in dieser Weise auszeichnete, wirkte das wie später die Verleihung eines Ordens. Des Menschen Eitelkeit ist ein mächtiges Werkzeug in der Hand dessen, der sich dieses Hebels zu bedienen weiß. Begeistert verließen die Kommandeure ihren strahlenden jungen Herrn. Ihre Aufgabe, das, was sie soeben vernommen hatten, und insbesondere natürlich ihre Begeisterung an die Truppe weiterzugeben, unterstützte Alexander durch einen Befehl, dessen Genialität nur noch von seiner Banalität übertroffen wird. Er befahl abzukochen. Durch nichts kann man Soldaten leichter davon überzeugen, daß die Lage nicht bedrohlich ist, als wenn man ihnen, die einen Alarm erwarten, den Befehl gibt, sich den Bauch zu füllen. Die Gefahr der Panik war gebannt. Wäre sie ausgebrochen, nicht einmal Alexander hätte ihrer Herr werden können. Die Perser mit ihren Massen von

Kavallerie wären Welle nach Welle über die verwirrte Armee der stolzen Eroberer hereingebrochen. Kein einziger Makedone wäre am Leben geblieben.
Was für eine Situation! Einige Stunden lang hing der Verlauf der ganzen weiteren Weltgeschichte allein davon ab, daß ein einzelner Mann sein Selbstvertrauen nicht verlor! Derartige Zuspitzungen im Schicksal eines Menschen werden gern als Beweis dafür angeführt, daß die Historie keinen Sinn habe; aber es ist ersichtlich, daß genau der gleiche Sachverhalt als Beweis für die genau entgegengesetzte Ansicht dienen kann.
Die Schlacht selbst führte Alexander so glänzend durch, daß sie mit einer katastrophalen Niederlage des Dareios endete. Beinah wäre es dazu gekommen, daß die beiden Könige die Schwerter gekreuzt hätten. Aber als sie fast schon von Angesicht zu Angesicht einander gegenüberstanden, ergriff der Perserkönig die Flucht. Das in Pompeii gefundene Mosaik »Die Alexanderschlacht« stellt den Augenblick dar, in welchem Dareios sich zu seiner Niederlage entschließt.
Der Sieg Alexanders beseitigte die Bedrohung seiner Flanke von der Landseite her. Am Eingang zu den Syrischen Toren, bei denen er zunächst einmal hatte umkehren müssen, gründete er eine Stadt, Alexandreia, die noch heute als Alexandrette oder Iskenderun seinen Namen trägt. Alexander hat aber sofort gesehen, daß dieser großartige Sieg zunächst nur ein taktischer Gewinn war. Der Beweis dafür, daß er kühl genug war, das zu durchschauen, ist, daß er entgegen allen Regeln der Kriegskunst darauf verzichtete, die Verfolgung des Feindes aufzunehmen. Mit allen Kräften wandte er sich sofort wieder seinem strategischen Ziel zu, der Ausschaltung der persischen Seemacht durch die vollständige Besetzung der Küsten des östlichen Mittelmeers. Erst nachdem das gelungen war, traten die Folgen von Issos in ihrem vollen Umfang in Erscheinung.

Nach der Schlacht von Issos hatte Dareios einen Brief an Alexander geschrieben, in welchem er ihn aufforderte, ihm seine Gemahlin, seine Mutter und seine Kinder, die in Alexanders Hände gefallen waren, zurückzugeben. Dareios schlug Alexander vor, sie sollten, da das Kriegsglück gegen ihn entschieden habe, nunmehr Frieden miteinander schließen. Dieser diplomatische Schritt spricht für die politische Klugheit des Perserkönigs. Er hatte damit keinen Erfolg. Alexander antwortete ihm in einem hochfahrenden Schreiben, in dem er Dareios zunächst einmal alle Sünden der Perser wider Hellas vorhielt. Und deren waren es in der Tat nicht wenige. Freilich ließ er dabei außer Betracht, daß es eigentlich die Griechen gewesen waren, die um die Wende vom 6. zum 5. Jahrhundert durch Unterstützung des Aufstandes der Ionischen Städte gegen die Perser die Feindseligkeiten eröffnet hatten. Wahrscheinlich ist die Bedrohung Anatoliens durch die Festlandsgriechen sogar das Hauptmotiv der Perser gewesen für ihren Entschluß, Hellas anzugreifen. Dafür, daß Alexander für seine Antwort einen hochfahrenden Ton wählte, hatte er freilich einen guten Grund.

Wenn auch, nachdem die Expansion des persischen Weltreichs zu einem gewissen Abschluß gekommen war, der Achaimenidische Königsfriede nun schon über hundert Jahre dauerte, hatten die Perser doch immer nur unterschieden zwischen Ländern, welche schon, und Ländern, welche noch nicht erobert waren. Eine völkerrechtliche Existenz anderer Soldaten haben sie niemals anerkannt, zumindest nicht in der Theorie. Für sich selber also vertraten die Achaimeniden ganz entschieden den Anspruch auf Weltherrschaft. So ist es staatspolitisch bedeutungsvoll, daß Alexander in seinem Schreiben Dareios auffordert, ihn als »König von Asien« anzuerkennen und sich ihm zu unterwerfen.

Der Titel »König von Asien« war neu. Es war nicht der Titel des Dareios. Dareios nannte sich »König der Könige«. Es wird sich nicht entscheiden lassen, ob Alexander damals noch nicht die Absicht hatte, in vollem Umfang die Nachfolge des Dareios anzutreten, oder ob er diese Absicht zu einem so frühen Zeitpunkt noch nicht enthüllen wollte. Den Titel »König von Asien« jedenfalls hat Alexander später ebensowenig angenommen wie den eines »Königs der Könige«. Tatsächlich hat er, zur Verzweiflung der Gelehrten, überhaupt niemals einen Titel geführt, der seine wirkliche Machtstellung zum Ausdruck gebracht hätte.

Der Großkönig konnte die Forderung des Königs der Makedonen, sich zu unterwerfen, natürlich nicht annehmen. Alexanders Botschaft ist ein schönes Beispiel für jene edle Verlogenheit der Diplomatie, vom Gegner mehr zu verlangen, als dieser, ohne sein Gesicht zu verlieren, leisten kann. Auch der große Alexander hat nicht auf dieses Mittel verzichtet. Obwohl die Entfesselung eines Krieges zu jener Zeit noch nicht als Verbrechen galt, haben die Politiker, die großen und die kleinen, schon damals versucht, die Schuld am Krieg möglichst immer dem Gegner zuzuschieben.

Als Folge der Niederlage am Granikos im Frühjahr 334 hatte Dareios Kleinasien mit seinen reichen griechischen Städten an der Küste Ioniens verloren. Nach der Niederlage von Issos im November 333 fiel nunmehr auch Syrien in die Hand des Gegners.

Alexander also verzichtete auf jegliche Verfolgung. Er eilte nach Süden – Häfen! Häfen! Häfen! Und nun endlich erntete er den Lohn für seine operative Hartnäckigkeit. Die persische Flotte begann sich aufzulösen. Memnon, dessen Persönlichkeit diesen Verfall vielleicht hätte aufhalten können, war tot. So trennten sich die Schiffe der Könige von Kypros und die der phoinikischen Städte vom Gros und segelten nach Hause. Kapitäne von den Inseln boten, da die Perser zur See keine Chance mehr zu haben schienen, Alexander ihre Dienste an. Jedermann, in dem Bemühen, so glimpflich wie möglich davonzukommen, beeilte sich, mit dem Sieger Verbindung aufzunehmen. Fast wäre Alexander ohne Unterbrechung bis Aegypten gelangt. Auf halbem Wege jedoch traf er auf ein unerwartetes Hindernis. Während die meisten phoinikischen Städte an der Küste sich Alexander unterwarfen, weigerte Tyros sich, den Sieger in seinen Mauern zu empfangen. Alexander beschloß, den Trotz dieser stolzen Bürger zu brechen. Dieser Entschluß kostete ihn sieben Monate.

Tyros, die mächtigste und reichste der Städte Phoinikiens, war sehr alt. Die Phoiniker sollen, der mythologischen Überlieferung nach, die ersten gewesen sein, die die Weinrebe angebaut haben. Geschichtlich ist, daß sie um die Mitte des zweiten Jahrtausends vor Christi Geburt das Alphabet erfunden haben. Tyros ist die Heimat der Prinzessin Europa, die unserem Kontinent den Namen gab. König Hiram von Tyros hat König Salomo für den Bau des Tempels in Jerusalem das Zedernholz geliefert. In der Mitte des 7. Jahrhunderts gründete Dido, die Schwester des Königs Pygmalion von Tyros, an der Nordküste Afrikas die Stadt Karthago, welche im Lauf der Jahrhunderte mächtiger und reicher noch als ihre Mutterstadt wurde.

Tyros war der letzte Alliierte des Perserkönigs im Mittelmeer. Die Unterwerfung dieser Stadt war für Alexander so wichtig, weil Tyros den Persern eine große Flotte zur Verfügung gestellt hatte und natürlich auch weiterhin für sie bereithielt. Es war der phoinikische Handel zur See, der hier gegen den griechischen Handel zur See kämpfte. Da die mit mächtigen Mauern befestigte Stadt rings von Wasser umgeben war, nahm Alexanders

Methode, seinen maritimen Krieg allein mit dem Heer zu führen, an dieser Stelle ein Ende. Zunächst zwar begannen die Makedonen damit, von Land aus einen Damm zur Stadt hin aufzuschütten. Als sie aber einen Rückschlag nach dem anderen erlebten, entschloß Alexander sich, wieder eine eigene Flotte aufzustellen. Sie gab in dem dramatischen Kampf den Ausschlag. Die Makedonen eroberten Tyros.

Die Belagerung hätte Alexander weit mehr Kummer gemacht und weit mehr Verluste gekostet, wenn Karthago mit seiner mächtigen Flotte und seinen unerschöpflichen Mitteln die Mutterstadt Tyros unterstützt hätte. Aber Karthago hatte keine Handelsinteressen im östlichen Mittelmeer. Sein Bereich war das westliche Mittelmeer. Es war Alexanders Glück, daß schon zweihundert Jahre vorher Kambyses, der Sohn des großen Kyros, als aus dem Hochland stammend, für maritime Strategie keinen Sinn gehabt hatte. Sonst wären schon am Ende des 6. Jahrhunderts Karthago und das westliche Mittelmeer persisch geworden. Kambyses schickte, nachdem er Aegypten für Persien unterworfen hatte, ein Heer durch Libyen nach Westen, Karthago zu erobern. Dieses Heer ging in einem Sandsturm zugrunde. Kambyses, die Wichtigkeit der Sache nicht ahnend, verzichtete auf eine Wiederholung des Versuches. Wäre Karthago damals schon persisch geworden, hätte es jetzt Tyros zur See unterstützt. Die Belagerung hätte jahrelang gedauert. Nebukadnezar, der König von Babylon, hat Tyros dreizehn Jahre lang belagert, ohne es einnehmen zu können. Es mag Alexander nachdenklich gestimmt haben, daß in Tyros eine karthagische Gesandtschaft in seine Hände fiel. An und für sich lag nichts Subversives darin, daß Karthago sich um Tyros kümmerte. Als tyrische Kolonie unterstand Karthago nominell sogar der Herrschaft des Perserkönigs. Alexander jedoch entließ die Karthager, obwohl sie zu seinen Gegnern gehörten, in allen Ehren in die Heimat. Die Karthager dagegen schickten einen richtigen Spion an den Hof Alexanders. Es war ein Mann namens Amilkas. Vor den König gebracht erklärte er, daß er aus Karthago verbannt sei und in des Königs Dienste treten wolle. Er erwies sich als tüchtiger Kriegsmann. Jahrelang versorgte er Karthago mit Nachrichten über Alexanders Pläne.

Nach der Eroberung von Tyros eilte Alexander weiter nach Süden auf seinem Weg die Küste entlang. Gaza mußte noch im Sturm genommen werden, wobei er schwer verwundet wurde.

Aegypten nahm ihn als Befreier auf. Hier war es vor allen Dingen die Wiederherstellung der religiösen Freiheit, welche ihm die Sympathien erwarb. Die Perser hatten nach der Eroberung dieses Landes auf die sonst von ihnen geübte Toleranz verzichten müssen, da die Religion der Aegypter auf das engste mit dem Pharao als dem Staatsoberhaupt verbunden war.
Im November 332 endlich, zwei Jahre nachdem Alexander in Milet seine Flotte aufgelöst hatte, war das große erste Ziel seiner Strategie erreicht. Er war der Herr des östlichen Mittelmeers. Die Perser hatten ihre Chance zur See verspielt. Und es ist wahrhaftig eine große Chance gewesen.

Es war während der Belagerung von Tyros, daß der Briefwechsel zwischen den beiden Königen seine Fortsetzung fand. Dareios, der Achaimenide, der Herr des Ostens, schickte noch einmal eine Botschaft an Alexander von Makedonien, den Herrn des Westens.
Betrachten wir die Lage!
Persiens Rolle als Seemacht im Mittelmeer war ausgespielt. Auch die Möglichkeit, Alexanders Nachschub mit maritimen Maßnahmen zu stören, diese Möglichkeit, die so lange bestanden und Alexander so gefährlich bedroht hatte, war vorbei. Andererseits war die persische Macht ihrer eigentlichen Fundierung nach kontinental asiatisch. Was die Perser bisher verloren hatten, waren Randgebiete ihres riesigen Reiches. Das ganze Mesopotamien, das Land zwischen Euphrat und Tigris, war noch in ihrem Besitz. Und selbst dieses Land mit der fast am Persischen Golf gelegenen Residenz Susa war nur ein Vorgelände, wenn der König der Könige es vom Kernland seiner Macht, vom Hohen Iran aus betrachtete. Und erst am Rande dieses Vorgeländes stand der Gegner! Und der Iran selbst war gegen den Westen durch das rauhe, fast wegelose Hochgebirge des Zagros geschützt. Das Kernland der zweihundert Jahre alten Weltmacht, die bis an den Jaxartes, den Oxos und den Indus reichte, war eine natürliche Festung, die, energisch und geschickt verteidigt, noch immer schwer einnehmbar war. Mit wieviel Erfolg haben später die Parther den Römern die Richtigkeit dieser These bewiesen! Auch waren die militärischen Reserven dieses von unzähligen Völkerstämmen gebildeten Reiches noch in keiner Weise erschöpft. Insbesondere die nordöstlichen Reitervölker aus den Steppen zwischen Aralsee und Karakorum waren in der Lage, dem Großkö-

nig bedeutende Kontingente einer Kavallerie zur Verfügung zu stellen, die den berittenen Truppen Alexanders zumindest gleichwertig, wenn nicht überlegen war. Diese Steppenreiter haben später Alexander durch Jahre hindurch einen für die Makedonen verlustreichen Widerstand geleistet.
Alexander andererseits übte eine wirkliche Herrschaft nur im östlichen Mittelmeer aus. Syrakus und Massilia, das heutige Marseille, und die großen und reichen Handelsstädte in Unteritalien hatten keine imperialistischen Neigungen, wie sie nachmals Genua und Venedig zeigten. Sie alle schickten später, im Jahre 325, Botschaften an Alexander nach Babylon. Rom stand erst in seinen Anfängen. Es war zu jener Zeit kaum mehr als eine mittelitalienische Bauernrepublik. Die einzige Macht im westlichen Mittelmeer zur Zeit Alexanders des Großen, die imperiale Ziele hatte, war Karthago. Aber Karthago hatte Tyros nicht geholfen.
So muß man, will man genau sein, doch feststellen, daß im Jahre 331, als die zweite Botschaft des Besiegten dem Sieger überreicht wurde, zwar Dareios III., der Achaimenide, noch immer der Herr des Ostens war, Alexander von Makedonien dagegen noch keineswegs vollständig der Herr des Westens.
In seiner zweiten Botschaft machte Dareios seinem großen Gegner Alexander den verständigen Vorschlag, sie sollten die Welt untereinander teilen. Die Grenze solle der Euphrat sein. Was westlich des Euphrat liege, solle Alexandern gehören, was östlich liege, solle ihm, dem Achaimeniden, verbleiben.
Das Vordringen und Zurückweichen der großen Mächte im östlichen Mittelmeer, dieses in Intervallen von Jahrhunderten immer wieder sich abspielende Kommen und Gehen einmal des Ostens, einmal des Westens, ist, wie schon früher gesagt, ein Urphänomen der Geschichte. Im Trojanischen Krieg verteidigte der Osten die Dardanellen gegen einen Einbruch des Westens ins Schwarze Meer. Heute verteidigen die Türken den Bosporus gegen einen Einbruch der Russen in die Aegaeis. Und noch nicht einmal der Trojanische Krieg, der schließlich so weit zurückliegt wie der Auszug der Kinder Israels aus Ägypten, stellt die früheste Phase der Auseinandersetzung zwischen dem Osten und dem Westen dar. Die Wissenschaft hat den Beweis erbracht, daß diese Oszillation, dieses Hin und Her von Angriff und Verteidigung der Waffen und der Ideen, mindestens so alt ist, wie die Vorgeschichte reicht. Die Prähistoriker können zwar an Hand der

Funde nicht mehr aufzeigen als die Fluktuation der Keramik und ihrer Dekors; aber diesem Künstlerisch-Handwerklichen entspricht natürlich ein allgemeiner Austausch von Gütern und Gedanken.
Im Verlauf späterer geschichtlicher Vorgänge ist der von Dareios als Grenze vorgeschlagene Euphrat die Grenze zwischen Ost und West mehrfach wirklich gewesen. Der Euphrat entspringt mit einem seiner Quellflüsse im Gebirge des armenischen Hochlandes westlich des Ararat, des Berges Noahs. Zur Zeit Alexanders mündete er noch in den Persischen Golf. An seinem Mittellauf liegt das alte Babylon, an seinem Unterlauf das noch ältere Ur, die Heimat Abrahams. Er ist ein Strom großer Geschichte. Schon in früher Zeit war er die Grenze zwischen dem Reich der Assyrer und der Hethiter. Hier war die Demarkationslinie zwischen dem Römischen Reich und dem Reich der Parther im 1., zwischen dem Oströmischen Reich und dem Sasanidischen Reich der Perser im 3. Jahrhundert nach Christi Geburt. Es war der Euphrat, der das Christentum vom Heidentum trennte. Das Reich mit dem Euphrat als östliche Grenze war das zweite Imperium, welches das Schicksal dem König der Makedonen anbot.

Erwägen wir einen Augenblick, wie die Entwicklung verlaufen wäre, hätte Alexander das Angebot des Dareios angenommen. Er hätte die östliche Hälfte des Mittelmeers mit seinen Anliegerstaaten beherrscht, was genau derselbe Bereich gewesen wäre, den später das Oströmische Reich einnahm. In der westlichen Hälfte des Mittelmeers wäre der Kampf, den die Griechenstädte mit Karthago um ihre Freiheit führten, weitergegangen. Der Schwerpunkt dieser Auseinandersetzung war Sizilien. Nur hundert Jahre nach Alexander war diese Insel das Streitobjekt der furchtbaren Kriege zwischen Karthago und Rom. Es ist unwahrscheinlich, daß Alexander diesem Karthago erlaubt hätte, weiterzuexistieren. War er doch durch das während seines Aufenthaltes in Aegypten mit Kyrene geschlossene Bündnis schon der Nachbar der mächtigen Stadt. Zuviel maritime Sorgen hatten in den ersten Jahren des Feldzugs Alexanders Herz bedrückt, als daß er eine solche Großmacht zur See neben sich hätte dulden können. Nach einem Sieg über Karthago wäre Alexander im Mittelmeer Herr eines Griechischen Reiches gewesen, das etwa die Ausdehnung des Römischen Reiches gehabt hätte zu der Zeit, als Caesar seine Laufbahn begann.

So wenig Rom noch zu Alexanders Lebzeiten politisch bedeutete, ein Menschenalter später war zu erkennen, daß da eine neue Macht heranwuchs. Die Frage, was sich bei einem Konflikt zwischen Rom und einem Alexander, der dreißig Jahre älter geworden wäre, abgespielt hätte, wird von Livius, dem römischen Historiker der beginnenden Kaiserzeit, ausführlich erörtert. Was Livius in seiner Untersuchung über die Person Alexanders sagt, ist nicht besonders eindrucksvoll. Das Bild, das er vom König der Makedonen zeichnet, ist wenig objektiv. Fast alles, was über Alexander je Abfälliges oder Nachteiliges gesagt oder geschrieben worden war, trägt Livius, als ob er ein öffentlicher Ankläger wäre, zusammen. Man fragt sich, wie sich ein Mann, der wirklich so gewesen wäre, wie Livius Alexander zeichnet, auch nur ein Jahr auf dem Thron hätte halten können. Auch den Leistungen Alexanders wird er nicht gerecht. Und daß der Hellenismus die Hälfte der römischen Zivilisation ausmachte, war kein Thema für einen Historiker, der seine Aufgabe darin sah, in seinem Werk die Majestät Roms darzustellen. Auch Livius verzichtet nicht auf das »morsche Riesenreich«. Ebenso verkündet er, um Alexanders militärische Leistung herabzusetzen, unbekümmert das so oft widerlegte Vorurteil des Westens, daß die kriegerischen Tugenden asiatischer Völker zweiten Ranges seien. Interessant wird es erst, wenn er die Römer mit den Makedonen zu vergleichen und die Fragen der Politik zu erörtern beginnt. Da mußte er sachlicher sein, weil seine Leser davon etwas verstanden. Livius weist in überzeugender Weise die Überlegenheit der Taktik und der Bewaffnung der römischen Legion gegenüber der makedonischen Phalanx nach. Er rühmt den Spaten als Waffe des römischen Legionärs in der Kunst der Errichtung von Verteidigungswerken. Ferner stellt er mit Stolz fest, daß Rom zwar viele Schlachten verloren, aber alle seine Kriege gewonnen habe. Er weist darauf hin, daß der Erste Punische Krieg vierundzwanzig Jahre gedauert habe. Und verblüfft lauscht man, wenn der Civis Romanus, der Weltbürger, gelassen die Möglichkeit erwägt, daß bei einem Vordringen Alexanders ins westliche Mittelmeer Rom und Karthago sich miteinander gegen ihn verbündet hätten. Das allerdings wäre eine offene Partie gewesen!

Es ist zu dieser Auseinandersetzung nicht gekommen. Alexander wies den Vorschlag des Dareios zurück. So könnte man von Alexander sagen, daß er die ihm vom Schicksal angebotene Möglichkeit, Herr eines Imperium Romanum zu werden, abge-

lehnt habe. Freilich, dieses Imperium Alexandri hätte nicht gedauert. Kämpfe seiner Nachfolger, der Diadochen, wären im Westen ebenso unvermeidlich gewesen, wie sie es nachher im Osten waren. Gerade das ist es, was die Größe Roms ausmacht. Was es den Unterworfenen an Kultur zu bieten hatte, war überwiegend griechischen Ursprungs; aber Rom war fähig, seine Eroberungen zu konsolidieren. Es brachte den Völkern Frieden!
Wäre Alexander auf das Angebot des Dareios eingegangen, dieses königliche Angebot, er hätte mit Kriegführen aufhören können. Mit dem Beschluß, Mesopotamien anzugreifen, begab er sich dieser Freiheit. Wie Droysen es mit unnachahmlicher Treffsicherheit ausdrückt – von da an »schwelte der Sieg weiter«.

Von Memphis aus unternahm Alexander seinen berühmten Ritt durch die Libysche Wüste zum Tempel des Zeus Ammon in der Oase Shiwa. Dieser Besuch muß für ihn die Verwirklichung eines Wunschtraumes seiner Jugend gewesen sein. Schon immer hatte seine Mutter, ihm und anderen gegenüber, angedeutet, daß er nicht der Sohn König Philipps sei, sondern ein Sohn des Zeus. Es ist verständlich, daß Alexander den Versuch unternahm, sich in dieser Sache Gewißheit zu verschaffen. Mit dieser Absicht machte er sich auf den Weg. Die Priester des Ammon waren klug genug, den König von Makedonien als den neuen Pharao zu begrüßen. Damit war die Frage von Alexanders Göttlichkeit entschieden. In Aegypten wurde jeder Pharao, der zur Herrschaft kam, zum Sohn des Ammon Râ. Alexander beließ es dabei. Er hat es immer vortrefflich verstanden, auf die Phantasie der Völker zu wirken. Was das Orakel im Allerheiligsten des Tempels ihm verkündet hat, wissen wir nicht. Ob er seit seinem Besuch in Shiwa selbst an eine Abkunft von Zeus geglaubt hat, wissen wir auch nicht. Sicher ist nur die Überlieferung einiger Aussprüche, in denen er über seine Göttlichkeit spottet. Seiner Mutter schrieb er, er werde ihr das, was die Priester ihm verkündet hätten, erzählen, wenn er sie wiedersehe. Er hat sie nicht wiedergesehen. Er nahm das Geheimnis mit ins Grab.
Einen amüsanten Beitrag zum Problem der Göttlichkeit Alexanders hat Napoleon, der Kaiser der Franzosen, geliefert. Nach seiner Krönung in Nôtre-Dame sagte er zu einem Herrn seines Gefolges: »Ich gebe zu, daß meine Karriere nicht übel ist und daß ich meinen Weg gemacht habe. Aber welcher Unterschied gegen das Altertum! Als Alexander Asien erobert hatte, gab er sich als

Sohn des Zeus aus, und das ganze Altertum, mit Ausnahme der Olympias, des Aristoteles und einiger athenischer Pedanten, schenkte ihm Glauben. Wollte ich mich heute für den Sohn des Allmächtigen erklären, ein jedes Fischweib würde mich auszischen. Die Völker sind eben gegenwärtig zu aufgeklärt, und es ist nichts mehr zu machen.«

Nach dem Besuch der Oase Shiwa konnte sich Alexander endlich wieder seinem eigentlichen Gegner Dareios zuwenden. Als Sieger von Issos hatte er der Versuchung widerstanden, die geschlagene Armee des Feindes zu verfolgen. Jetzt waren die Makedonen im vollen Besitz der Seeherrschaft im östlichen Mittelmeer. Sie hatten den Rücken frei. Ihr Nachschub war gesichert. Unter diesen Voraussetzungen war der Feldzug, zu dem Alexander nunmehr von Aegypten aufbrach, für Dareios ein weit bedrohlicheres Unternehmen, als es damals, vor zwei Jahren, ein vager makedonischer Vorstoß zum Euphrat gewesen wäre.

Bevor Alexander dem Westen den Rücken kehrte, gründete er Alexandreia in Aegypten. Die größte Wohltat, die der große Eroberer hienieden der Welt erwies, war ein Werk des Friedens, das lange dauern und weithin wirken sollte. Für die wichtigen Jahrhunderte der europäischen Geistesgeschichte, die der Aera des Christentums vorangingen, war Alexandreia der Mittelpunkt der Bildung, der theologischen und literarischen Gelehrsamkeit, der Kunst und des Welthandels. Alexanders Stadt wurde zur Metropole der Epoche.

Es ist erstaunlich, wie schnell das, was wir heute Hellenismus nennen, die Geister ergriff. Nur ungefähr fünfzig Jahre nach Alexanders Tod wurde in Alexandreia das Alte Testament ins Griechische übersetzt. »Das glühende Erz« der Prosa der Propheten strömte in die hellenistische Literatur ein und verbrannte da in der Tat manches. Nur eine Stadt der damaligen Welt, Alexandreia in Aegypten, besaß genug geistige Unabhängigkeit, Schauplatz dieses literarischen Ereignisses zu sein, das über eine so lange Zeit hin auf Europa eine so tiefe Wirkung ausüben sollte.

Auch die Erhaltung der Werke Homers verdanken wir Alexandreia. Ohne die kritische Gesamtausgabe des Aristarchos von Samothrake, der um die Mitte des 2. Jahrhunderts vor Christi Geburt in Alexandreia einen Lehrstuhl für Homerologie innehatte, wären die Texte der Epen Homers niemals so vollständig auf uns gekommen. Daß einer der klarsten Köpfe der Alexandrinischen Wissenschaft von derselben mythischen Insel stammte, auf der die Dionysischen Mysterien eine ihrer ältesten Heimstätten hatten, zeigt, wie schnell die Verwandlung der Welt vor sich ging.

Die wissenschaftlichen Leistungen der Gelehrten Alexandreias gehören natürlich nicht mehr zu den Verdiensten Alexanders. Doch schulden wir ihm Dank nicht nur für die Gründung einer Stadt an einem Platz, der noch bei Homer nur von Robben bevölkert war; auch zu ihrem schnellen Aufblühen hat er selbst Entscheidendes beigetragen. Den Osten dem hellenischen Geist erschlossen, dem Westen den Seeweg nach Indien eröffnet zu haben, sind zwei der noch von Alexander geschaffenen Tatsachen, die die Entwicklung seiner Gründung in außerordentlichem Maße beschleunigten. Alexandreia in Aegypten wurde das Schatzhaus, in welches die Geschichte die Ernte von Alexanders Taten einbrachte. Hier entstand in schöner Freiheit, in einer über einen langen Zeitraum sich erstreckenden Entwicklung, unter dem Schutz des makedonischen Herrscherhauses der Ptolemaier, was Alexander begonnen, aber zu seinen Lebzeiten nur in Anfängen hatte erreichen können. Hier wurde die Verschmelzung des Ostens mit dem Westen lebendige Wirklichkeit. Zwischen Athen und Rom, zwischen Rom und Byzanz steht, im Range fast ihnen gleich, Alexandreia in Aegypten.

Alexander ordnete die Angelegenheiten Europas. Im Sommer 331, im fünften Jahr seiner dreizehnjährigen Regierung, brach er auf, sein Imperium des Ostens zu gründen. Es war das zweite Weltreich der Geschichte.

Die Residenz des Königs der Könige aus dem Hause der Achaimeniden, des Herrschers über das Weltreich des Ostens, war Susa. Der Name dieser Stadt hatte von den Perserkriegen bis zu Alexander dem Großen in den Ohren eines Makedonen einen Klang wie der Name Paris in den Ohren eines Russen im 19. Jahrhundert. Susa in der Epoche seines Glanzes bedeutete für die Zeitgenossen Mittelpunkt der Weltpolitik, Pracht einer königlichen Hofhaltung des Orients. Platz großer Überlieferungen, Treffpunkt von Künstlern aus Ost und West. Es bedeutete Schätze von Gold, Weihrauch, Purpurstoffen und Juwelen, herrliche Kunstwerke, Luxus und Verschwendung als eine Gewohnheit des täglichen Lebens. Aber es bedeutete auch Sorge um das Gleichgewicht der Mächte, Toleranz in den Dingen des Glaubens, Bewahrung des Friedens in der Welt. Und endlich bedeutete es Lebendigkeit alter elamischer, sumerischer, babylonischer Gelehrsamkeit, Lebendigkeit alter Weisheiten der Menschheit. Auch war Susa seit jeher ein Refugium griechischer Politiker. Kein freier Grieche, und mochte er noch so viele Verdienste haben, war dagegen gefeit, von seinen Mitbürgern gelegentlich in die Verbannung geschickt zu werden. In souveräner Freizügigkeit gewährte der Großkönig jedem Fremdling, der sich unter seinen Schutz stellte, Asyl. Die Berühmtesten unter den Verbannten, die diesen Schutz in Anspruch nahmen, waren Themistokles und Alkibiades.

Mächtig wie Rom zur Zeit des Kaisers Augustus, märchenhaft wie Bagdad unter dem Kalifen Harun al-Rashid, strahlend wie das Paris König Ludwigs XIV., das war Susa in seiner Blütezeit.

Wenn man über Susa etwas erfahren will, muß man entweder nach der Ölstadt Abadan am Persischen Golf fliegen, oder nach Paris fahren, oder zu Hause das Alte Testament aufschlagen.
Von Rom ist es nach Abadan ebenso weit wie zum Nordkap oder nach Mekka, dreieinhalbtausend Kilometer. In Stunden überfliegt man Jahrhunderte. Delphoi! Welche Fülle von Schönheit! Im Flugzeug ist es gerade der Fünfuhrtee. Athen, von Perikles bis Paulus, von der Akropolis bis Aristoteles, ist ein Cocktail im Flughafen Kalamaki mit einem Blick durch das Fenster des Restaurants auf Salamis und Aegina. Damaskos, ein Lichtertep-

pich in der Tiefe, die schönste Oase der Welt, die herrliche Stadt der ersten Kalifen, gibt nur die Zeit an für das Abendessen. Danach muß man sich Mühe geben, nicht einzuschlafen, während im groß aufgehenden Mond die Wüste in ihrer stummen Erhabenheit unter uns dahinzieht. Das Licht des Mondes ist so hell, daß man den Schatten des Flugzeugs über die Sanddünen huschen sieht. Irgendwo da unten liegt das Schlachtfeld von Gaugamela. Irgendwo da unten braust durch die Nacht mit hundert Kilometern in der Stunde, eine riesige Staubwolke hinter sich herziehend, Schakale und Geier aufscheuchend, der Wüstenomnibus von Damaskos nach Bagdad. Das Flugzeug läßt nur einen vom Mond versilberten Kondensstreifen zurück. Um Mitternacht landen wir in Abadan am Persischen Golf.

Seit ihrem Bestehen bringen die beiden Ströme Euphrat und Tigris mit dem jährlichen Hochwasser den Schlamm von den Gebirgen Anatoliens herab. Der Euphrat, der mit seinem mehr als zweitausendfünfhundert Kilometer langen Lauf zu den zehn größten Flüssen der Erde gehört, ist der westliche, der etwas kürzere Tigris der östliche der beiden Flüsse. Noch zu Alexanders Zeit sind die beiden Ströme getrennt ins Meer geflossen. Auch der Karoun, der durch einen Nebenarm mit Susa verbunden ist, hatte eine eigene Mündung ins offene Meer. Später haben sich Euphrat und Tigris in dem von ihnen selbst geschaffenen Schwemmland miteinander zum Shatt el-Arab vereinigt. Es sind über hundert Kilometer, um die die beiden Flüsse die Küste seit Alexanders Zeit ins Meer hinausgeschoben haben. Unter diesem Schwemmland hat man in neuerer Zeit große Erdölvorkommen entdeckt. Damit wurde dieser verlorene Küstenstreifen am Persischen Golf zu einer Wetterecke der Weltpolitik.

Von Abadan nach Susa führt eine Autostraße. Es hat ein Gewitter gegeben. Rechts und links der Straße erstrecken sich glitzernde Wasserflächen, riesige Pfützen, die weithin das tafelflache Land bedecken. Am östlichen Horizont erheben sich die Bergketten des Zagros, jenes mächtigen Gebirgswalles, von dem immer wieder Eroberer in das fruchtbare Zweistromland hinabgestiegen sind. Wahrscheinlich sind sogar schon die Sumerer im fünften Jahrtausend vor Christi Geburt über diese Berge gekommen. Die Prähistoriker sind sich darüber einig, daß eine Verbindung zwischen der vorgeschichtlichen Harappa-Kultur des Industales und der sumerischen Kultur bestand. Nur läßt sich noch nicht sagen, ob diese Verbindung über Land oder über See ging.

Es ist schade, daß wir die zwanzig Tage, die Alexander mit seiner Armee von Babylon nach Susa marschierte, nicht mit ihm teilen können. Es ist eine jener nachdenklichen Strecken seines Lebensweges, durch welche der Ablauf seiner Taten von Zeit zu Zeit unterbrochen wird. Für diesen Genius der Strategie, der immer wach, immer aufmerksam, immer besorgt war, für diesen Mann, dessen Blick immer auf die Zukunft gerichtet war, muß es ein merkwürdiges Gefühl gewesen sein, wochenlang am Saum dieses Gebirges entlang zu marschieren, hinter dem das Land des Feindes doch recht eigentlich erst begann. Dazu wußte Alexander nicht, was sich hinter diesen Bergen zusammenbraute.

Der Sieg von Issos lag zwei Jahre, der von Gaugamela zwei Monate zurück. Zweimal hatte Alexander die von Dareios aufgestellte, in beiden Fällen sehr bedeutende militärische Macht vernichtet. Hätte man ihm, der doch zweifellos einer der begabtesten Schlachtenlenker der Geschichte war, damals gesagt, daß es von nun an, in sieben Jahren Krieg, nur noch eine einzige große offene Feldschlacht geben werde, er hätte das wohl nicht geglaubt. Doch ist die Art und Weise, wie Alexander vier Jahre später seinen Sieg über einen mächtigen indischen Rajah vorübergehen ließ, ohne ihn nach den langweiligen Gebräuchen gewöhnlicher Sieger auszunutzen, ein Beweis dafür, wie gut er das Wesen der neuen Strategie des Raumes verstanden hatte, welche ihm von den Weiten Asiens aufgezwungen wurde.

Nähert man sich dem Konglomerat brauner Schutthügel, aus denen Susa heute besteht, wird man zunächst überrascht von der bizarren Silhouette einer mächtigen Burg, die sich auf dem größten der Hügel erhebt. Der erste Eindruck ist, daß das ein Bau der Kreuzritter sei. Aber Kreuzritter sind niemals so weit in den Osten gelangt. Es ist eine Burg des 19. Jahrhunderts. Es ist die Feste, welche die Archäologen sich zu ihrem Schutz aus elamischen, zum Teil beschrifteten Ziegelsteinen gebaut haben. Die großen Kampagnen der Archäologie in Susa unter der Leitung des Franzosen Dieulafoy fanden in den neunziger Jahren des vorigen Jahrhunderts statt. Damals war das Land noch Domäne der Wüstenbeduinen, die das Eindringen von Ungläubigen in ihr Gebiet als eine Beleidigung Allahs empfanden. Dies war ein Nachteil für die Archäologie. Dem stand der Vorteil gegenüber, daß man auf kleinen Frachtern, die in irgendeinem Hafen im Persischen Golf anlegten, all die Herrlichkeiten, welche man zutage förderte, bequem nach Frankreich bringen konnte.

Die Pracht des königlichen Palastes in Susa, den die Franzosen ausgegraben haben, wird im ersten Kapitel des Buches Esther ausführlich geschildert. Der König Ahasveros dieses biblischen Berichtes ist der persische König Xerxes, der von 485 bis 465 vor Christi Geburt regierte. Es ist derselbe, der den Kriegszug nach Hellas unternahm und in der Seeschlacht von Salamis besiegt wurde. Das im Buch Esther beschriebene Fest hat noch vorher stattgefunden. Wie es nach seinem Kriegszug um König Ahasveros bestellt war, schildert uns Aischylos in seiner Tragödie »Die Perser«.
Das Alte Testament erzählt: »Zu den Zeiten des Ahasveros, der König war von Indien bis Mohrenland, über hundertundsiebenundzwanzig Länder, und da er auf seinem königlichen Stuhl saß zu Schloß Susan, im dritten Jahr seines Königreiches, machte er bei sich ein Mahl allen seinen Fürsten und Knechten, den Gewaltigen in Persien und Medien, den Satrapen und Kriegshauptleuten in seinen Ländern, daß er sehen ließe den herrlichen Reichtum seines Königreichs und die köstliche Pracht seiner Majestät viele Tage lang, hundertundachtzig Tage. Und da die Tage aus waren, machte der König ein Mahl allem Volk, das zu Schloß Susan war, Großen und Kleinen, sieben Tage lang im Hofe des Gartens am Hause des Königs. Da hingen weiße, rote und blaue Tücher, mit leinenen und scharlachnen Seilen gefaßt, in silbernen Ringen auf Marmorsäulen. Die Bänke waren golden und silber auf Pflaster von grünem, weißem, gelbem und schwarzem Marmor. Und das Getränk trug man in goldenen Gefäßen und immer andern und andern Gefäßen, und königlichen Wein die Menge, wie denn der König vermochte. Und man setzte niemand vor, was er trinken sollte; denn der König hatte allen Vorstehern im Haus befohlen, daß ein jeglicher sollte tun, wie es ihm gefiele.«
Man muß es dem biblischen Chronisten lassen, daß er zu schildern weiß.
Durch die Ausgrabungen wurden alle diese farbigen Angaben in weitem Umfang bestätigt. Als Luther die Stelle von dem Garten des Königs übersetzte, in dem sich die Palmen im Winde wiegten, in seiner Studierstube auf der Wartburg, von deren Fenstern aus er auf die grünen Wipfel des Thüringer Waldes blickte, was wohl würde er gesagt haben, hätte man ihm erzählt, daß man einmal diese Herrlichkeiten ausgraben und daß man einen solchen Goldpokal des Königs Ahasveros einmal werde in die

Hand nehmen können? Schon der Prophet Nehemia ist Mundschenk des Perserkönigs in Susa gewesen. Vielleicht hat Nehemia den Wein für des Königs Tafel aus einem dieser goldenen Trinkgefäße gekostet, die man heute in den Museen in Paris und Teheran bewundern kann. Auch der Prophet Daniel ist in Susa begraben. Noch im 12. Jahrhundert nach Christi Geburt wurde dem spanischen Rabbiner Benjamin ben Jona von Tudela das Grab Daniels in Susa gezeigt. Vom 13. Jahrhundert an verschwindet Susa zuerst aus der Historie und dann allmählich vom Erdboden.
Die Geschichte von Esther und Mardochai, welche der biblische Chronist anschließend an das Fest im Palast von Susa erzählt, eine der hundert Geschichten der Weltliteratur von der Schönheit und der Macht der Frauen, ist in die Tradition des Iran eingegangen. In Hamadan, dem früheren Ekbatana, steht ein alter Bau, der nach der Überlieferung der Muslimin die Gräber dieser beiden jüdischen Aristokraten birgt. Die Geschichten des Alten Testaments sind eingebettet in das weite Feld des Alten Orients.
In dieses Susa mit seinen Herrlichkeiten ist Alexander eingezogen. Der Platz wurde gütlich übergeben und übernommen. Große Dinge waren vorausgegangen.

Aus Aegypten nach Syrien zurückgekehrt, stellte Alexander sein Heer neu auf. Dann trat er den Marsch gen Osten an. Er durchquerte den Nordteil der Syrischen Wüste. Er überschritt Euphrat und Tigris. Hinter dem Tigris traf er auf das neue gewaltige persische Reichsheer. Dieses Heer war dem Alexanders besonders an Kavallerie beträchtlich überlegen. Es kam zur dritten der großen Alexanderschlachten, der Schlacht von Gaugamela. In ganz ähnlicher Weise wie bei Issos war die Peripetie der Schlacht die zu frühe Flucht des Dareios. Auch nach diesem dritten Sieg verzichtete Alexander auf die Verfolgung. Er machte sich auf den Weg nach Babylon. Seine Sorge, daß er die gut befestigte Stadt nur durch eine langwierige Belagerung würde nehmen können, erwies sich als unbegründet. Der Satrap Mazaios, der über Babylon gebot, war von den Befehlshabern des Dareios derjenige gewesen, der bei Gaugamela am längsten und tapfersten gefochten hatte. Der Vorteil, tapfer gewesen zu sein, erlaubte ihm jetzt, vernünftig zu sein. Er übergab Babylon an Alexander. Die Tore öffneten sich. Der junge König zog auf einem Blumenteppich und unter dem Jubel der Bevölkerung in die Stadt ein wie seinerzeit Kyros der Große. Die Parallele hatte eine tiefere Bedeutung, als damals irgend jemand außer Alexander ahnen konnte.

Nach Strapazen und Mühen von dreieinhalb Jahren Krieg stürzten sich die mit Ruhm und Narben bedeckten Veteranen in den Taumel morgenländischer Feste. Sie alle, mit Beute reich beladen, waren keine armen Teufel mehr. Die Schönheit der Stadt mit ihrer breiten Hauptstraße, die zwischen Palästen auf den hohen Tempelturm zuführte, kann man sich sogar in den ausgegrabenen Trümmern noch vorstellen. Der Luxus Babylons, das Sprachengewirr seiner internationalen Bevölkerung, der Reichtum der Bazare, all das muß auf die einfachen Gemüter der Makedonen einen ungeheuren Eindruck gemacht haben. Dazu kamen die alten und ehrwürdigen Überlieferungen, denen der Fremde hier auf Schritt und Tritt begegnete.

Selbst für Hellenen war Babylon eine außerordentliche Sache. Hochmütig hatten sie bisher alles, was nicht Griechisch sprach, als Barbaren verachtet. Hier bekamen sie Gelegenheit, eine Zivilisation Asiens kennenzulernen, die an Alter, Reichtum der Überlieferung und Feinheit der Lebensformen selbst Hellas übertraf. Denn die alte Freiheit, das, worin Hellas den Osten immer so glanzvoll übertroffen hatte, war den Griechen unterdessen verlorengegangen. Der Hochmut gegen die Barbaren verwandelte sich in Staunen. Es begann das alte Spiel der Eroberung des Siegers durch den Besiegten. Die Frauen, wie allerorts und zu allen Zeiten, nahmen sich der Sieger an. Alexander ließ Offiziere und Soldaten gewähren. Hier begann sie, jene Verschmelzung des Westens mit dem Osten, welche für so lange Zeit ein bestimmendes Element der fortschreitenden Geschichte bleiben sollte.

Nach dem Sieg von Gaugamela hatte Alexander noch vom Schlachtfeld aus eine Kavallerieabteilung unter Philoxenos nach Susa losgejagt in der Hoffnung, die Stadt besetzen zu können, bevor all ihre Schätze zerstört, verbrannt, geplündert oder nach dem Hohen Iran verschleppt wären. Im Wettlauf mit dem Gerücht des ungeheuren Sieges ritt Philoxenos gen Süden. Alexanders Hoffnung erfüllte sich. Nachdem König Dareios durch seine zweimalige Flucht sowohl Issos wie Gaugamela gegen sich entschieden hatte, fanden es die Satrapen, soweit sie dem Zugriff des Eroberers ausgeliefert waren, nicht mehr nötig, dem fliehenden Achaimeniden eine Träne nachzuweinen. Oder vielleicht eine Träne gerade noch! Aber dann begannen die großen

Herren Politik zu machen, große Politik. In ihrer Lage hieß das, sich mit dem Eroberer arrangieren. Die weitschauende Maßnahme Alexanders, daß er seinerzeit den Satrapen Mithrenes, der ihm die Stadt Sardeis übergab, freundlich behandelt und in seinen engeren Hofstaat aufgenommen hatte, machte sich bezahlt. Die Milde Alexanders allen denen gegenüber, die ihm keinen Widerstand leisteten, erleichterte den Satrapen die Unterwerfung. Susa wurde übergeben. Im November des Jahres 331, fast vier Jahre nach dem Übergang über den Hellespontos, zog Alexander in die Hauptstadt des Persischen Weltreiches ein.

Vom Palast des Dareios, in dem Alexander Quartier nahm, sind die Grundmauern erhalten geblieben. Man sieht die mächtigen Basen der Säulen, zwischen denen beim Fest des Königs Ahasveros in silbernen Ringen die im Winde sich bauschenden farbigen Tücher ausgespannt waren. Sogar Bruchstücke dieser Säulen, von Ginster überwuchert, findet man hie und da im Schlamm. Alexander hat noch an Ort und Stelle die herrlichen Friese gesehen, auf denen in den leuchtenden Farben glasierter Ziegel Löwen und schreitende Krieger dargestellt sind. Man kann diese Meisterwerke der achaimenidischen Kunst im Louvre bewundern. Alexander ist auch noch umgeben gewesen von dem ganzen Luxus des königlichen Haushaltes, von dessen goldenen Kostbarkeiten die vor einigen Jahren in Europa gezeigte Ausstellung »Siebentausend Jahre Kunst im Iran« einen bescheidenen Eindruck vermittelte.

Während Alexander bereits anfing, sich als Fürst des Ostens zu fühlen, schickte er die von Xerxes in Athen geraubten Bronzestatuen des Harmodios und Aristogeiton, der Mörder des Hipparchos, Sohnes des athenischen Tyrannen Peisistratos, den Athenern zurück. Daß der Großkönig die Tyrannenmörder ihres Platzes an der Prozessionsstraße zur Akropolis hinauf beraubt hatte, war eine »magic captivity«, eine magische Gefangennahme gewesen, die nun schon hundertfünfzig Jahre gedauert hatte. Alexander schickte das ehrwürdige Kunstwerk, das die Freiheit pries, dahin zurück, wo es einmal zu ihrem Ruhm aufgestellt gewesen war. Der Mann, der selbst diese Freiheit bei Chaironeia beendet hatte, erwies in einer noblen Geste ihrem Symbol eine letzte Ehre. Was für Randbemerkungen wohl mag bei der Wiederaufrichtung dieses Denkmals einer den Athenern so teuren Erinnerung der bissige Witz der Agora zu dieser Geste des Makedonenkönigs gemacht haben! Den Sockel dieses Kunstwerkes, identifiziert durch die Inschrift, haben amerikanische Archäologen vor wenigen Jahren bei ihren Grabungen in Athen gefunden.

Von der geschichtlichen Vergangenheit Susas, die bis in die jüngere Steinzeit zurückreicht, hat Alexander wahrscheinlich mehr und auf jeden Fall anderes gewußt, als wir vermuten. Uns, die wir das Zweistromland von Jugend auf aus der Bibel kennen, scheint dieses Land dem Westen zugewandt zu sein. Aber nicht ohne Grund sagt der Chronist des Buches Esther: »... der da König war von Indien bis Mohrenland ...« Der biblische Chronist ist in dieser Sache besser orientiert als wir. Mesopotamien liegt nicht am östlichen Rand des Westens, sondern am westlichen Rand des Ostens. Hier in Susa schon gab es, als Sendboten Indiens, Brahmanen und Elefanten. Hier kamen, nach monatelangen Märschen durch die Wüsten Arabiens, die Karawanen an, die Weihrauch und Myrrhe aus dem Jemen und aus Hadramaut brachten. Erst Susa hat dem großen Feldherrn die Möglichkeit geboten, sich ein Bild davon zu machen, was die vollständige Eroberung des Achaimenidischen Reiches nun tatsächlich für eine Aufgabe war. In Susa war Alexander das persische Reichsarchiv in die Hände gefallen. Für einen Schüler des Aristoteles ein unerhörter Fund! Zwar konnte Alexander die meisten Dokumente nicht lesen! Sie waren in persischer Keilschrift abgefaßt. Die Sprachen waren Elamisch, Altbabylonisch und Aramaeisch. Doch verfügte Alexander in seinem Stabe über genug gelehrte Leute, die die Auswertung der für ihn wichtigen Dokumente vornehmen konnten.

Die Vielfalt der Sprachen, in denen das Archiv des Achaimenidischen Reiches geführt wurde, bedarf einer Erläuterung, welche zugleich ein Licht auf die Mannigfaltigkeit und Lebendigkeit der vielen alten Kulturen wirft, die im Rahmen der Toleranz der persischen Herrschaft lebendig geblieben waren.

Am Hof und im Verkehr mit den persischen Beamten gebrauchte man die persische Sprache, die in einer vereinfachten, nur aus sechsunddreißig Zeichen bestehenden Form der Keilschrift geschrieben wurde.

Das Elamische ist eine sehr alte Sprache. Schon in der Bibel hat die von der Stadt Susa beherrschte Provinz Susiana den Namen Elam. Die Geschichte Elams beginnt im vierten vorchristlichen Jahrtausend. Als König Sargon von Akkad anderthalbtausend Jahre vor dem Trojanischen Krieg Elam und seine Hauptstadt

eroberte, war Susa schon eine befestigte Stadt. Statuen akkadischer Könige waren im Palast in Susa aufgestellt. Sie wurden als Symbole königlicher Macht mit großer Ehrerbietung behandelt. Keramik aus diesen früheren Zeiten, deren wissenschaftliche Bezeichnung »Susa I« die Augen der Kenner aufleuchten läßt, ist ausgegraben worden. Sie wurde fünfundzwanzig Meter unter dem Königspalast von Susa gefunden – für jedes Säkulum einen Meter! Diese frühe, hervorragend gearbeitete und bemalte Keramik ist von großer Schönheit. Sie zeigt enge Verwandtschaft mit der iranischen Keramik Sialk III, was auf frühe Beziehungen zwischen dem Hohen Iran, Elam und Mesopotamien hinweist. Unter Sialk III sind aber eben, wie schon die Bezeichnung sagt, noch zwei Schichten gefunden worden, ehe die Forscher auf jungfräulichen Boden stießen. Dies bedeutet, daß die früheste im Tepe Sialk, dem Hügel von Sialk, nachgewiesene Siedlung älter ist als Susa, eine Tatsache, aus welcher die Gelehrten eine Menge für die Forschung aufregender Schlüsse ziehen.
Daß die Perser die elamische Tradition lebendig erhielten, indem sie bei Inschriften die elamische Sprache immer noch verwendeten, beweist, daß sie ein ausgeprägtes Geschichtsbewußtsein hatten. Auch waren es, offenbar auf Grund einer uralten Tradition, Elamiten, die bis ins 5. Jahrhundert hinein die Finanzen der achaimenidischen Könige verwalteten.
Ebenso war die sumerische Sprache, die in Ur zur Zeit Abrahams Umgangssprache war, bei den Priestern des Baal für religiöse Zwecke noch immer in Gebrauch. Berosos, ein zu Lebzeiten Alexanders geborener gelehrter Babylonier, der ein Priester des Baal war, hat in griechischer Sprache eine Geschichte Babylons geschrieben, in der er die chaldaeische Überlieferung von der Sintflut ausdrücklich erwähnt.
Weit bedeutender als das Elamische ist das Aramaeische. Schon seit der Assyrerzeit als Sprache des Handels und der Diplomatie im Gebrauch, wurde das Aramaeische im Laufe der Zeit zur *Lingua franca* des Persischen Reiches in einer ähnlichen Weise, wie das Lateinische die Amtssprache des Heiligen Römischen Reiches Teutscher Nation war. Es hat einmal irgendwo in der nordsyrischen Wüste, etwa in der Gegend von Aleppo, einen kleinen semitischen Stamm gegeben, dessen Angehörige die ursprünglichen Aramaeer waren. Aber sie spielten politisch niemals eine Rolle, die auch nur entfernt der zu vergleichen ist, welche ihre Sprache in der Geschichte spielen sollte. Jesus hat

Aramaeisch gesprochen, und noch heute gibt es im Antilibanon ein Dorf, Ma'lula, hundert Kilometer nördlich von Damaskos, wo die Bauern neben Arabisch Aramäisch sprechen und die Frauen ihre Kinder mit Liedern in den Schlaf wiegen, die schon zur Zeit Alexanders des Großen gesungen worden sind.

Das durch seine Verbreitung im Persischen Reich nach Osten gelangte Aramaeische ist durch sein Alphabet zur Grundlage zahlreicher Schriften Asiens geworden. Zu diesen Schriften gehören Pahlevi und Karoshti. Pahlevi ist das Altpersische, die Sprache, in der die heiligen Bücher der Religion Zoroasters geschrieben sind. Karoshti ist eine Schrift, in der verschiedene vom Sanskrit abstammende Dialekte geschrieben wurden. In Masar-i-Sherif, einer Stadt, die zwischen dem Hindukush und dem Amu Darya in der turkmenischen Steppe liegt, konnte ich im Basar noch eine silberne Münze erwerben, die das Bildnis eines griechischen Königs Nikias trägt, der in Baktrien im ersten Jahrhundert vor Christi Geburt geherrscht hat. Diese Münze hat auf der einen Seite eine Inschrift in Griechisch, auf der anderen Seite eine solche in Karoshtischrift. Zu den im aramaeischen Alphabet geschriebenen Sprachen gehören noch das Uighurische, eine zentralasiatisch-türkische Sprache, das Mongolische und das Mandschurische. Da Alexander die persische Verwaltung übernahm, wurde das Aramaeische zur zweiten Amtssprache seines Imperiums.

Durch das Studium des Reichsarchivs und die Befragung persischer Beamter hatte Alexander Gelegenheit, nicht nur sich über die Persis und den Hohen Iran zu informieren, sondern überhaupt darüber, was dieses Achaimenidische Reich bedeutete. Schließlich war Dareios I., der Große, schon lange vor den Perserkriegen einerseits bis zur Wolga, andererseits bis zum Jaxartes und zum Indus vorgedrungen. Aus dem Archiv erfuhr Alexander so charakteristische Einzelheiten wie die, daß der Stein für den Palast, in dem er wohnte, von sehr viel weiter hergekommen war, als wenn man attischen Marmor vom Pentelikon nach Susa geholt hätte. Die Zedern kamen vom Libanon, Sandelholz von der indischen Grenze. Das Gold stammte aus Baktrien, das Elfenbein aus Aethiopien, die Silberarbeiten aus Aegypten. Alexander erfuhr etwas über die Hunderte von Völkern, die dem Großkönig tributpflichtig waren und die für ihn natürlich alle zunächst einmal Feinde sein würden. Ein so kluger Mann wie Alexander, der so viel politisches Talent mit so viel militärischer

Begabung in seiner Person vereinte, erkannte ziemlich schnell, daß die neue Phase seiner Strategie unter vollständig neuen Bedingungen stand.
Die erste Phase von Alexanders Strategie war die Eroberung Anatoliens. Es war das sozusagen noch ein konventioneller Krieg gewesen. In der zweiten Phase hatte Alexander durch die Eroberung Syriens und Aegyptens die persische Seemacht ausgeschaltet. Die dritte Phase war die Eroberung Mesopotamiens, das aber militärisch nicht mehr bedeutete als das westliche Glacis des Hohen Iran. Der Plan der vierten Phase, das Kernland des Gegners zu erobern, enthielt eine solche Fülle von entweder unbekannten oder unberechenbaren Faktoren, daß das Risiko sich dem Kalkül entzog. Das war bei Alexanders bisherigen Feldzügen nicht der Fall gewesen. In der vierten Phase seiner Strategie sah sich Alexander zwei höchst modernen Problemen gegenüber. Das erste war das des Unterschieds zwischen einer Großmacht und einer Weltmacht. Das zweite war das operative Problem des Raumes.
Die Theoretiker der Strategie sehen den Unterschied zwischen einer Großmacht und einer Weltmacht darin, daß die Hilfsquellen einer Großmacht sich definieren, das heißt berechnen lassen. Die Hilfsquellen einer Weltmacht sind nicht definierbar. Das Römische Reich war ebenso eine Weltmacht wie das British Empire. Die Vereinigten Staaten von Amerika sind ebenso eine Weltmacht wie Rußland. Das Frankreich im Anfang des 19. Jahrhunderts war eine Großmacht. Den Krieg gegen Rußland hat Napoleon hauptsächlich deshalb verloren, weil er den Unterschied nicht begriffen hatte. Man darf in dieser Sache natürlich nicht französische Schulbücher konsultieren. Aber Tolstoj in »Krieg und Frieden« behandelt das Problem mit großer Genauigkeit. Feldmarschall Fürst Kutusow hielt sich, auf die undefinierbaren Reserven der Weltmacht Rußland vertrauend, mit unerschütterlicher strategischer Geduld von jeder Aktion so lange fern, bis er Napoleon ausmanövriert hatte und derselbe sich gezwungen sah, Moskau zu verlassen. Man lese noch einmal die grandiose Szene, wie der große Feldherr, als die Meldung kommt, der Feind habe den Rückzug nach dem Westen angetreten, nichts weiter mehr vermag, als sich der Ikone der Muttergottes zuzuwenden und zu beten. Die Lehrbücher der Strategie enthalten keine Vorschriften darüber, wie der Feldherr sich zu verhalten habe, wenn der Erfolg eintritt. Aber jedenfalls hat

auch Alexander der Große nach einem Sieg immer zuerst den Göttern sein Dankopfer dargebracht.

Das Reichsarchiv von Susa lehrte Alexander, daß das Achaimenidische Reich eine Weltmacht war. Der Beweis dafür, daß der Makedonenkönig das begriffen hatte, ist, daß er kein Moskau erlebte. Sein Marsch am Ende des indischen Feldzugs von der Mündung des Indus durch die Wüste von Gedrosien nach Westen zurück war, bei aller äußeren Ähnlichkeit mit dem Rückzug Napoleons aus Moskau, ein militärisch ganz anderer Vorgang. Makedonien ist zwar bei Alexanders Regierungsantritt knapp eben eine Großmacht gewesen. Doch waren die Kriege jener Zeit noch keine totalen Kriege, in denen das Potential bis zum Äußersten ausgeschöpft wurde. Immerhin, selbst so moderne Begriffe wie »Taktik der verbrannten Erde«, sind schon diskutiert worden. Einen totalen Krieg gegen Persien hätte Alexander nicht gewinnen können. Aber dazu hätte ihm ein anderer Mann gegenüberstehen müssen als Dareios III. Die großen Satrapen des Ostens, die Herren der Steppe, haben später auf ihren Territorien in Asien diesen totalen Krieg entfesselt. Er hat Alexander schwere Sorgen gemacht, und es hat einer enormen Anstrengung bedurft, diese militärisch tüchtigen und tapferen Feinde zu überwinden.

Das zweite Neue in der vierten Phase von Alexanders Strategie war das operative Problem des Raumes, über den die Persische Weltmacht verfügte. Dieses Problem war im wesentlichen von drei Elementen bestimmt. Das erste Element waren die geographischen Bedingungen. Zwischen diesen weiten, von ungeheuren Gebirgen unterbrochenen Wüsten waren die bewohnten Gebiete – Oasen, Steppen, von der Schneeschmelze bewässerte Hochgebirgstäler und die Randgebiete der Schneegebirge mit ihren Flüssen – nur wie dazwischengestreut. Das zweite Element war die völlig neue Größenordnung der Distanzen. Das dritte Element waren die Nomaden, die die weiten Steppen bevölkerten und mit ihren Herden Jahr für Jahr über Tausende von Meilen wanderten auf Wegen, die niemand kannte und niemand überwachen konnte. Übrigens tun sie das noch heute, genau wie sie das zu Alexanders Zeiten getan haben. Diese Völker, deren Heimat die Weite ist, sind freiheitsliebend und unvernünftig. Ihr Verhalten ist unberechenbar. Da sie schon im Frieden ständig auf der Flucht sind, kann man sie nicht damit besiegen, daß man sie in die Flucht schlägt.

So sahen die Bedingungen aus, die Alexander erwarteten, wenn er das Zagrosgebirge überschritt. Der große Feldherr begriff, daß er mit den Methoden, welchen er seine bisherigen Erfolge zu verdanken hatte, die neuen Aufgaben nicht würde bewältigen können. Dieses Neue läßt sich in einen einzigen Begriff zusammenfassen. Es war zugleich das Uralte, es war Asien, der große, unbekannte Kontinent, in den einzudringen Alexander in dieser vierten Phase seiner Strategie sich anschickte.
Blickte Alexander aus seinem Palast in Susa in die Landschaft hinaus, sah er in der Ferne die schneebedeckten Berge des Zagros liegen. Dieser Gebirgswall, der Mesopotamien vom Hohen Iran trennt, hat eine Länge von zwölfhundert und eine Breite von zweihundert bis dreihundert Kilometern. Seine höchsten Spitzen erheben sich bis zu viertausend Metern. Die Alpen erstrecken sich über achthundert Kilometer und sind an keiner Stelle mehr als einhundertundfünfzig Kilometer breit. Hinter dem Zagros begannen die Geheimnisse des Ostens.
Über diesen Wall warf Alexander sein Herz!
Aber wie sehr ist gerade in diesem Augenblick der merkwürdige Mann ein moderner Europäer. Angesichts dieser Umwelt und angesichts dieses Horizontes überfällt ihn »ho pothos«, das Fernweh, mit unbezähmbarer Gewalt. Diese Weltneugier ist derselbe niemals zu stillende Forscherdrang, der Marco Polo, Pietro della Valle, Olearius, Engelbert Kämpfer, Sven Hedin, Richthofen, Pelliot, Le Coq, Sir Aurel Stein, Grousset und wie die großen Männer der Asienforschung alle heißen, in die Weiten des Ostens hinaustrieb, seine Geheimnisse zu enträtseln.
Alexander war der erste Europäer, der seine Macht über den Euphrat hinaus ausdehnte. Darum ist dieser Kriegszug von so eminenter Bedeutung für die Ostwestbeziehungen. Doch sind es nicht die Geschehnisse des Kriegszuges, die seine Bedeutung ausmachen, sondern seine Folgen. Unter dem Anstoß des Alexanderzuges erreichten die ersten Griechen schon dreißig Jahre nach Alexanders Tod den Ganges. Wäre Alexander vierundsechzig Jahre alt geworden, statt mit vierunddreißig zu sterben, hätte er wahrscheinlich selbst noch in Delhi einziehen können. Vergeblich fragt man sich, warum in der Beurteilung des Makedonenkönigs die Absicht, über den Hyphasis zum Ganges vorzustoßen, fast immer für absolut utopisch und töricht erklärt wird. In seiner Lage war, wie die spätere Entwicklung zeigt, diese Absicht nichts weiter als verfrüht. Er hat es nicht getan.

Aufschlußreich für den Stilunterschied, der zwischen Alexander und den Achaimeniden bestand, ist die Behandlung der Frage der Herrschaft zur See. Dareios der Große hatte zwar den Plan, Persien zur Ozeanischen Macht zu erheben. Aber die späteren Achaimenidenkönige sind ihm darin nicht gefolgt. Schon vor seinem Skythenfeldzug, wahrscheinlich um 518 vor Christi Geburt, schickte Dareios I., darin ein bewundernswerter Vorgänger Alexanders, einen Kapitän, Skylax von Karyanda, der wie Herodot aus Karien stammte, den Indus hinab mit dem weiteren Befehl, von dessen Mündung aus an der Südküste Persiens entlang nach Westen zu fahren. Dareios der Große wollte die Verbindung der Indusmündung mit der Euphratmündung zur See herstellen. Skylax, der tüchtige Seemann, ist angekommen. Allerdings hat er, im Gegensatz zu Alexanders Admiral Nearchos, die Einfahrt in den Persischen Golf verpaßt. So konnte er seine Reise erst in einem aegyptischen Hafen am Roten Meer beenden. Daß Skylax es fertigbrachte, allen Gefahren zu entgehen, welche einem fremden Seefahrer von den Küstenbewohnern Arabiens drohten, ist ein Wunder.

Schiffahrt von Südarabien nach Indien und dem Malayischen Archipel hat es sogar schon in der Mitte des zweiten Jahrtausends vor Christi Geburt gegeben. Die Träger dieses Überseehandels waren die Sabaeer, die im Jemen und in Hadramaut zu Hause waren, das Volk der späteren Königin von Saba, die König Salomo in Jerusalem besuchte. Von diesen kühnen Ozeanfahrern haben allerdings weder die Griechen noch die Perser mehr etwas gewußt.

Der Plan Dareios' des Großen, im Indischen Ozean eine persische Seeherrschaft zu errichten, wurde nicht in die Tat umgesetzt. Zur Zeit Alexanders waren die Einfahrten in den Euphrat und in den Tigris mit Sperren versehen als Schutz gegen den Einbruch von Flotten freilich gänzlich unbekannter Feinde, deren Auftauchen aus dem ungeheuren, geheimnisvollen Ozean man befürchtete. Die Perser liebten das Meer nicht. Das Meer liebte die Perser nicht.

Alexander nahm die Ideen Dareios' des Großen in vollem Umfang wieder auf. Nach seiner Rückkehr aus Indien, nach der wohlgelungenen Fahrt seiner Flotte unter dem Admiral Nearchos von der Mündung des Indus nach Susa, beschloß Alexander, die Küsten Arabiens und des Roten Meeres und die Ostküste Afrikas zu erkunden. Hier waren seine Vorläufer der König

Salomo mit seiner Expedition zum Goldland Ophir, hinter dem man Ostafrika vermutet, und der Pharao Necho, der sogar schon achtzig Jahre vor Dareios I. phoinikische Seefahrer damit beauftragt hatte, vom Roten Meer aus Afrika bis zur Straße von Gibraltar zu umschiffen. Das Unternehmen dauerte drei Jahre, aber die mutigen Männer sind angekommen.
Die Pläne Alexanders, die auszuführen der Tod ihn hinderte, wurden im Laufe der nächsten Jahrhunderte erst von Aegyptern und Griechen, dann von Römern sämtlich verwirklicht. So durchaus utopisch können sie also nicht gewesen sein. Aber bevor Alexander sich diesen so kühnen Ideen der Zukunft zuwenden konnte, mußte der Hohe Iran erobert und gesichert werden. Die Zeit war gekommen, zu neuen Taten aufzubrechen. Doch wäre es gänzlich falsch zu meinen, daß es nun, nach der Vernichtung des zweiten persischen Reichsheeres, eine einfache Sache gewesen wäre, das riesige Land in Besitz zu nehmen. Auch jetzt noch wäre der Hohe Iran für die Dynastie der Achaimeniden zu retten gewesen. Wie zäh haben später die Parther ihn gegen die Römer verteidigt!

Alexander ordnete an, daß die Paläste in Susa der Königinmutter Sisygambis und der Königin Stateira mit einer ihrem Range angemessenen Hofhaltung zur Verfügung zu stellen seien. Endlich, im Dezember des Jahres 331, brach der König von Susa auf. Zunächst führte er noch einen kurzen Feldzug gegen die Uxier. Dieses Bergvolk hielt die westlichsten der Pässe, durch welche die Reichsstraße von Susa nach Persepolis führte, besetzt. Wie sie es von den Achaimeniden gewöhnt waren, wollten die Uxier auch Alexander den Durchzug nur gegen Geschenke gestatten, was natürlich nichts anderes bedeutete, als daß sie einen Tribut verlangten. In einem Überfall von vernichtender Gewalt belehrte Alexander sie, daß sie sich in der Wahl der Mittel vergriffen hätten. Was beim Großkönig möglich war, galt nicht für den König der Makedonen.
Nach diesem blutigen Zwischenspiel begann Alexander mit größter Kühnheit einen Winterfeldzug von äußerster Gefährlichkeit. Er griff den Ariobarzanes an, der den Hauptpaß des südlichen Zagros mit einer Felsenmauer gesperrt hatte. Die Perser verteidigten sich tapfer. Mit einem Umgehungsmanöver über das Gebirge, in der Nacht, im Schneesturm, durch froststarre Wälder, erzwang Alexander, dieser harte Soldat, den Durchbruch. Im Januar des Jahres 330 erreichte er Persepolis.

IX Persepolis

Persepolis, die hohe Königsburg in der Persis, und die Akropolis, der Burgberg von Athen, sind zwei der bedeutungsvollsten Ruinenstätten, welche die Antike der Nachwelt hinterlassen hat. Persepolis wurde vor den Perserkriegen von Dareios dem Großen, die Akropolis nach dem Sieg über Xerxes von Perikles erbaut. Zeitlich liegen die beiden Bauwerke um nicht viel mehr als ein Menschenalter auseinander.

Persepolis und die Akropolis sind Denkmäler von Hochkulturen, Meisterleistungen der Kunst. Beide sind Manifestationen der Macht. Die Mittel, mit denen Dareios seine Königsburg erbaute, stammten aus den Tributen, die die von den Persern unterworfenen Völker jährlich entrichteten. Perikles entnahm das Geld für die Verwirklichung der Pläne, die seine Berater, der Bildhauer Pheidias und seine beiden Architekten Iktinos und Kallikrates, entworfen hatten, dem Schatz des Delischen Seebundes, den er, der Proteste der Bundesgenossen nicht achtend, von der Insel Delos nach Athen hatte überführen lassen.

Als Cecil Rhodes, der als einer der Baumeister des Englischen Weltreichs von den Geheimnissen der Macht eine Menge mehr verstand als andere Leute, die Akropolis besichtigte, meinte er, Perikles habe durch die Schönheit der Kunst die lässigen Athener lehren wollen, an ihr Empire zu glauben.

Geschaffen wurden die Bauwerke der Akropolis von freien Künstlern mit berühmten Namen, denen gut behandelte Sklaven zur Seite standen. Belohnt wurden die Meister mit gestohlenem Geld. Die Architekten, die Persepolis bauten, sind unbekannt. Sie waren an königliche Befehle gebunden. Die Bildhauer waren Handwerker aus aller Welt.

Persepolis pries den Glanz des Königs der Könige aus dem Hause der Achaimeniden, des Herrschers über Asien. Die Akropolis war ein Denkmal zu Ehren der Freiheit. Beide Schöpfungen haben ihre eigentliche Bedeutung, den Sinn, der ihrer Erschaffung zugrunde lag, innerhalb eines einzigen Jahrzehntes durch ein und denselben Mann verloren. Mit der Schlacht von Chaironeia, die Kronprinz Alexander durch seinen Reiterangriff für die Makedonen entschied, war es in Europa mit der Unabhängigkeit der hellenischen Städte des Festlandes vorbei. Mit der Eroberung von Persepolis beendete Alexander in Asien die Herrschaft der Achaimeniden.

Die Akropolis hat Alexander nie gesehen. Er war nie in Athen. So wird Persepolis ihn tiefer beeindruckt haben als einen beliebigen Griechen seines Stabes. Es war der Platz, an dem der Großkönig seine Satrapen empfing. Hier wurden die jährlichen Tribute abgeliefert. In Persepolis wurde das Neujahrsfest, das höchste Fest des Jahres, gefeiert. Von den Geheimnissen und Wundern der Palaststadt auf hohem Felsen erzählten sich bis tief nach Asien hinein die Bauern in ihren Hütten und die Nomaden an ihren Lagerfeuern märchenhafte Geschichten. Persepolis dürfte in hohem Maß den Vorstellungen entsprochen haben, welche Alexander von der Würde und Hoheit des Herrschens hatte. Als Residenz eines Herrn über ein großes Reich ist Persepolis nur noch mit der Verbotenen Stadt der chinesischen Kaiser in Peking zu vergleichen.
Nur wenige Meilen von Persepolis entfernt sind die Könige begraben, die vor Dareios III. auf dem Throne der Achaimeniden saßen. Die Gräber sind hoch in eine senkrechte Felswand eingehauene Kammern mit Fassaden von wahrhaft imperialen Ausmaßen, dazu bestimmt, mit Darstellungen und Inschriften den Ruhm der Toten zu künden. Jahr für Jahr, seit vor fünfundzwanzig Jahrhunderten das letztemal ein König in dieser Felswand bestattet wurde, ziehen die Nomaden mit ihren Schafen und Kamelen, mit ihren Eseln, Pferden, Ziegen, Hühnern und Hunden, in eine gewaltige Wolke iranischen Staubes gehüllt, an diesen Stätten vorüber. Es ist das zeitlose Asien, das vorüberzieht.

Etwa siebzig Kilometer nördlich von Persepolis liegt Pasargadai, die älteste Residenz der Achaimeniden. Von hier zog Kyros der Große aus, das erste Weltreich der Geschichte zu gründen. Zu Alexanders Zeit war das zweihundert Jahre her, ein Zeitraum ausreichend, daß innerhalb seiner ein Reich wie das der Kaiserin Maria Theresia untergehen, ein Staat wie der von General Washington gegründete zur führenden Weltmacht aufsteigen konnte.
Pasargadai war der Platz, wo seit alten Zeiten die persischen Könige gekrönt wurden. Hier auch, inmitten eines heute verschwundenen Parks, in dem verstreut die königlichen Paläste lagen, hat Kyros sich sein Grabmal errichten lassen. Es ist ein kleiner aus Quadern gefügter Giebelbau mit Satteldach, der auf der Spitze eines in Stufen aufsteigenden etwa sechs Meter hohen

Unterbaus steht. Bedenkt man, was Kyros in der Geschichte bewirkt hat, ist das Grabmal bescheiden zu nennen. Die Grabschrift lautete: »Ich, Kyros, der Achaimenide, der Sohn des Kambyses, der das Persische Reich gründete und Herr über Asien war, errichtete mir dieses Grabmal. Wenn Du, o Mensch, es hütest, wird der Segen Ahuramazdas auf Deinem Haus sein. Wenn Du es zerstörst, wird der Fluch des Gottes Dich treffen.«

Der Grabspruch war in Keilschrift geschrieben. Alexander ließ daneben eine Tafel mit der griechischen Übersetzung anbringen. Beide Tafeln sind verschwunden, und die Nomaden verehren heute, merkwürdigerweise, den einsam in der weiten Landschaft stehenden Bau als das Grabmal der Mutter König Salomos.

Die offenstehende, leere Grabkammer ist der einzige auf der Welt erhalten gebliebene Innenraum, von dem mit Sicherheit gesagt werden kann, daß Alexander der Große ihn betreten habe. So sind die Stufen dieses Grabmals der Vergänglichkeit ein geeigneter Platz, über das Verhältnis von Macht und Geist ein wenig nachzudenken. Die Triumphe der Macht sind nicht von Dauer. Die Idee der Freiheit hat Chaironeia, der Genius des Iran hat Issos und Gaugamela überlebt. Die Idee der Freiheit ist noch immer das Palladium der westlichen Welt. Dem Genius des Iran war es bestimmt, großartige Renaissancen zu erleben.

Wenn man die Absicht hat, sich ein Bild davon zu machen, wie wohl die Welt des Iran den aus dem Westen gekommenen Eroberern erschienen sein mag, ist es sicherlich ein Fehler, den Weg von Susa nach Persepolis nicht auf dem Rücken eines Maulesels zurückzulegen. Wie gern hätte ich das getan! In achtzehn Tagen ist das zu schaffen. Dabei gewönne man einen Begriff davon, wie weit von der Welt des Mittelmeers der Hohe Iran in der Antike entfernt war. Die Griechen des 5. und 4. Jahrhunderts haben von Persepolis nichts gewußt. Susa gehörte eben noch zum Bereich dessen, was man kannte. Persepolis lag schon hinter dem Horizont. Mit dem Übergang über das Zagrosgebirge sprengte Alexander den Rahmen der den Griechen seit Homer vertrauten Welt des Mittelmeers. Das makedonische Heer betrat unbekannte Weiten.

Persepolis ist zwar von Susa nicht weiter als fünfhundert Kilometer entfernt. Aber diese fünfhundert Kilometer bedeuteten etwas ganz anderes als die Distanzen, welche Alexander bis dahin zurückgelegt hatte, obgleich es unterdessen von Pella in Makedonien bis Susa in Elam an die viertausend Kilometer geworden waren, welche die Eroberer bewältigt hatten. Fünfhundert Kilometer in einem wasserarmen, nur schwach besiedelten Gebirge, in dem es für die Truppe weder Quartiere noch etwas zu requirieren gibt, ist etwas anderes als dieselbe Entfernung in einem bevölkerten Land, noch dazu, wenn die Männer, die in den Hochtälern des Gebirges ihre Herden weiden, ebensogut Hirten wie Räuber sind, die nach dem Durchzug einer Armee den Nachschub durch Überfälle stören.

Der Flug von Abadan nach Shiras, der statt achtzehn Tagen nicht viel mehr als eine Stunde dauert, hat dem Maulesel gegenüber andere Vorzüge. Es gewährt einen Blick auf die Erde, wie ihn bis vor kurzem nur die Adler hatten. Man fliegt dahin über steil aufragende Felsschroffen, die von den tiefen Schluchten der Gebirgsbäche durchzogen sind. Mit ihrem weißen Gischt schäumen die Wasser so heftig dahin, daß man noch in fünftausend Meter Höhe meint, sie brausen zu hören. Man entdeckt, daß zwischen dem Karst, dessen Nacktheit gelegentlich von schütteren Wäldern gemildert wird, Täler liegen, welche sogar jetzt im Hochsommer noch grün sind. Was man bei diesem Überblick nicht zu sehen bekommt, ist das historische, politische, militärische und zivilisatorische Grundphänomen dieser Landschaft, die Nomaden.

Jahrtausende hindurch haben die wandernden Hirten mit ihren Herden auf den Lauf der Geschichte Einfluß genommen. Bei den Völkern, die in unserer Aera in den weiten Gebieten Mittelasiens so bewundernswerte Versuche unternehmen, moderne Staaten zu schaffen, ist der Nomade, trotz seiner kulturellen Überlieferungen, das schwierigste Hindernis für die Entwicklung der neuen Zivilisation. Die auf seiner Ortsungebundenheit beruhende Beweglichkeit hat den Nomaden bisher vor dem Zugriff seiner Beherrscher geschützt. Es sind drei Dinge, durch welche seine Freiheit bedroht ist – der Durst seiner Schafe, das Benzin und das Alphabet. Der Herden wegen ist der Nomade an Wasserstellen gebunden. Die Wanderwege, deren Verlauf früher weitgehend unbekannt war, lassen sich mit Jeeps überwachen. In die Winterschulen, welche die Regierungen für die Kinder der Nomaden an vielen Orten einrichten, drängt sich eine in hohem Grade wißbegierige, neue Generation.

Vom militärischen Standpunkt aus betrachtet sind Nomaden erstens Pferdezüchter und zweitens, da sie selber alle beritten sind, Kavalleristen. In Turkmenistan reitet noch der Bettler auf einem Esel, und nur Esel und Frauen gehen zu Fuß. Für Alexander war das von der allergrößten Bedeutung. Die Waffe, die die Schlacht zum glücklichen Ende bringt, wenn die Phalanx die feindliche Linie durchbrochen hat, ist die Kavallerie. Und im Steppenkrieg ist Kavallerie schließlich fast die einzige Waffe. Das Fußvolk dient nur zur Sicherung befestigter Plätze. Nach dem Überschreiten des Zagrosgebirges hatte Alexander es in seinen kriegerischen Auseinandersetzungen fast nur noch mit solchen höchst kriegerischen Reitervölkern zu tun.

Fesselnd ist der zivilisatorische Aspekt des Nomadentums. Die Nomaden können sich ihr hartes Leben auf eine sehr einfache Weise bequemer gestalten, wenn sie Bauern würden. Daß sie sich seit jeher weigern, das zu tun, führt eine Theorie ad absurdum, die seit hundert Jahren ein verhätscheltes Lieblingskind der Kulturhistoriker ist. Nach dieser Theorie »entwickelt« sich der Mensch. Er fängt als Sammler wildwachsender Früchte an; dann wird er Jäger, dann Hirte und endlich Ackerbauer. Aus dem Ackerbau entsteht die Kultur. Aber die Hirtenvölker Asiens richten sich nicht nach diesem Schema der Wissenschaft. Der Nomade des Irans, Afghanistans, Turkmenistans ist älter als die Geschichte, die wir kennen. Und dieser Nomade ist keineswegs primitiver als ein Bauer. Ohne vom Hirtentum zum Bauerntum überzugehen, entwickelten die Nomaden differenzierte Gesellschaften von hohem moralischem Niveau, eine bedeutende ornamentale Kunst und köstliche Werke der Poesie. Architektur haben sie natürlich nicht entwickelt. Aber immer, wenn sie neue Länder alter Kulturen erobert hatten und seßhaft wurden, schufen sie in erstaunlich kurzen Zeiträumen architektonische, malerische, literarische und wissenschaftliche Werke hohen und höchsten Ranges.

Das Talent der Nomaden, zu aestimieren und weiterzubilden, was sie vorfanden, ist ein entscheidendes Element dieser plötzlich aufbrechenden Blütezeit. So sind die Kulturen der Parther und der Araber, so ist die mongolische Epoche der chinesischen, so sind die seljukische, die osmanische Kultur entstanden. Gerade bei den Osmanen ist es amüsant zu sehen, wie die Sultane in Konstantinopel, angeregt und angespornt vom Anblick der Hagia Sophia, ihre Moscheen nach dem Vorbild byzantinischer Kirchen errichteten. Erobernde Ackerbauern dagegen wie die Römer und später die Germanen haben immer sehr viel länger

als die Reitervölker gebraucht, bis sie in den von ihnen eroberten Ländern überlegener Zivilisationen neue Blütezeiten hervorzubringen vermochten.
Das Flugzeug zieht vor der Landung eine Kurve über den hell in der Sonne leuchtenden Kuppeln der Moscheen von Shiras. Es sollen ihrer mehr als fünfzig sein. Nach der Hitze in Abadan ist die frische Luft, mit der der Hohe Iran den Reisenden empfängt, ein Genuß. Der Dichter Hafiz hat diese herrliche Luft in vielen Gedichten gepriesen. Für die makedonischen Soldaten, von denen die meisten im Gebirge großgeworden waren, muß dieses Klima eine angenehme Überraschung gewesen sein. Noch im Dezember ist die Luft in Shiras milde. Die Stadt liegt in einer Höhe von siebzehnhundert Metern auf dreißig Grad Nord. Das ist der Grad von Kairo. Die tellerflache Hochebene, in deren Mitte Shiras liegt, ist rings von Felsengebirgen umgeben, deren Kuppen bis weit in den Sommer hinein von Schnee bedeckt sind. Blickt man sich in dieser Landschaft um, erscheint sie karg genug. Jetzt im Hochsommer, da die Felder abgeerntet sind, ist die Farbe der Landschaft Braun in Grau. Wer aber, nach achtzehn Tagen im Sattel eines Maulesels, Steilhänge hinauf- und hinabkletternd, auf die in der Tiefe bleichenden Knochen abgestürzter Tiere hinunterblickend, von Datteln lebend, nachts marschierend, am Tage im Zeltlager von Fliegen und Flöhen geplagt, bei aufgehender Sonne über den Paß kam und unten vor sich die Oase Shiras liegen sah mit dem Smaragdgrün ihrer von Lehmmauern beschützten Gärten und dem Blau und Gold der Kuppeln ihrer zahllosen Moscheen, hatte wahrhaftig guten Grund, in die Knie zu sinken, um Allah zugleich für die Schönheit der Welt und für seine Errettung zu danken.
Shiras ist tausend Jahre später als Persepolis gegründet, und ehe es seine volle Blüte erreichte, verging ein weiteres Jahrtausend. Die Zeit des höchsten Glanzes der Stadt fällt in das 14. Jahrhundert unserer Zeitrechnung. Damals stand Shiras mit Bagdad, Kairo und Damaskos im Wettstreit. Es war die Stadt der Paläste und der Gärten, der Rosen und der Nachtigallen. Es war die Stadt der Moscheen und der Poesie. Von der glänzenden Reihe persischer Dichter von Firdusi bis Omar Chaijam, die in die Weltliteratur eingingen, sind zwei, Sa'adi und Hafiz, in Shiras geboren und begraben. Ihre Mausoleen werden hoch verehrt. Schöner ist, daß jeder Kameltreiber in diesem Lande ihre wunderbaren Verse abends am Feuer zu zitieren weiß.

Die Eroberung des Achaimenidischen Reiches durch Alexander den Großen ist eine dem Westen vertraute Epoche. Dann hat man noch etwas von dem den Persern verwandten Reitervolk der Parther gehört, die sich Philhellenoi, Griechenfreunde, nannten, den Römern aber schwer zu schaffen machten. Crassus wurde im Jahre 53 vor Christi Geburt in der Schlacht von Carrhae, dem Haran Abrahams, von den Parthern besiegt und getötet, obwohl er eine Streitmacht hatte, welche größer war als die, mit der Alexander ausgezogen war, ein Vielfaches des Partherreiches zu erobern. Dann hört man noch von einem Kaiser Valerianus, der von den Persern besiegt und gefangengenommen wurde und damit aus der Geschichte verschwindet. Das war im Jahre 260 nach Christi Geburt. Und schließlich weiß man noch von Iulianos Apostates, dem letzten Heiden auf dem römischen Kaiserthron. Auch er wurde von den Persern besiegt und starb, nur zweiunddreißig Jahre alt, noch auf dem Schlachtfeld. In einem Felsrelief in der Nähe von Kermanshah ist er dargestellt, unter den Füßen König Shapurs II. liegend, der triumphierend über seiner Leiche steht. Der Kopf dieses unglücklichen Kaisers macht den Eindruck eines Portraits. Jedenfalls hat sogar der Sieger ihn mit einem langen, feinen, durchgeistigten Gesicht dargestellt. Sein Sarkophag steht im Garten des Archäologischen Museums von Konstantinopel. Aber was nun eigentlich die Parther und danach die sasanidischen Perser befähigt hat, römische Legionen zu besiegen, die doch an militärischer Leistungsfähigkeit der makedonischen Phalanx Alexanders des Großen eher überlegen waren, davon weiß man bei uns wenig. Hier beginnt die Geschichte Persiens dem Blickfeld des gebildeten Europäers zu entschwinden.

Einer der Gründe für diesen Blickfeldausfall in unserem geschichtlichen Horizont ist die europäische Arroganz, zu glauben, daß alle wichtigen Dinge sich bei uns ereignet hätten. Allerdings, im Rhythmus der Auseinandersetzung der Mächte des Westens mit den Mächten des Ostens hat der Iran einige Jahrhunderte gebraucht, bis er sich politisch von der Eroberung durch Alexander erholt hatte. Doch ist gerade diese Zeit geistesgeschichtlich für Persien von Bedeutung gewesen. Von Alexander bis zum Beginn der sasanidischen Renaissance gehörte der Iran zur hellenistischen Welt. Das persische Denken gewann jene Beweglichkeit, welche dazu beitrug, dieses Volk in seiner weiteren Geschichte zu immer neuen schöpferischen Leistungen höchsten Ranges zu befähigen.

In der gleichen Weise wie im Mittleren Orient hat der Hellenismus auf die Völker des Vorderen Orients gewirkt. Während jüdische Literatur ins Griechische übersetzt wurde, übertrugen syrische Gelehrte die Werke der griechischen Philosophen in ihre Sprache. Da Syrisch ein semitischer Dialekt ist, wurde es zur Brücke vom Griechischen zum Arabischen. Die Araber haben später ihren Aristoteles und viele andere griechische Werke nicht aus dem Griechischen, sondern aus dem ihnen leichter zugänglichen Syrischen ins Arabische übertragen. Bei dem Zusammentreffen des Islams mit der Tradition des Irans waren beide Partner, sowohl der semitische des Vorderen Orients, die Syrer und die Araber, als auch der indoeuropäische des Mittleren Orients, die Perser, vom Hellenismus tief geprägt.

Ausgehend von einer Wiederaufnahme achaimenidischer Überlieferungen und wiederum in der Landschaft Persis beginnend, entstand im 3. Jahrhundert nach Christi Geburt das Reich der Sasaniden, das bis zum 7. Jahrhundert dauerte. Mit den Sasaniden brach Asien erneut als Faktor der Macht in die Mittelmeerwelt ein. Byzanz hat schwere Kämpfe mit den Sasaniden zu bestehen gehabt. König Chosroës II. eroberte Palästina und raubte aus der Grabeskirche in Jerusalem das Kreuz Christi. Der Tag, an dem Kaiser Heraklios von Byzanz nach einem Sieg über Chosroës das Kreuz nach Jerusalem zurückbrachte, wird noch heute als Fest der Kreuzerhöhung sowohl in der Katholischen wie in der Griechisch-Orthodoxen Kirche gefeiert. Und übrigens erscheint erst von diesem Zeitpunkt an das Zeichen des Kreuzes auf den Münzen von Byzanz. Doch haben die nur selten unterbrochenen Kämpfe um die Macht weder die byzantinischen Kaiser noch die persischen Könige gehindert, sowohl einen lohnenden Handel als auch einen lebhaften Austausch geistiger Güter zu betreiben. So ist zum Exempel das persische Hofzeremoniell Vorbild des byzantinischen geworden und auf diesem Wege an die europäischen Höfe gelangt. Daß bei der Krönung der Königin Elisabeth von England der feierliche Augenblick, da sie mit dem heiligen Öl gesalbt wird, den Blicken der Zuschauer entzogen wurde, ist ein Tabu, das auf die Sasaniden, wenn nicht sogar noch auf die Achaimeniden zurückgeht.
Von der Sorge um die wachsende Macht der Perser wurde Byzanz erst durch die Araber befreit, welche Persien eroberten, wobei Byzanz freilich keinen anderen Gewinn hatte, als einen gefähr-

lichen gegen einen noch gefährlicheren Gegner einzutauschen. Aber auch diese militärische Niederlage mit ihren Verheerungen, welche die durch Alexanders Eroberung verursachten weit übertrafen, haben die Perser in einer Pause von wiederum etwa dreihundert Jahren überwunden. Das Persische begann sich des Arabischen zu bemächtigen. Zahlreiche arabische Wörter drangen in die persische Sprache ein. Endlich ging man dazu über, das Persische in der arabischen Schrift zu schreiben. Der gar nicht abzuschätzende Vorteil dieser Maßnahme war, daß persische Bücher nunmehr von Spanien bis Indien gelesen werden konnten. So wie aus dem Einbruch der Antike in den Osten der Hellenismus entstand, entwickelte sich etwa zur Zeit Ottos des Großen, also zweihundert Jahre vor dem ersten Kreuzzug, aus dem Zusammenstoß zwischen dem arabisch-semitischen Islam und dem indoeuropäischen Iran die Blüte der persischen Kultur des Mittelalters, der wir so unendlich viel mehr zu verdanken haben, als wir aus unseren Schulbüchern jemals erfahren werden.

Das Persische gewann in der weiteren Entwicklung ein so großes Übergewicht über das Arabische, daß Richard Frye, der amerikanische Iranist, diesem Kapitel seiner Geschichte Persiens die schöne Überschrift gibt »Persien erobert den Islam«. Frye legt diesem Vorgang große Bedeutung bei. Die iranische Zivilisation habe für den Islam dieselbe Vermittlerrolle gespielt wie die griechische Zivilisation für das Christentum. Erst der Genius des Iran hat den Islam weltfähig gemacht.

Welche Rolle sogar in dem »von Persien eroberten Islam« das griechische Element noch immer spielte, mag ein Beispiel zeigen. Eine uns erhalten gebliebene Pharmakopoë, eine Arzneimittellehre des Abu Mansur Muvaffaq ibn Ali aus Herat in Afghanistan, wird in der Encyclopædia Britannica, einem doch gewiß höchst nüchternen wissenschaftlichen Werk, als ein Bindeglied zwischen der griechischen und der indischen Medizin bezeichnet. Auch die Medizin hatten die Araber von den Griechen übernommen, und diese griechisch-arabische Medizin wiederum übernahmen die Perser. Sie entwickelten sie weiter, und so gelangte schließlich auf dem Weg über Damaskos, Spanien und Sizilien altgriechisches Geistesgut an uns zurück.

Der kurze Blick auf das, was sich in dem von Alexander eroberten Iran in späteren Jahrhunderten abspielen sollte, zeigt, daß es für das Experiment einer Verschmelzung zwischen Ost und West gar kein besseres Feld hätte geben können als Persien. Es wäre von wenig Nutzen gewesen, wenn Alexander die hellenische Bildung in ein kulturloses Fellachenland gebracht hätte. Nur weil der alte Achaimenidische Iran selbst eine Hochkultur war, konnte jene Aera funkelnder Geistigkeit, jener Hellenismus entstehen, zu welchem der Osten ebensoviel beigetragen hat wie der Westen, der Besiegte ebensoviel wie der Sieger. Generationen lang war das, was der Sieger verwirklichte, der Traum der Besiegten gewesen. Alexander hat sich selbst auch durchaus als den historischen Erben der Achaimeniden empfunden. Diesem Gefühl gab er beim Tode des Dareios in einer ergreifenden Geste von königlicher Noblesse Ausdruck.

Persepolis ist von Shiras durch ein kleines Gebirge getrennt, das man auf einem etwa zweitausenddreihundert Meter hohen Paß überschreitet. Die neue Autostraße, die Shiras mit Isfahan und dem fernen Teheran verbindet, benützt bis Persepolis und Pasargadai, auf einer Strecke von ungefähr hundertachtzig Kilometern, den alten Karawanenweg. Aber Autos sind nicht, wie Schafe, an Wasserstellen gebunden. Der weitere Verlauf der neuen Straße führt streckenweise durch Gebiete, die früher kaum jemals eines Menschen Fuß betreten hat.
Hat man das Gebirge überschritten, gelangt man auf die Ebene von Mervdasht, an derem östlichen Rand Persepolis liegt. Die wasserreiche, fruchtbare Hochebene ist von Felsgebirgen umgeben, deren schroffe Konturen den Horizont begrenzen. Zuweilen erhebt sich, ein paar hundert Meter hoch, mitten in den Felsen ein steiler, gezackter, mit nur wenig Gebüsch bestandener grauer Fels. Leuchtend weiße Wolkenschiffe, scharf konturiert und zu barocken Formen geballt, ziehen vom Morgen bis zum Abend über den hohen Himmel, ihre Schatten über die Erde dahin. Das ist keine liebliche, das ist eine heroische Landschaft. Das ist die Persis, aus deren strenger Schönheit das erste Weltreich der Geschichte hervorgegangen ist.
Die Straße, die zur ehemaligen Residenz der Achaimeniden führt, ist so angelegt, daß man, von Westen kommend, die letzten Meilen schnurgerade auf den Berg zufährt, an dessen Fuß die Bauten von Persepolis auf ihrer Felsbastion liegen. Der Berg hat den beziehungsreichen Namen Kut-i-Rahmat, »Berg der Gnade«. Auch hier wieder wäre es sicher ein Gewinn, nähme man ein Pferd, zwei Stunden lang dem Berg der Gnade entgegenzureiten. Zweihundert Jahre lang sind die Satrapen und die Fürsten der

unterworfenen Völker aus den südlichen Teilen des Reiches diesen Weg entlanggeritten, im Herzen zu Ahuramazda betend, der Großkönig möge ihre Gaben heiter, ihre Sünden leicht, ihre Ehrerbietung gnädig aufnehmen.

Im Näherkommen erkennt man die gewaltige Mauer, welche, von der Ebene aus hochführend, die Felsbastion von Persepolis rings begrenzt. Sie wird überragt von den noch stehenden dreizehn Säulen des Apadana, der Audienzhalle des Königs. Links davon stehen die Reste eines mächtigen Tores, rechts davon die dunklen Wände des Palastes Dareios' des Großen. Der Platz ist vorzüglich gewählt, das zu verwirklichen, was Dareios' Absicht war, der Macht seines Weltreiches ein Denkmal zu setzen. Daß der Platz mit Absicht und Überlegung gewählt wurde, geht auch daraus hervor, daß die Archäologen unter der achaimenidischen Schicht keine Spuren älterer Niederlassungen fanden, obwohl die Hochebene selbst, wie die Ausgrabungen vorgeschichtlicher Hügel in der Nähe von Persepolis ergaben, schon im 5. vorchristlichen Jahrtausend besiedelt war.

Die Felsbastion, auf der die Bauten von Persepolis errichtet wurden, ist dem Kut-i-Rahmat vorgelagert. Sie hat etwa dieselbe Länge wie die Akropolis, ist aber drei- bis viermal so tief. Ursprünglich ist die Bastion wohl nur eine kleine Felskuppe gewesen. Durch die aus riesigen Blöcken gefügte Mauer und entsprechende Aufschüttungen wurde der Felsen in eine Festung mit drei Terrassen von verschiedener Höhe verwandelt. Der Zugang zu dieser Festung ist eine in die Mauer eingelassene majestätische Doppeltreppe. Die beiden Treppenläufe steigen von einer gemeinsamen Plattform am Fuß der Mauer rechts und links auf, wenden sich auf je einer kleineren Plattform auf halbem Wege und treffen sich wieder in Höhe des oberen Randes der Mauer auf einem Platz vor dem Tor des Xerxes, von dem noch die beiden mächtigen Seitenmauern stehen. Die Stirnseiten des Tores sind mit zwei Stieren geschmückt, die mit furchteinflößender Strenge den Besucher empfingen. Die Stufen der Treppe sind fast sieben Meter breit und achtunddreißig Zentimeter tief, aber nur zehn Zentimeter hoch. Sie angesichts der weiten Landschaft hinaufzusteigen, vermittelt ein wunderbar schwebendes Gefühl. Es ist eine der großartigsten Treppen, die es auf der Welt gibt.

Vom Tor des Xerxes, an dessen Innenseite noch die niedrigen Marmorbänke erhalten sind, auf denen die Besucher des Königs, fröhlich oder besorgt, auf ihre Audienz warteten, geht man durch eine zur Seite sich öffnende Pforte über einen freien Platz auf die Audienzhalle, das Apadana, zu. Es liegt etwas höher als der freie Platz. Eine Treppe führt zu ihm hinauf. Alle Niveauunterschiede der drei vorhin erwähnten Terrassen werden durch solche Treppen überwunden. Auch diese Treppen, ebenfalls doppelläufig, sind großzügig angelegt, und deren Balustraden nun sind geschmückt mit jenen berühmten fortlaufenden Reliefs, Meisterwerken der achaimenidischen Kunst, in denen dargestellt ist, wie die unter der Herrschaft des Großkönigs stehenden Völker ihre Tribute aus allen Gegenden der Welt darbringen. In die Fläche der Dreiecke unter den Treppen rechts und links ist ein Stier eingemeißelt, der, von einem Löwen angesprungen, auf der Hinterhand zusammenbricht. Die Darstellung ist das Symbol eines alten asiatischen Mythos. Der Löwe des Sonnengottes besiegt den Stier der Finsternis.

Die einzelnen Figuren der Reliefs sind durch kleine Merkmale voneinander unterschieden, welche es dem Scharfsinn der Archäologen möglich machten, festzustellen, zu welcher Völkerschaft eine jede der Figuren gehört. Zählte man sie auf, es wäre eine eindrucksvolle Zusammenstellung. Es gibt dabei Einzelheiten, die recht amüsant sind. Die entfernteste der Völkerschaften, das an der Quelle des Nil wohnende Volk der Aethiopier, überbringt dem Großkönig ein goldenes Gefäß, den Stoßzahn eines Elefanten und eine Giraffe. Der Künstler, dem diese Szene zu meißeln aufgetragen war, hatte aber offenbar noch niemals eine Giraffe gesehen. Was er, auf Beschreibungen angewiesen, zustande brachte, ist denn auch nicht mehr als ein größerer, nach hinten schräg abfallender Esel mit einem etwas zu langen Hals. Die wirkliche Länge eines Giraffenhalses ist ja in der Tat auch einer der unglaublichsten Einfälle der Natur.

Die Reliefs, die die Treppen und die Wände der Paläste in Persepolis schmücken, stehen in ihrem künstlerischen Rang spätarchaischer griechischer Kunst in nichts nach. Sie sind von der gleichen strengen unpersönlichen Schönheit. Aber vom Ende des 6. Jahrhunderts an nahmen die Dinge in Hellas und im Iran einen überraschend unterschiedlichen Verlauf. In Hellas vollzieht sich der Übergang von der spätarchaischen zur klassischen Kunst, eines der großartigsten Phänomene der ganzen Kulturgeschichte. Bei den Persern hingegen gibt es keine von der achaimenidischen Kunst von Persepolis ausgehenden Impulse. Der Grund ist, daß die Perser bei dem Aufbau ihres Weltreiches wohl einen eminenten politischen Elan aufbrachten, aber keinen in die Zukunft weisenden künsterischen Elan entwickelten. Daß vierhundert Jahre nach dem Ende der achaimenidischen Plastik ihre Motive in der persischen Kunst wieder auftauchen, ist zwar ein Beweis dafür, daß die kulturelle Kontinuität niemals vollständig unterbrochen war, aber mit der sasanidischen Renaissance begann doch eine durchaus neue Epoche. Es ist interessant zu hören, was Herzfeld, der Iranist und Archäologe, der sicherlich einer der wohlwollendsten Freunde der persischen Kultur ist, zu dieser Sache sagte. »Die Perser waren zu der Zeit, als sie in den Iran einwanderten, eine frische und junge Nation. Man würde erwarten, daß sie eine im Westen noch junge und neue Kunst geschaffen hätten. Das ist aber nicht der Fall gewesen. Sie machten sich die Kunst des Alten Orients zu eigen, und zwar in der Phase, die im Iran am Beginn des ersten Jahrtausends vor Christi Geburt erreicht war. Sie folgten der Richtung, welche diese Kunst schon immer genommen hatte, und damit allerdings erreichten sie Resultate von unvergleichlichem Glanz. Aber das war keine junge Kunst, welche die Keime zu einer langen und großen Zukunft enthalten hätte; das war eine alte Kunst, die letzte fast der Entwicklung des Alten Orients, eine Kunst absolut ohne Zukunft.«

Betritt man das Apadana, ist man beeindruckt von seiner Größe. Auf der Fläche, die das Gebäude einmal einnahm, stehen die dreizehn Säulen, welche man von weitem schon sehen konnte. Sie haben die erstaunliche Höhe von zwanzig Metern. Die mittlere Höhe der Säulen des Parthenon in Athen beträgt nur knapp zehneinhalb Meter. Vor dem Apadana liegt ein geräumiger Vorplatz, der, beschützt von jetzt verschwundenen Seitengebäuden, von nirgendher eingesehen werden konnte. Von hier aus hatte der Großkönig einen weiten Blick über die Ebene bis hin zu den Bergen, welche sie im Süden begrenzen. Unten um die Mauer herum lag eine Stadt, welche, wie einige ausgegrabene Grundrisse von Palais und Villen zeigen, sehr prächtig gewesen sein muß. Die weite Ebene bot Platz genug, daß der Großkönig die Streitmacht des ganzen Reiches unter seinen Augen versammeln konnte.
Neben dem Apadana erheben sich die Reste des Palastes Dareios' I. dessen Front nach Süden gerichtet ist, dahinter die des Palastes des Xerxes. Hinter dem Apadana, durch einen weiten

Hof getrennt, liegt die »Halle der Hundert Säulen«, in der die großen Feste gefeiert wurden. Von den hundert Säulen sind nur noch die Basen übriggeblieben, diese aber merkwürdigerweise in schöner Vollständigkeit.
Gewaltige Mengen Erde haben die Archäologen wegschaffen müssen, um all diese Kostbarkeiten freizulegen. Wie aus einer auf Tontäfelchen festgelegten Abrechnung eines Zahlmeisters hervorgeht, waren die Arbeiter, die Persepolis bauten, ein wenig besser bezahlt als die, welche den Schutt der Jahrhunderte wieder wegräumten. Bei den Grabungen fanden die Archäologen auch die in einen Steinkasten eingeschlossene 4998 Gramm schwere goldene Tafel, die Dareios der Große bei der Grundsteinlegung von Persepolis eigenhändig in die Tiefe versenkt hatte. Der Text, in Keilschrift geschrieben, ist in elamischer, altbabylonischer und persischer Sprache abgefaßt. Daß er noch heute lesbar ist, verdankt der Perserkönig dem König der Makedonen. Die Wissenschaft, die das Meisterstück zuwege brachte, die im Laufe der Jahrhunderte vollständig in Vergessenheit geratene Keilschrift zu entziffern, hat ihre Wurzeln in jener Welt des Hellenismus, in der so viele Gebiete der Forschung ihre erste Blüte erlebten.
Diese ganze großartige alte Pracht eines Weltreiches hat Alexander der Große in Flammen aufgehen lassen. Ob er das nur zugelassen oder ob er es befohlen hat, ist eine Frage, die seit dem Altertum mit Erbitterung diskutiert wird. Bedeutung hat sie hauptsächlich für die Beurteilung von Alexanders Charakter.

Für die Perser ist Alexander »ein betrunkener Barbar«, der die Herrlichkeit der achaimenidischen Königsburg in Brand steckte. In dieser Strenge enthält die Meinung der Perser ein Körnchen geschichtlicher Ironie insofern, als der betrunkene Barbar gerade derjenige war, der es den Griechen abgewöhnte, die Perser als Barbaren zu betrachten. Aber man kann den Persern dieses Urteil nicht übelnehmen. Können sie sich dabei doch auf Plutarch berufen.
Plutarch erzählt, daß bei einem Gastmahl in der Halle der Hundert Säulen Thaïs, eine wunderschöne Athenerin, die Geliebte des Ptolemaios Lagou, die er später nach Aegypten mitnahm, in vorgeschrittener Stunde Alexander aufgefordert habe, den Palast des Königs Xerxes, der einst Athen und die alten Tempel auf der Akropolis verbrannt hätte, in Asche zu legen.

Daß der König der Makedonen in einer politisch so wichtigen Sache einer vom Wein erregten Hetäre gefolgt sei, mag sie noch so schön und gescheit gewesen sein, beweist allein schon, daß das eine Fabel ist. Die Quellenkritik hat denn auch nachweisen können, daß diese Schilderung des Vorfalls eine Legende ist, deren Entstehung in eine spätere Zeit fällt.
Sicher ist überhaupt nur eines, nämlich daß es gebrannt hat. Das Feuer ist so mächtig gewesen, daß einige der riesigen steinernen Säulenbasen in der Halle der Hundert Säulen gesprungen sind. Im benachbarten Palast des Dareios sind Brandspuren nicht festzustellen, ein Sachverhalt, welcher die Wahrscheinlichkeit erhöht, daß die Überlieferung, Alexander habe sehr bald zu löschen befohlen, der Wahrheit entspricht.
Freilich, auch in der Legende von der fackelschwingenden Hetaere Thaïs steckt, wie in jener Legende, ein Körnchen Wahrheit. In der Tat hatte Xerxes Athen und die Tempel auf der Akropolis zerstört. Es galt also, die Götter zu versöhnen, und es galt, was fast ebenso wichtig war, die Toten im Hades zu versöhnen.
Man kann aus der Sicht einer saekularisierten Welt, die nicht mehr an Götter, sondern an Physikprofessoren glaubt, das Gewicht solcher Motive nur schwer bestimmen. Dem Motiv der Versöhnung der Götter und der Toten hätte natürlich eine Einäscherung von Susa ebensogut entsprochen. Nur hätte das nicht die gleiche Wirkung gehabt. Die seit zweihundert Jahren in den Seelen der Untertanen des Großkönigs verankerte Anhänglichkeit an das angestammte Herrscherhaus mußte einen vernichtenden Schlag bekommen, wenn durch die Lande die Kunde lief, Persepolis, die Stadt geheiligter Überlieferungen, die Gräber der großen Herrscher der Vergangenheit und Pasargadai, die Krönungsstadt, seien in der Hand des Feindes. Durch nichts hätte Alexander den Lauf des Gerüchtes mehr beschleunigen können als durch die unerhörte Sensation des Brandes.
Der Brand von Persepolis war die Fackel, die Alexander über Asien entzündete, den fernsten Völkern in den Steppen, Wüsten und Gebirgen des großen Reiches, die bisher dem König der Könige untertan gewesen waren, zu verkünden, daß Ahuramazda, der große Gott, dem Herrscherhaus der Achaimeniden seine Gnade entzogen habe, und daß er, Alexander von Makedonien, den Sieg errungen habe und der Erbe der Macht sei.

Nach dem Sieg von Gaugamela trat in den Entschlüssen Alexanders eine Verzögerung ein, die sich nicht ganz leicht erklären läßt. Alexanders Maßnahmen waren stets so scharf durchdacht und ihren Absichten so genau angepaßt, daß wir, wenn sie uns nicht angemessen und zweckmäßig erscheinen, Vermutungen darüber anstellen müssen, ob nicht Motive vorlagen, die zunächst für uns nicht erkennbar sind.
Alexander war, ehe er nach Susa aufbrach, vier Wochen in Babylon geblieben. Das mochte notwendig gewesen sein, damit die Truppe sich erholte. Aber auch in Susa ließ er eine ganze Zeit verstreichen, bevor er sich entschloß, das Zagrosgebirge zu überschreiten. Nicht nur, daß währenddessen der Winter immer näher kam und damit die militärischen Bedingungen für einen Übergang über das Gebirge von Woche zu Woche schlechter wurden, es war auch der schwierigste der möglichen Pässe, den Alexander für den Übergang wählte. Zudem wurde dieser Paß von einem fähigen und tapferen General des Dareios, dem Satrapen Ariobarzanes, verteidigt. Es wäre für Alexander einfacher gewesen, nach dem Norden zurückzukehren und von Babylon aus auf Ekbatana vorzustoßen. Die Passage von Bisutun, der Herzfeld den schönen Namen »Tor von Asien« gegeben hat, führt durch einen viel weniger schroffen, viel weniger schwierigen Teil des Gebirges. Sie wäre mit geringerer Antrengung zu durchbrechen gewesen, als der Paß im Süden sie erforderte.
Vielleicht zögerte Alexander in Babylon und in Susa, weil er auf ein erneutes Friedensangebot des Dareios wartete. Die beiden ersten Angebote hatten unter Bedingungen gestanden, unter denen Alexander seinen eroberten Besitz nicht für ausreichend gesichert ansehen konnte. Das mächtige Zagrosgebirge als Grenze gegen das Persische Reich wäre für den Makedonenkönig akzeptabel gewesen. Für den Perserkönig war es nach Gaugamela eine weitaus dringlichere Angelegenheit, die Beziehungen zu dem schier unüberwindlichen Gegner friedlich zu regeln, als nach Issos, zwei Jahre vorher. Die Bedingung Alexanders, welche seinerzeit die Verhandlungen zum Scheitern gebracht hatte, daß Dareios sich ihm unterwerfen solle, war für den von seinen stolzen Satrapen umgebenen Großkönig nach wie vor unannehmbar. Aber Alexander konnte das so sicher nicht wissen. In den Vorstellungen, die seine großmütige Seele von der Anerkennung

seiner Oberhoheit durch einen besiegten Feind hatte, gab es nichts, was die Ehre des Betroffenen gefährdet hätte. Später in Indien hat Alexander mit einem der mächtigen Rajahs des Punjab, König Poros, noch auf dem Schlachtfeld Freundschaft geschlossen. Alexander wäre souverän genug gewesen, mit dem Perserkönig ein ähnliches verständiges Arrangement zu treffen.

Die Frauen des Großkönigs waren von Alexander, ganz im Gegensatz zu den Kriegsbräuchen der Hellenen, mit Noblesse behandelt worden. Er hatte ihnen die Mittel zur Verfügung gestellt, die persischen Gefallenen ehrenvoll zu bestatten. Er überließ ihnen in Susa den königlichen Palast. Gegen die Bevölkerung war Alexander voller Wohlwollen. Die Truppe durfte sich keinerlei Ausschreitungen erlauben. Es mag nicht immer und überall fein zugegangen sein, aber wenn Alexander von Brutalitäten oder Vergewaltigungen erfuhr, strafte er streng. Die mit Krieg so unausweichlich gekoppelte Anarchie beseitigte der König in kürzester Frist. Dieser Sieger muß auf die Besiegten einen merkwürdigen Eindruck gemacht haben. Er dürfte ihnen unheimlich vorgekommen sein, weil sie nicht »sofort erfuhren, was sie fürchteten«. Auch in seinem Verhalten gegenüber den fremden Göttern zeigte Alexander eine des Kyros würdige Großmut. Er befahl, den von Xerxes zerstörten Tempel des Gottes Marduk in Babylon wieder aufzubauen. Vielleicht war Dareios überhaupt der erste, der Alexander mit Kyros, seinem eigenen großen Ahnen, verglich und bemerkte, welch eigentümliche Verwandtschaft zwischen den beiden Eroberern bestand. Daß Dareios eine hohe Meinung von Alexander hatte, geht aus einem uns überlieferten Ausspruch hervor, den der Perserkönig zu dem Soldaten machte, der ihn kurz vor seinem Tode fand. In keinem Punkt steht das, was Alexander nach der Besetzung Mesopotamiens und Elams unternahm, im Widerspruch zu der Annahme, daß er die Möglichkeit eines Kontaktes mit Dareios offenhalten wollte. Es mag auch dem Schüler des Aristoteles gelegentlich der Gedanke gekommen sein, ob nicht sein Wissensdrang von einem makedonisch-persischen Bündnis weit mehr zu erhoffen hatte als von einer in ihrer Zeitdauer nicht abzuschätzenden Fortsetzung des Krieges. Dareios hätte jeden Tag die Verbindung mit dem Makedonenkönig wiederaufnehmen können.

Er hat es nicht getan.

Während die graue Felslandschaft der Persis sich mit dem Grün des Frühlings zu schmücken begann, unternahm Alexander einen kleineren Feldzug zur Eroberung Karmaniens. Diese Satrapie lag zwischen der Persis im Westen und der Salzwüste Lut im Osten. Bei einem flüchtigen Blick auf die Karte sieht es aus, als ob es nicht viel Sinn gehabt habe, dieses Stück Land zu erobern, so abseits ist es gelegen. Da man aber bei Alexander sich nicht vorstellen kann, daß er um eines unbedeutenden Nebenzieles willen die große Entscheidung verschoben hätte, muß auch diese Aktion einen Grund gehabt haben. In der Tat, quer durch Karmanien ging ein Karawanenweg, der über den Mullapaß zum Unterlauf des Indus führte. Daß Alexander schon damals den Verlauf des indischen Feldzugs vorausgesehen hätte, ist natürlich unmöglich. Aber daß er eine Verbindung, die nicht mehr darstellte als eine vielleicht in irgendeiner Zukunft nützliche Chance, auf jeden Fall militärisch sicherte, ist einmal mehr ein Beweis dafür, wie sehr Alexander auf Sicherheit ausging, wo immer ihm das möglich war. Einen Teil seines Heeres unter Krateros hat der König später tatsächlich von Indien aus über den so frühzeitig gesicherten Mullapaß nach Karmanien geschickt. Für ihn selbst wurde das Land zur Auffangstellung für den von ihm geführten Teil des Heeres, der vom Indusdelta aus, als Flankendeckung für die nach Westen segelnde Flotte des Nearchos in Küstennähe marschierend, durch die Wüste Makran nach Gedrosien und Karmanien zog.

Was sich während dieses Feldzuges im Frühjahr 330 am Hofe des Dareios abgespielt hatte, erfuhr Alexander später durch Melon, den griechischen Dolmetscher des Großkönigs, der während der Verfolgung des Dareios den Makedonen in die Hände fiel. Dieser Mann sagte nach seiner Gefangennahme aus, daß es der Plan der noch bei Dareios verbliebenen Fürsten sei, gegen die Zusicherung der Unabhängigkeit ihrer Reiche im Osten und Nordosten des Iran den Großkönig an Alexander auszuliefern. Die Intrige, die schließlich zur Ermordung des Dareios durch seine letzten Anhänger führte, hatte in Ekbatana begonnen. Diese seine schon nicht mehr zuverlässige Umgebung dürfte es auch gewesen sein, die Dareios daran gehindert hat, noch einmal mit Alexander in Verbindung zu treten.
Im Juni 330 endlich schob Alexander alle politischen Überlegungen beiseite. Mit dem ausgeruhten Heer brach er nach Nor-

den, nach Medien, auf. Seine Hoffnung war, unter den Mauern des Goldenen Ekbatana, von dessen Pracht und Herrlichkeit man sich die wunderbarsten Dinge erzählte, in einer letzten Schlacht die letzte Entscheidung herbeizuführen. Aber ein so glorreicher Abschluß des persischen Feldzuges stand nicht in den Sternen. Dareios hatte es, trotz der Atempause, die Alexander ihm vergönnt hatte, nicht zuwege gebracht, seine Streitkräfte so weit zu vermehren, daß er seinem furchtbaren Gegner auch nur mit einiger Aussicht auf Erfolg hätte entgegentreten können. Als Alexander vor der königlichen Residenz Ekbatana eintraf, erfuhr er, daß Dareios fünf Tage vorher die Stadt verlassen habe und gen Osten geflüchtet sei.

Was wohl hätte bei dem geringen Abstand zu dem flüchtenden Feind näher gelegen, als noch am selben Tag die Verfolgung aufzunehmen! Aber das, was jedermann hier erwartet, gerade das tat Alexander nicht. Er war von Persepolis nach Ekbatana aufgebrochen, die Entscheidungsschlacht zu liefern. Nachdem als Folge der unerwarteten Flucht des Dareios dieser Plan gescheitert war, hatte sich die gesamte operative Lage von Grund auf verändert. Alexander mußte damit rechnen, daß die Verfolgung des Dareios bis in die östlichsten Länder des Achaimenidischen Reiches führen werde. Er konnte nicht voraussehen, daß Dareios ermordet werden würde, bevor er Baktrien, die letzte Bastion, die ihm noch eine Verteidigung ermöglicht hätte, sein Reduit sozusagen, erreicht hatte. Auch mußte der König erwägen, daß er nunmehr sein junges Reich für lange Zeit würde allein lassen müssen. Er wäre nicht der große Meister der militärischen und politischen Strategie gewesen, wäre er aufgebrochen, ohne die Basis Ekbatana auf das sorgfältigste zu sichern. So ungestüm nachher die Verfolgung des Dareios war, Alexander besaß die Disziplin, den neuerlichen Aufbruch zu verschieben, bis alles Notwendige geregelt war.

Mit dem Abmarsch Alexanders von Ekbatana nach Osten begann die fünfte Phase seiner Kriegsführung, die Phase der Vernichtung der Reste der achaimenidischen Macht. Es hieß, die Gebiete, die noch der Oberhoheit des Großkönigs unterstanden, zu besetzen und die letzten militärischen Kräfte des sterbenden Reiches auszuschalten. In ihrer operativen Idee war diese fünfte Phase einfacher, in ihrer Ausführung mühsamer als alles, was vorhergegangen war.

Schon mit der Eroberung der Persis und ihrer Königspfalzen war das Schicksal des Hohen Iran im Grunde entschieden gewesen. Was an Kriegführung noch folgte, war, so lange es auch immer dauerte, so groß die zu bewältigenden Räume, so mannigfaltig die erforderlichen Umwege sein mochten, nicht mehr als die konsequente Abwicklung einer Lage, aus der es niemals einen anderen Ausweg gab als den, welchen Alexander, man kann noch nicht einmal sagen, wählte, man muß sagen, welchen einzuschlagen die Tatsachen ihn zwangen. Das, was man Alexander so gern als eine irreale, eine romantische Ausschweifung seiner Phantasie zum Vorwurf macht und was, nach Meinung der Kritiker, nur ganz ungewöhnlicher Glücksumstände wegen nicht zu seinem Untergang geführt habe, die Feldzüge in Mittelasien und die Eroberung der Länder am Indus, gerade das ist Realpolitik gewesen.

Napoleon spricht einmal »von der unerbittlichen Herrin«, der Macht der Tatsachen. Die Macht der Tatsachen, der sich Alexander ausgesetzt sah, läßt sich in ihrer Zwangsläufigkeit aufzeigen. Geschah doch, was er unternahm, zum zweitenmal in der Geschichte. Alexanders Aktionen zur endgültigen Zerstörung der achaimenidischen Macht stehen in einer bemerkenswerten Parallele zu den Aktionen, mit denen Kyros der Große diese Macht einst begründet hatte. Beide sahen sich denselben Problemen gegenüber.

Wenn zwei große Staatsmänner, bedeutende und erfolgreiche Feldherren, in vergleichbarer Lage dasselbe beschließen und damit erfolgreich bleiben, ist nicht anzunehmen, daß die Quelle ihrer Entschlüsse romantische Träume waren. Der gleiche Entschluß hat im einen Fall, im Fall des Kyros, zu einem zivilisierten Weltreich von zweihundert Jahren Dauer, im anderen Fall, im Fall Alexanders, zu einer über fast denselben Raum sich erstreckenden und sogar noch etwas länger dauernden blühenden Epoche hohen kulturellen Ranges geführt. Für beide hat Ekbatana, die Wächterin am Tor Asiens, eine entscheidende Rolle gespielt. Sowohl Kyros wie Alexander haben ihre wichtigsten operativen Entschlüsse in dieser Stadt gefaßt. Sie betrafen die Grenzen, die sie ihren Eroberungen setzen wollten. Es waren dieselben Grenzen. Das ist Grund genug, den Ort einer so merkwürdigen Übereinstimmung zwischen zwei durch einen so langen Zeitraum getrennten Männern einer eingehenderen Betrachtung zu unterziehen.

Ekbatana, das heute Hamadan heißt, hat, wie Shiras, ein berühmt gutes Klima. Die Stadt liegt auf achtzehnhundert Meter Höhe am Fuß eines kleinen Hügels, von dem aus man einen weiten Blick in die Ebene gen Osten hat. Hinter der Stadt erhebt sich ein von Nordwest nach Südost verlaufender Kamm des Zagrosgebirges mit dem dreieinhalbtausend Meter hohen Alvand. Die Kuppen der Berge sind bis zum Frühsommer mit Schnee bedeckt. Die tieferen Hänge des Gebirges sind noch heute mit gemischtem Wald bestanden, ein im Hohen Iran seltener Anblick. Der Ort selbst ist umgeben von Gärten, Feldern und Obstplantagen, die mit Mauern und grünen Hecken gegeneinander abgegrenzt sind.

Gärten! Unser Wort Paradies ist das persische Wort für Garten. In einem Land der Kargheit, des Karstes, des Sandes, der unerbittlich sengenden Sonne, eisiger Winde, des ewigen trostlosen Wassermangels sind Gärten ein Traum von Frieden und Geborgenheit. Die landschaftliche Schönheit und die Tatsache, daß auch im Sommer die Luft an diesem Platz frisch ist, hat ihm die Ehre eingebracht, siebenmal die Hauptstadt größerer oder kleinerer Reiche gewesen zu sein.

Die ersten, die Ekbatana zu ihrer Hauptstadt machten, waren in der zweiten Hälfte des 7. Jahrhunderts vor Christi Geburt die Meder. Schon sie haben den Iran gegen die im Zweistromland herrschenden Assyrer verteidigen müssen. Den Medern folgten hundert Jahre später die Perser. Zur Römerzeit war Ekbatana eine der Kapitalen des Partherreiches, das die Römer, ebenfalls von Westen her, allerdings vergeblich angriffen. Danach wurde Ekbatana eine der Sommerresidenzen der wieder persischen Dynastie der Sasaniden. Um das Jahr 1000 nach Christi Geburt war Ekbatana eine Zeitlang die Hauptstadt der aus Innerasien gekommenen türkischen Seljuken, die später nach Anatolien weiterzogen. Ein Khan der Mongolen wurde in dieser Stadt gekrönt. Davor, dazwischen und danach ist Ekbatana noch einige Male erobert und dabei meistens auch zerstört worden von Kriegsvölkern, die, wie die Araber, den Schwerpunkt ihrer Macht außerhalb des Hohen Iran hatten.

Was die Ehre, siebenmal Hauptstadt gewesen zu sein, in Wahrheit wert ist, hat am besten der arabische Historiker Hamdullah Mustaufi beurteilen können, der im 14. Jahrhundert Hamadan besuchte und die ganze alte Stadt noch als ein riesiges Trümmerfeld vorfand. Selbst die Trümmer hat unterdessen die Erde ver-

schlungen, bis auf ein einziges, merkwürdiges Denkmal. Es ist der Torso eines gewaltigen steinernen Löwen. Das Denkmal steht auf einem kleinen Hügel vor der Stadt. Ursprünglich ist es ein sitzender Löwe gewesen. Er schmückte ein großes Tor, das im 10. Jahrhundert zerstört wurde. Dabei ist der Löwe arg verstümmelt worden. Die Vorderpranken brachen ab, und so liegt er, ein wenig unglücklich, auf dem Bauch.
Dieser Löwe wird von den Einwohnern Hamadans seit unvordenklichen Zeiten als ein magisches Unterpfand des Glücks ihrer Stadt betrachtet. Von den Frauen wird er als Fruchtbarkeitszauber verehrt. Als ihn einmal ein Eroberer wegbringen lassen wollte, kam es fast zu einem Aufstand. Nach all dem, was die Stadt erlebt hat, ist das Vertrauen des Volkes in die Schicksalsmacht des steinernen Löwen wahrhaftig ein rührendes Beispiel der Tapferkeit des menschlichen Herzens, welches niemals aufhören will, an die Zukunft zu glauben.
Um den Löwen von Hamadan ist lange der Streit gegangen, wohin er einzuordnen sei. Die einen erklärten ihn für ein Kunstwerk der Meder. Dann würde er ins 7. Jahrhundert vor Christi Geburt gehören. Andere hielten ihn für ein Werk der Parther aus dem 2. Jahrhundert vor Christi Geburt. Es ist aber in neuerer Zeit bei Amphipolis in Thrakien in der Mündung des Strymon ein Löwe aus dem Sand des Flusses gegraben worden, der, nach dem Vergleich mit einem auf Münzen Philipps II. abgebildeten Löwen, jedenfalls das Grabmal der bei der makedonischen Eroberung von Amphipolis Gefallenen war.
Luschey, mein archäologischer Freund in Teheran, demonstrierte mir an Hand seines Photomaterials an Ort und Stelle seine erstaunliche Entdeckung, daß der Löwe von Hamadan ein Bruder des Löwen von Amphipolis ist und daß beide einen dritten Bruder haben – den Löwen von Chaironeia! Die Ausmaße und gewisse kunsthistorische Merkmale beweisen es.
Der Löwe von Hamadan stammt also aus der zweiten Hälfte des 4. Jahrhunderts vor Christi Geburt. Er ist das einzige steinerne Zeugnis, das aus der Zeit Alexanders des Großen im Hohen Iran erhalten geblieben ist. Geht man abends bei Sonnenuntergang »zum Löwen hinaus«, kann man feststellen, daß der Träger dieser ehrwürdigen Überlieferung ein Liebling der Kinder ist. Es gehört zu den großen Vergnügungen der Knaben von Hamadan, auf dem Löwen zu reiten. Nur, daß sie nichts von Alexander wissen!

Nun wäre Ruhm freilich ein allzu flüchtiges Ding, wenn er allein auf steinernen Zeugen beruhte. In Hamadan steht noch ein anderes Denkmal des Ruhmes, das Mausoleum des 'Abu Ali al-Husain Ibn 'Abdallah Ibn Sina, der 980 nach Christi Geburt bei Buchara in Turkmenistan geboren wurde und 1037 mit siebenundfünfzig Jahren in Hamadan starb.
'Abdallah Ibn Sina war der bedeutendste Philosoph und der größte Mediziner der persisch-arabischen Kultur. In Europa hat man den schwer zu behaltenden Namen zu Avicenna latinisiert. Die Kenntnis der von Avicenna verfaßten Enzyklopaedie der Medizin, die auf griechische Quellen zurückging, ist nicht lange nach seinem Tode etwa zur Zeit der Kreuzzüge durch die spanischen Mauren nach Europa gelangt. So wurde altes Erbe der Antike von einem großen Gelehrten des Morgenlandes dem Abendland zurückgereicht.
Was Avicenna mit Alexander verbindet, ist, daß beide, obgleich ein Dutzend Jahrhunderte sie trennen, den gleichen Lehrer hatten. Im Alter von siebzehn Jahren lernte Avicenna die Metaphysik des Aristoteles auswendig. Die Tiefe der philosophischen Einsichten und die Spannweite der naturwissenschaftlichen Erkenntnisse Avicennas beruhen auf den gleichen Lehren, denen im Alter von siebzehn Jahren Alexander gelauscht hat. Ohne Alexander freilich hätte Avicenna wahrscheinlich nicht einmal den Namen des Aristoteles je zu hören bekommen. So ist das moderne, künstlerisch sehr eindrucksvolle Mausoleum, mit dem die Perser ihren größten Gelehrten ehren, zugleich ein Denkmal zu Ehren des größten Königs der Makedonen.

Die wichtigste Ursache für die so bewegte, so ruhmvolle und so schmerzliche Geschichte Ekbatanas, heute nur noch die bescheidene Kapitale eines Distrikts, ist seine Lage. Die Straße, die von Bagdad über Hamadan nach Osten führt, ist eine Hochstraße der Geschichte. Sie verbindet über einen bequemen Paß des Zagrosgebirges Mesopotamien mit dem Iran. Das aber heißt, daß sie die Welt des Mittelmeeres mit der Welt Asiens und Indiens verbindet. Es ist ein Stück jener Straße, die schließlich Rom mit Peking verbinden sollte – ein Stück der berühmten Seidenstraße.
Die großen Umschlagplätze des Handels an diesem uralten Pfad der Menschheit sind in der Verlorenheit der weiten Länder des Ostens mit ihren endlosen Wüsten, Steppen und Gebirgen so etwas wie Häfen. Und so muß man sie auch betrachten, wenn

man dahinterkommen will, was sie strategisch bedeuten. Der Hohe Iran konnte nur dann mit einiger Aussicht auf Erfolg verteidigt werden, wenn man gleichzeitig alle seine Zugänge beherrschte. Unter diesen Zugängen gibt es keinen, von dem aus das Land nicht schon ein oder mehrere Male erobert wurde. Darum eben genügte es auch nicht, daß man nur die Pässe besaß, von denen aus der Iran bedroht ist, man mußte Herr der Länder sein, zu denen diese Pässe führen.

Als Kyros, von der Persis, seinem Stammland, ausziehend, Ekbatana in Medien erobert hatte, sah er seine nächste Aufgabe darin, sich des Vorgeländes im Westen, das heißt Mesopotamiens zu bemächtigen. Diese Aufgabe hatte Alexander, als er Ekbatana einnahm, schon hinter sich. Nachdem Kyros nicht nur Mesopotamien, sondern gleich den ganzen Westen bis zum Mittelmeer in seinen Besitz gebracht hatte, machte er sich auf, das Glacis des Nordostens, die Länder am Oxos und Jaxartes zu erobern, um einen Schutzwall gegen die Nomaden Zentralasiens zu schaffen. Dort in der Steppe ist der große Kyros in einer Schlacht mit den Skythen gefallen. Das Fünfstromland zu besetzen mußte er seinem Nachfolger überlassen. Dareios I. begann, sogleich nachdem er die Kämpfe um den Thron zu seinen Gunsten entschieden hatte, seinen Feldzug zur Eroberung des Punjab. Die von diesen weitblickenden ersten persischen Königen durchgeführte Besetzung der drei dem Hohen Iran vorgelagerten Flußgebiete ist der tiefere Grund für die zweihundertjährige Stabilität des Achaimenidenreiches.

Fünfhundert Jahre später trat das Unausweichliche in der strategischen Situation des Hohen Iran erneut in Erscheinung. Als die ersten Sasanidenkönige in der zweiten Hälfte des 3. Jahrhunderts nach Christi Geburt Persien wieder zu einer Großmacht erhoben, war das erste, was sie unternahmen, die Eroberung der Transoxiana, des Industals und Mesopotamiens. Wiederum fünfhundert Jahre später war es der Kalif Harun al-Rashid, der Freund Karls des Großen, der von Bagdad aufbrach, eine Rebellion in dem auch von den Arabern unterworfenen Stromgebiet des Oxos und Jaxartes niederzuschlagen. In Meshed, zwischen der Salzwüste Dasht i-Kevir und der Turkmenensteppe, starb Harun al-Rashid. In der schönsten und heiligsten Moschee Persiens ist er begraben.

Auch der geistigen Parallelen zwischen Kyros und Alexander gibt es genug. Die Idee der Toleranz zwar, die Idee einer gerechten Regierung, ist älter als Kyros. Unweit des Palastes Dareios' I. in Susa, in dem Alexander sich zum erstenmal auf einen Thron des Großkönigs setzte, hat man am Ende des 19. Jahrhunderts tief in der Erde jene berühmte Stelle gefunden, auf der die Gesetze des Hammurabi, des großen Amoriterkönigs von Babylon, eingemeißelt sind. Es ist die älteste Proklamation der Menschenrechte, die wir besitzen. Im Louvre steht das steinerne Denkmal, auf welchem vor nunmehr beinahe viertausend Jahren ein Herrscher Gesetze verkündete, die den Schwachen gegen den Starken, den Armen gegen den Reichen, den Untertan gegen den Übermut der Beamten schützen sollten.

Wenn also auch die Idee der Toleranz in Asien uralt ist, war doch Kyros nach einer jahrhundertelangen Periode furchtbarer Kriege mit schrecklichen Städtezerstörungen und Verschleppungen ganzer Völker endlich wieder ein Herrscher, der als Sieger mild, als König gerecht, als Staatsmann weise war. Er führte eine Art von kulturellem und religiösem Selbstbestimmungsrecht der Völker in seinem weiten Reich ein. Dareios I. folgte ihm darin. Alexander hat Kyros hoch verehrt, aber, was wichtiger ist, es gibt außer Aristoteles niemanden, von dem Alexander so viel gelernt hat wie von dem Begründer des Reiches, das zu zerstören ihm bestimmt war. Die wichtigsten konstitutiven Elemente des Weltreichs Alexanders waren schon von Kyros und Dareios geschaffen worden. Dazu gehörte in erster Linie die glänzend arbeitende persische Verwaltungsbürokratie, die Alexander im wesentlichen übernahm. Nur einige wenige für die Sicherheitsbedürfnisse des Siegers wünschenswerte Änderungen fügte er dem alterprobten System hinzu.

Kyros und Dareios waren es auch, von denen Alexander die Einsicht übernahm, daß, wenn der Besitz des Westiran nicht eine ganz vage Sache bleiben sollte, er den Wegen seiner Vorgänger bis zum Jaxartes und zum Oxos folgen mußte. Eine andere Frage ist, ob nicht Alexander in der Neugier seines Forscherdranges, der in seiner vielfältigen Seele eine so große Rolle spielte, über die realpolitische Notwendigkeit, bis »ans Ende der Welt« zu gehen, doch sehr entzückt war.

Was nun hieß für Alexander in Ekbatana »bis ans Ende der Welt«? Was bedeutete das? Was war hier Traum und was war Wirklichkeit?

Die alte Handelsroute, an der Ekbatana liegt, führt zunächst

durch den ganzen Hohen Iran hindurch nach Herat im heutigen Afghanistan. Dort teilt sie sich. Die eine Trasse verläuft nördlich des Hindukush zum Oxos und Jaxartes, die andere südlich des Gebirges in einem großen Bogen entlang dem Verlauf des Hilmendflusses nach Kabul und von da aus über den berühmten Khyberpaß nach Indien. Diese Verkehrsverbindung war natürlich keine Straße, sondern ein Karawanenpfad. Durch die Art und Weise, in der unsere Landkarten gezeichnet sind, wird Bedeutung und Auswirkung eines Karawanenweges nicht erhellt, sondern verschleiert. Ein Karawanenweg stellt zwei Dinge sicher. Man kann sich nicht verirren, weil es immer genug Kameltreiber gibt, die die Piste kennen. Es gibt Wasser. Ein Karawanenweg läuft entweder an Flüssen entlang oder so, daß immer Brunnen sich finden in Abständen, die nicht größer sind, als daß Mensch und Tier sie in einem Tage- oder Nachtmarsch überbrücken können. Eine ganze Armee schöpft natürlich leicht einen Brunnen leer, der zu nicht mehr bestimmt ist, als den Durst von hundert Kamelen zu stillen. Alexander zwar verfügte über Pionierkommandos, die auf das schnelle Graben von Feldbrunnen spezialisiert waren. Gleichwohl ist in wasserarmen Ländern eine Armee in jedem Fall auf diese alten Wege angewiesen. Alexander hat sich auch immer an sie gehalten. Eine Ausnahme macht sein Marsch durch die Wüste Makran vom Indusdelta nach Karmanien. So gute militärische Gründe er für diesen Marsch hatte, er sollte ihn schwere Verluste kosten.
Die Makedonen waren von den persischen Reichsstraßen sehr angetan. In Griechenland gab es höchstens Saumpfade. Die Griechen waren nur durch Wasser miteinander verbunden, das allerdings über die ganze mediterrane Welt hin. Die Spärlichkeit der Kommunikationen zu Lande zwischen den einzelnen Poleis in Hellas selbst hing mit dem Unabhängigkeitsdrang der hellenischen Stadtstaaten zusammen. In der übrigen Welt war Straße ein unbekannter Begriff. Die Römer, nächst den Persern und den Inkas die größten Straßenbauer der Geschichte, haben ihre erste Straße, die Via Appia, die doch zunächst nur Rom mit Capua verband, erst zehn Jahre nach Alexanders Tod gebaut.
Man versteht den Alexanderzug besser, wenn man auf der Karte des Iran nur die Verbindungen einzeichnet, die genügend Wasser hatten, den Marsch einer Armee zu ermöglichen. Auf dieser Karte erkennt man mit einem Blick, daß für eine erobernde Armee, die von Ekbatana aus nach dem Osten gelangen wollte,

nur ein einziger Weg in Frage kam. Dieser Weg lief entlang des Südhanges des Elburzgebirges, das sich parallel der Südküste des Kaspischen Meeres hinzieht. Es ist der Weg, auf dem Dareios floh. Es ist der Weg, auf dem Alexander ihn verfolgte. Und freilich ist es auch der Weg, den zu allen Zeiten die Eroberer genommen haben, die aus dem Innern Asiens nach dem Westen aufgebrochen waren. Viele Male im Laufe der Jahrtausende haben sich auf dieser Piste geschichtliche Ereignisse höchsten Ranges abgespielt.
Der Marsch von Ekbatana nach Herat enthielt für Alexander in seinem ersten Drittel, das heißt auf einer Strecke von etwa sechshundert Kilometern, kein militärisches Risiko. Im Norden zog sich das Elburzgebirge entlang, dessen wenige Pässe sich leicht beherrschen ließen. Auch konnten sich in dem schmalen Küstenstreifen zwischen dem Nordhang des Elburz und der Südküste des Kaspischen Meeres größere Gefahren nicht entwickeln. Im Süden dieser Piste lag die Dasht-i-Kevir, eine Salzwüste von solcher Trostlosigkeit, daß es da nicht einmal Nomaden gab. Dieses erste, militärisch risikofreie Drittel der Strecke Ekbatana – Herat endete in Hyrkanien, der an der Südostecke des Kaspischen Meeres gelegenen Satrapie. Von hier aus öffnete sich gen Nordosten hin die Steppe Turkmenistans, deren heutiger Name an eines der vielen geschichtlichen Ereignisse späterer Zeit erinnert. Hier sind vor ungefähr zwölfhundert Jahren die Vorhuten der Türken vorbeigezogen. Hier endete die Verfolgung des Dareios. Hier begannen die neuen Gefahren.

Der Osten des Hohen Iran, den Alexander zu besetzen sich anschickte, war eine leere Welt. Erstaunlich sind die Entfernungen. Von Ekbatana bis zu dem Platz, an dem Polystratos den sterbenden Dareios fand, sind es ungefähr siebenhundert Kilometer. Von Ekbatana bis zu jenem äußersten Punkt am Jaxartes, wo der König Alexandreia Eschate gründete, sind es zweitausenddreihundert Kilometer, und bis zum äußersten Punkt des Feldzuges in Indien sind es von Ekbatana aus dreitausendsechshundert Kilometer. Dagegen war die Nachschublinie Napoleons von Warschau bis Moskau mit ihren zwölfhundert Kilometern keine so enorme Distanz. Und doch hat ihre Länge zusammen mit dem Klima genügt, seine Armee zugrunde gehen zu lassen.
Von dieser leeren Welt des Ostens mit ihren riesigen Entfernungen gewinnt man einen ausgezeichneten Eindruck, wenn man

sie vom Flugzeug aus betrachtet. Die Flugstrecke von Teheran nach Kabul, der Hauptstadt Afghanistans, hat eine Länge von achtzehnhundert Kilometern. Man startet sehr früh am Morgen, weil dann die Luft über der Wüste noch ruhig ist. Majestätisch zieht an Backbord der beinahe sechstausend Meter hohe schneebedeckte Kegel des Demavend vorüber, von dessen Gipfel aus man weit aufs Kaspische Meer hinausblickt. Die Wüste ist gebirgig, und wenn nach ein oder zwei Stunden die sonnenbestrahlten Hänge sich erwärmen, während die im Schatten liegenden kühl bleiben, entstehen Luftwirbel von wenigen Metern Durchmesser und vielen hundert Metern Höhe.

Immer wieder späht man hinunter, fasziniert von den ständig wechselnden Farben. Es ist eine Salzwüste, deren blendendes Weiß von den bunten Farben freiliegenden Gesteins mannigfaltig unterbrochen wird. Kein Tier lebt da unten, keine Pflanze gedeiht da.

Und die Erde war wüst und leer ...

Während in Arabia deserta oder am Sinai immer einmal wieder eine Tamariske ihre trockenen Äste anklagend zum Himmel streckt oder ein einsames Kamel still an einem Dornbusch knabbert, ist hier unten alles tot. Diese Einöde wird, nach einem Ondit der Jäger, nur von einem einzigen Tier bewohnt, das in dieser leeren Welt ein legendäres Dasein führt, dem Onager, einem prachtvoll gewachsenen, pfeilschnellen Geschöpf, fast Wildpferd mehr als Wildesel.

Das Unheimliche, das Unmenschliche dieser Einöde wird vollends offenbar, wenn man in dieser Gebirgswüste plötzlich einen ganz kleinen grünen Fleck entdeckt und ein ganz kleines regelmäßiges Rechteck, das nur ein Haus sein kann, und dann nach einer Weile wieder so einen ganz kleinen grünen Fleck mit einem ganz kleinen regelmäßigen Rechteck. Mit Hilfe der Uhr und der Geschwindigkeit des Flugzeugs kann man ausrechnen, daß zwischen dem einen und dem anderen kleinen grünen Fleck fünfzig Kilometer liegen, zwei volle Tagesmärsche! Was für Menschen mögen das sein, die unter so extremen Bedingungen, in die Erde gekrallt, ihr tapferes Dasein führen?

Hätte man Alexander von Susa aus über Persepolis, Ekbatana, Kabul nach Samarkand geflogen, eine Distanz, welche seine Armee im Lauf von zwei Jahren zu Fuß zurücklegen sollte, hätte Alexander gesehen, wie die Länder dieses Achaimenidischen Weltreiches in Wirklichkeit aussahen, er wäre in Susa geblieben.

Was also bedeutete »bis ans Ende der Welt«?
Die Gelehrten in Alexanders Stab hatten ihm gesagt, daß von den Höhen des Hindukush aus der die Erdscheibe umfließende Okeanos zu sehen sein werde. Welch vernünftiger Gedanke Alexanders, bis zu einer Grenze gehen zu wollen, jenseits derer es keine Feinde mehr gab! Auf keine andere Weise hätte er wenigstens diese eine Grenze seines Weltreichs endgültiger sichern können. So hatte Alexanders Vorsatz, den Okeanos der Gelehrten zu erreichen, wahrhaftig nichts Utopisches. Bis zu dem Punkt, von dem die Männer der Wissenschaft ihm versichert hatten, daß er da den Ozean finden werde, ist Alexander gekommen. Wie fast immer blieb die Wirklichkeit hinter dem Traum zurück. Doch sollte schließlich durch eines jener Wunder, welche das Studium der Geschichte so faszinierend machen, die Wirklichkeit den Traum weit überholen. Wenn es auch nicht König Alexander war, der den Ozean erreichte, so war es doch Apollon.
Hellenistische Künstler in den griechischen Königsreichen, die das Erbe Alexanders in Asien antraten, haben der ersten der großen Weltreligionen, dem Buddhismus, das Bild ihres Stifters und Heiligen, des Gautama Buddha, geschaffen. Dieses Bild war zugleich ein indischer Heiliger und ein griechischer Gott. Mit der Ausbreitung des Buddhismus gelangte dieses griechische Bild Buddhas über Baktrien und die Oasen des Tarimbeckens nach China, Korea und Japan. So hat wenigstens ein Hauch jenes Geistes von Hellas, den der Makedone nach Mittelasien und Indien gebracht hatte, schließlich und endlich den Okeanos erreicht.

Von Ekbatana aus schickte Alexander die nicht mehr dienstfähigen Veteranen, reich beschenkt, in die Heimat zurück. Er ließ die Schätze von Persepolis und Pasargadai nach Ekbatana bringen und sorgte für ihre Sicherheit. Er ordnete die Verwaltung. Er bestimmte schon zu diesem Zeitpunkt, welche seiner Generale die Gebiete befrieden oder erobern sollten, die er auf seinem weiteren Marsch nach Osten rechts und links würde liegenlassen müssen.
Nach dieser genauen, sorgfältigen, alles bedenkenden Vorbereitung der Zukunft brach Alexander auf zur Verfolgung des Dareios, der unterdessen seinen Vorsprung beträchtlich hatte vergrößern können. Diese Verfolgung war hartnäckig und bösarti-

ger als irgendeine, welche die Geschichte kennt. Ihre Unerbittlichkeit, ihre Schnelligkeit, die Rücksichtslosigkeit, die Alexander gegen seine eigenen Verluste zeigte, alles das hatte vor allem den Effekt einer totalen Demoralisierung des fliehenden Gegners. Als Alexander die Perser erreichte, hatte er von seiner Armee unmittelbar bei sich nur noch eine kleine Gruppe Berittener. Die Granden, die Dareios begleiteten, hatten unter der Führung des Bessos den Großkönig gefangengesetzt. Schließlich, als eine Staubwolke am Horizont hochwirbelte, welche nur noch bedeuten konnte, daß die Verfolger sie erreicht hätten, wußten sich die Verschwörer nicht anders zu helfen, als daß sie den unglücklichen König zu ermorden beschlossen. Doch war die Hast, mit der sie diesen Entschluß in die Untat umsetzten, so groß, daß der unglückliche Dareios nur schwer verwundet wurde. Das ungeheuerliche Ende des Großkönigs, der, bevor Alexander in Erscheinung trat, eine kurze Zeit lang der mächtigste Mann auf Erden gewesen war, beschreibt Plutarch.
»Die Verfolgung des Dareios erwies sich als sehr beschwerlich und langwierig. Alexander mußte in elf Tagen nicht weniger als dreitausend Stadien reiten. Deshalb ermatteten endlich die meisten, namentlich infolge des Wassermangels. Da begegneten ihm einmal etliche Makedonier, welche auf Mauleseln einiges Wasser in Schläuchen von dem Flusse herbrachten. Sie erblickten Alexander, der, weil es bereits Mittag war, durch den Durst sehr zu leiden hatte. Demnach füllten sie rasch einen Helm und brachten ihn herbei. Auf seine Frage, für wen sie das Wasser geholt hätten, erwiderten sie: ›Für unsere Kinder! Aber wenn du nur am Leben bleibst! Die Kinder können wir schon verlieren. Wir bekommen wieder andere!‹
Kaum hatte Alexander dies gehört, als er den Helm in die Hand nahm. Er sah sich um. Er bemerkte, daß die Reiter in seinem Gefolge allesamt die Köpfe hängen ließen und nach dem Trunk hinschielten. Da gab er's zurück, ohne getrunken zu haben, nur mit einigen Worten der Anerkennung für seine Leute.
›Wenn ich allein trinke‹, sagte er, ›so verlieren diese den Mut!‹
Die Reiter, welche seine Beherrschung und seine Seelengröße sahen, riefen ihm jetzt mit lautem Geschrei die Worte zu: ›Mutig voran!‹ und peitschten ihre Pferde. Sie seien nicht müde, sagten sie, nicht müd' und nicht durstig. Der Tod selbst könne ihnen nichts anhaben, solange sie einen solchen König hätten!
Der gute Wille war nun zwar bei allen der gleiche; dennoch

sollen nur noch sechzig Mann mit Alexander in das feindliche Lager eingedrungen sein. Hier sprengten sie über eine Menge von Gold und Silber, das auf dem Boden umherlag, hinweg. Auch eilten sie an vielen mit Kindern und Weibern beladenen Wagen vorbei, die von ihren Fuhrleuten verlassen waren und nach allen Richtungen auseinanderstoben. Sie wollten nur immer die Vordersten jagen, unter welchen sie den König vermuteten.
Mit großer Mühe gelang es, ihn aufzufinden. Sein ganzer Leib stak voll mit Wurfgeschossen. So lag er auf einem bedeckten Reisewagen, dem Tod nahe. Dennoch verlangte er noch zu trinken, und als er frisches Wasser getrunken hatte, sagte er zu Polystratos, der es ihm gab: ›Freund, das ist jetzt das Ärgste von meinem ganzen Elend, daß man mir Gutes getan hat, ohne daß ich es vergelten kann. Aber Alexander wird dir's lohnen! Und dem Alexander werden die Götter seine Freundlichkeit lohnen, die er meiner Mutter, meiner Gemahlin und meinen Kindern bewiesen hat. Diesen Händedruck gebe ich ihm durch dich!‹ Dann faßte er noch die Hand des Polystratos. Dann verschied er.
Als Alexander herbeikam, trat sein Schmerz über dieses traurige Ende seines Gegners deutlich hervor. Er nahm seinen Mantel von den Schultern und legte ihn über den Leichnam.«

Es ist eine ergreifende Szene, wie der führerlose Ochsenkarren mit dem sterbenden Großkönig knarrend durch die Steppe zieht. Der Durst hatte die Ochsen schließlich zu einer Wasserstelle geleitet, wo Polystratos den Dareios fand. Zweimal in ihrem Leben hatten die Könige in der Schlacht einander gegenübergestanden. Jahrelang hatte einer des anderen Gedanken zu erraten versucht. Sie hatten einander gut gekannt. Sie waren ritterlich zueinander gewesen. Das Charisma seines Königtums hatte Dareios auch unter den äußersten Bedrohungen niemals verraten. In all seiner Schrecklichkeit war es ein edler Tod. Alexander hatte das begriffen. Durch nichts hätte er eindringlicher bezeugen können, daß er der wahre Erbe des Dareios in der Herrschaft über Asien war, als durch die Geste, den toten Feind mit seinem eigenen Königsmantel zu bedecken. Ein Soldat hat dem Dareios die letzte Liebe, ein König die letzte Ehre erwiesen.
Die sterblichen Überreste des letzten Achaimeniden wurden, im königlichen Schmuck, an Sisygambis, seine greise Mutter, gesandt, damit sie ihren Sohn seinem Range gemäß bestatte.
Das Grab ist verschollen.

Nach dem Tode des Dareios brach eine verwirrende Fülle von Ereignissen über Alexander herein. Doch nahm von jetzt an die Bedeutung des kriegerischen Geschehens ab, während die politischen und kulturellen Probleme immer mehr Gewicht bekamen. Es ist nicht notwendig, die über die nächsten Jahre sich erstreckenden Feldzüge Alexanders in Mittelasien und Indien in allen Einzelheiten zu verfolgen. Ihr Ziel war, das eroberte Gebiet bis zu den Grenzen zu erweitern, welche Sicherheit und Stabilität zu gewährleisten versprachen.
Alexander blieb so lange in Hyrkanien, bis er die wirtschaftlich und militärisch wichtige Landschaft an der Südostecke des Kaspischen Meeres gesichert hatte. Dann brach er zur Verfolgung des Fürsten Bessos auf. Er betrachtete es als seine Pflicht, den Königsmörder zu bestrafen, so sehr empfand er sich als den rechtmäßigen Erben des Thrones der Großkönige.
Bessos war ein persischer Patriot, der hoffte, den Nordosten des Reiches vor Alexander retten zu können. In den ihm verbliebenen Ländern verfügte er noch über beträchtliche Kampfreserven. Als Alexander etwa die Hälfte des Weges zwischen Kaspischem Meer und Hindukush zurückgelegt hatte, erreichte ihn die Nachricht, Bessos habe sich die Tiara, die persische Königskrone, aufs Haupt gesetzt und den Namen Artaxerxes angenommen. Er wäre der vierte Herrscher dieses Namens gewesen. Artaxerxes bedeutet »Der, dessen Reich wohlgeordnet ist«. Der Name hatte magische Funktion. Er sollte die Zukunft beschwören. Daß Fürst Bessos ein Achaimenide war, gab seiner Usurpation der Krone eine gewisse Legitimität. Alexander mußte ihn, wenn er in Persien Frieden haben wollte, vernichten. Doch bevor wir mit Alexander den Marsch zum Hindukush fortsetzen, müssen wir noch einmal den Blick zurück nach Hellas wenden. Dort hatten sich während dieses Sommers 330 die Verhältnisse aufs äußerste zugespitzt.

Der in Hellas seit dem Beginn des Feldzuges in Asien unter der Oberfläche schwelende Widerstand gegen die makedonische Oberherrschaft, die schleichende Revolution gegen Alexander, die in Athen von den alten Demokraten um Demosthenes geschürt wurde, hatte endlich in Agis, dem König von Sparta, einen entschlossenen Führer gefunden. Im letzten militärisch

noch einigermaßen aussichtsreichen Augenblick unternahm er den Versuch, die makedonische Macht in ihrem Stammland zu vernichten. Niemals war Alexander in größerer Gefahr als in diesem Feldzug, auf dessen Verlauf er keinen Einfluß hatte.
Ein Krieg in Hellas hatte gedroht, seit Alexander Europa verlassen hatte. So muß es für den König geradezu eine Erlösung gewesen sein, daß der Konflikt endlich ausbrach. Die Ereignisse in Hellas freilich konnte er nicht mehr beeinflussen. Zu allem wäre er zu spät gekommen. Er vertraute auf Antipatros, auf König Philipps Armee und auf sein Glück. Sein Glück bestand allerdings hauptsächlich darin, daß er mit Antipatros den richtigen Mann an die richtige Stelle gesetzt hatte.
Antipatros verließ Makedonien und rückte auf die Peloponnes. Es kam zur Schlacht. Sie muß fürchterlich gewesen sein. Der unerschütterlichen Tapferkeit der Spartaner stand die nicht minder unerschütterliche Tapferkeit der Makedonen gegenüber. Es gab im Kampf Mann gegen Mann Tausende von Toten. Schließlich gewannen die Makedonen das Übergewicht. König Agis fiel.
Diese Schlacht hat den gleichen geschichtlich entscheidenden Charakter wie die Schlachten von Issos und Gaugamela. Und nicht Alexander hat sie gewonnen und auch nicht eigentlich sein Feldherr Antipatros, sondern im Grunde noch einmal Philipp II. Die Überlegenheit der Makedonen über die Spartaner bestand in den taktischen und waffentechnischen Neuerungen, die noch König Philipp in der Armee eingeführt hatte. Schon immer hatten die alten makedonischen Generale behauptet, es sei Philipps Armee, welche siege, und Alexander führe sie nur. Daß jetzt eine makedonische Armee ohne Alexander einen Sieg über die gefürchteten, den Persern doch weit überlegenen Spartaner errungen hatte, vermehrte natürlich die Skepsis der alten Haudegen in ihrer Beurteilung von Alexanders Verdiensten. Die Spannungen, welche im königlichen Hauptquartier aus diesen Streitigkeiten immer wieder entstanden, waren ein Problem der Generationen. Sie sollten sich bald darauf in einem schrecklichen Gewitter entladen.
Fast fünf Jahre war das nun her, daß der neue Achill, der strahlende Jüngling, nach der Überquerung des Hellespontos vom hohen Bug seines Schiffes aus seinen königlichen Speer an den Strand von Troia geschleudert hatte. Aber Alexander war kein strahlender Jüngling mehr. Er war ein Staatsmann geworden, der schwere Verantwortung trug. Die begeisterten jungen Män-

ner, die mit ihm ausgezogen waren, entschlossen, dem geliebten König bis ans Ende der Welt zu folgen, waren Veteranen geworden, gezeichnet von Narben und Strapazen, tapfer wie eh und je, von unerhörter militärischer Erfahrung, aber hochmütig, durch Überfluß an Beute zu großartigen Verschwendern geworden und darum nach immer neuer Beute gierig. Dazu kam, daß diese harten, hochmütigen Männer immer mißtrauischer gegen ihren König wurden, je weniger sie seine durch den Fortschritt der Ereignisse bedingten, auf eine Gleichstellung der Perser mit den Makedonen hinzielenden Maßnahmen begriffen.
Dieses Mißtrauen war nicht auf die einfachen Soldaten beschränkt. Es fing an, auch bei den hohen Offizieren in des Königs Umgebung eine immer größere Rolle zu spielen. Die Generale, welche schon unter König Philipp gekämpft hatten und also nicht erst seit vier, sondern seit zwanzig Jahren im Feld standen, waren, wie es alte Offiziere mit Meriten zu sein pflegen, konservativ. Das ging so weit, daß sie in Alexanders Hofstaat fast so etwas wie eine Fronde bildeten. Allmählich änderte sich das Verhältnis Alexanders zu seinem Heer. Immer klarer wurde ihm, daß dieselbe vorzügliche Armee, der er seine militärischen Erfolge verdankte, der Schaffung seiner neuen, die Völker verbindenden Ökumene aller Voraussicht nach den hartnäckigsten Widerstand entgegensetzen werde.
Der erfolgreichste Feldherr der Geschichte, der Mann, der niemals eine Schlacht verloren hat, der niemals eine Belagerung anders als erfolgreich beendet hat, der seine Soldaten mit Beute und Geschenken verwöhnte, wie niemals wieder Soldaten verwöhnt worden sind, erlebte in seinem Heer zwei Meutereien, die erste in Indien im Augenblick der höchsten Gefährdung, die zweite in Mesopotamien in der Sicherheit des Friedens nach der Heimkehr. Alexander ist nicht nur mit den beiden Meutereien fertiggeworden, Szenen von Shakespearescher Großartigkeit, er hat beide mit unnachahmlicher Feinheit für seine Pläne auszunützen verstanden.

Die Folge des Sieges über Sparta war eine glänzende Verbesserung der gesamten strategischen und politischen Situation. Wäre die Schlacht verlorengegangen, hätte Alexander nach Europa zurückkehren müssen. Bessos hätte zwei oder vielleicht sogar drei Jahre Zeit gehabt, seine Verteidungsposition auszubauen. Alexander hatte schon in Susa befohlen, dreißigtausend junge Perser auszuheben, makedonisch zu bewaffnen und in der Taktik der Phalanx auszubilden. Wie leicht wäre es für den Fürsten Bessos, den Achaimeniden, gewesen, diese Elite für sich zu gewinnen. Wieder nach Asien zurückgekehrt, hätte Alexander einem Perserheer von fast makedonischen Qualitäten gegenübergestanden. Nach dem Sieg in Hellas bekam Alexanders in Asien errungene Macht ein solches Gewicht, daß von nun an Hellas nichts mehr mit auch nur einiger Aussicht auf Erfolg gegen ihn unternehmen konnte. Es gab überhaupt keine denkbare Konstellation von Gegnern mehr, die er noch hätte fürchten müssen.

Die Siegesnachricht traf etwa zu dem Zeitpunkt ein, als die Armee Herat im Tal des vom Hindukush herabkommenden Heri-Rud erreichte. Es muß für Alexander ein wunderbarer Augenblick gewesen sein. Er, der junge König, hatte mit der Kühnheit seines Vorstoßes in den Hohen Iran recht behalten gegenüber der von Jahrzehnten kriegerischer Erfahrung getragenen Skepsis seines großen Generalstabschefs Parmenion und der alten konservativen Generale aus der Generation seines Vaters. Es handelte sich nun für ihn nur noch darum, den Osten des iranisch-afghanischen Hochlandes und die beiden Flußgebiete, Oxos und Jaxartes im Nordosten und Indus im Osten, in Besitz zu nehmen. Seine militärische Aufgabe, noch nach Issos ganz und gar vage und unüberschaubar, war kalkulierbar geworden. Was jetzt noch vor ihm lag, war mit den zur Verfügung stehenden Mitteln ohne weiteres zu bewältigen.

Über die Maßnahmen, welche Alexander als Nachfolger der Großkönige ergriff, ist viel gestritten worden. Der am schwersten wiegende Vorwurf, der ihm in dieser Sache schon von seinen antiken Kritikern gemacht wurde und seitdem immer wiederholt wird, ist, seine Neuerungen seien sehr ungriechisch gewesen.

Alexander übernahm bestimmte Elemente des persischen Hofzeremoniells. Der König konnte die persischen Granden, die er, ihre Loyalität voraussetzend, in seine Dienste nahm, nicht ständig daran erinnern, daß er der fremde Eroberer sei. Aus dem gleichen Grunde trug Alexander gelegentlich die sogenannte medische Tracht. Sie sah in der Tat sehr ungriechisch aus. Das können, da die Kleidung der Parther der medischen Tracht ähnlich war, sogar wir noch an der Bronzeplastik eines parthischen Fürsten in Teheran im Museum feststellen. Was an dieser Tracht besonders auffällt, sind plumpe, bis zu den Knöcheln reichende Hosen. Aber vielleicht hat Alexander diese Kleidung deshalb angelegt, weil für sie das Klima asiatischer Gebirge praktischer war als die auf ein mildes Meerklima zugeschnittene Kleidung der Griechen. So gewiß Alexander es als seine Aufgabe betrachtete, griechische Gesittung über die Welt zu verbreiten, gehörte doch dazu nicht unbedingt, daß er auch die griechische Kleidung zur allgemeinen Mode machte. Wenn einmal eine der vielen von ihm im Osten gegründeten Städte ausgegraben wird, werden wir erfahren, ob es nur makedonische Garnisonen waren oder kleine griechische Poleis mit Agora, Theater, Stadion, Gymnasion, Bädern, Prytaneion und Rathaus, wie es alle von Hellenen gegründeten Kolonialstädte sind. Dann erst wird man sagen können, wie griechisch oder ungriechisch in ihren äußeren Formen die von Alexander begründete Welt des hellenistischen Ostens war.

Die seit jeher am heftigsten kritisierte Maßnahme Alexanders war sein Versuch, die Proskynesis einzuführen. Die Beurteilung dieser Maßnahme wird dadurch erschwert, daß niemand genau weiß, worin die von Alexander verlangte persische Form der Begrüßung des Herrschers de facto bestand. Um die Sache, von der so viel Aufhebens gemacht wird, auf den Grund zu kommen, sei das Wörterbuch befragt.

kynéo heißt ich küsse und hat wohl denselben Stamm wie unser Wort Kuß. proskynéo bedeutet eigentlich ich küsse meine Hand und strecke sie dann gegen den aus, dem ich meine Verehrung bezeigen will. Danach erst kommen die übertragenen Bedeutungen – ich werfe mich nieder, verehre fußfällig, huldige kniend, begrüße ehrfurchtsvoll.

Behauptet man, was sich nicht beweisen läßt, die Proskynesis habe darin bestanden, daß der Betreffende sich vor dem Herrscher mit dem Gesicht nach unten habe zu Boden werfen müssen, ist es freilich nicht schwer, hinzuzufügen, daß Alexander damit seinen alten Generalen Unmögliches zumutete. Nun findet sich aber in der gesamten achaimenidischen Plastik der Paläste von Persepolis und Parsagardai, deren Hauptmotiv die Darstellung der Macht und der Würde des Großkönigs, des Königs der Könige, ist, nirgends eine Darstellung der Proskynesis in dieser Form. Hingegen trifft man immer einmal wieder auf die Figur eines Mannes, der sich vor dem Großkönig verbeugt und dabei die ausgestreckte Hand mit dem Handrücken zum Herrscher bis in Gesichtshöhe hebt. Die Bedeutung dieser Geste, die geradezu einen graziösen Eindruck macht, ist nicht sicher bekannt. Vielleicht ist sie diese »Kußhand« der ursprünglichen Bedeutung von proskynéo. Noch heute ist in vielen Ländern des Orient eine solche Geste der Begrüßung üblich. Jedenfalls hätte in einer solchen Form der Bezeigung der Ehrerbietung gegenüber dem Herrscher nichts Unzumutbares gelegen. Aufschlußreich bei der Betrachtung des Problems ist auch die kleine Geschichte von dem Griechen, der, um die Proskynesis zu umgehen, ein Goldstück fallen ließ. Um es aufzuheben, mußte er sich bücken. Dieses Bücken genügte offenbar, eine Proskynesis vorzutäuschen. Es kann sich also bei dieser Sache, wie es scheint, kaum je um mehr als das »kniend Huldigen« gehandelt haben.

Alexander, der nicht an unerbittlicher Konsequenz litt, löste das Problem durch einen verständigen Kompromiß. Von den Persern forderte er die Huldigung, von den Makedonen erwartete er sie.

Im Rahmen des für die persischen Mitglieder seines Hofstaates weiterhin geltenden achaimenidischen Zeremoniells behandelte Alexander seine neuen Untertanen mit betonter Freundlichkeit und gelegentlicher Auszeichnung. Das natürlich erregte die Eifersucht seiner alten makedonischen Mitkämpfer. Sie, die Getreuen, konnten immer wieder darauf hinweisen, wie des Königs Vertrauen von den nach ihrer Meinung so unverdient ausgezeichneten Persern nicht selten mißbraucht und enttäuscht werde. Was aber die Veteranen unter den Offizieren und Soldaten am meisten in Unruhe versetzte, war, daß Alexander dazu überging, immer mehr nichtmakedonische und nichtgriechische Kontingente in das Heer aufzunehmen.

Alexander hat sehr lange die Struktur der von Philipp II. geschaffenen Armee so belassen, wie er sie von seinem Vater übernommen hatte. Zwar begann er schon frühzeitig damit, persische Kader aufzustellen. Aber sie blieben selbständige Einheiten und wurden auch nicht zu kriegerischen Aktionen herangezogen. Erst allmählich änderte sich das. Alexander teilte persische Kontingente der kämpfenden Truppe zu. Diese Neuerung war nicht allein von taktischen Überlegungen bestimmt. Alexander hoffte, mit dieser Maßnahme die Entwicklung zur Gleichberechtigung der Makedonen und Perser zu fördern. Die Veteranen aber kränkte es, daß sie die so bequeme Verknüpfung von Stolz des Siegers mit Verachtung der Besiegten aufgeben sollten. Alexander dagegen war sich darüber klar, daß er von Gleichberechtigung nicht reden konnte, solange er seinen neuen Untertanen die Ehre, Waffen zu tragen, verweigerte.

Es blieb nicht bei der Aufstellung persischer Truppenteile. Im Lauf der Zeit nahm Alexander Kontingente fast aller von ihm unterworfenen Völker in seine Armee auf. Natürlich wurde dadurch die Unruhe unter seinen makedonischen Soldaten größer und größer. Von dem Heer, mit dem Alexander drei Jahre später nach Indien aufbrach, wissen wir, daß sich unter den hundertundzwanzigtausend Kombattanten Perser, Phoiniker, Aegypter, Kyprer, Syrer, Baktrer und Inder befanden. In dieser Vielfalt der Völker war die Armee geradezu ein Modell des Reiches, welches Alexander zu schaffen im Begriff stand.

Eine Armee zieht nicht allein durch die Lande. Zu ihrer Versorgung gehört ein Train. Leider überliefern die Quellen so gut wie nichts über die Methoden der Versorgung des Alexanderheeres. Und die Versorgung der Truppe ist doch das wichtigste Problem jeglicher Taktik und sogar jeglicher Strategie. Helden sind hungrig, und wenn sie zu lange hungern müssen, hören sie auf, Helden zu sein. Durch Mangel an Verpflegung sind mehr Armeen zugrunde gegangen als durch Mangel an Tapferkeit. Trotz des Fehlens authentischer Informationen über die Organisation des Nachschubs können wir aus den Aktionen, welche die Armee durchzuführen fähig war, schließen, daß der Apparat umfangreich und leistungsfähig war. Eine Kleinigkeit demonstriert das. Nach einem Sieg über eines der Hirtenvölker im Swattal, einem Hochtal am Hange des Himalaya, wurden die Herden der Besiegten zusammengetrieben. Die Überlieferung spricht von zweihundertdreißigtausend Stück Vieh. Alexander, als Prinz unter Hirten und Bauern großgeworden, suchte höchstpersönlich die besten Tiere aus den Rinderherden heraus und schickte sie nach Makedonien zur Verbesserung der heimatlichen Zucht. Während er die Welt eroberte, dachte er an seine Bauern daheim. Wie mögen die asiatischen Bergbewohner einen Fürsten bestaunt haben, der ein so mächtiger Kriegsherr war und zugleich ein so guter und sachverständiger Landwirt! Und was für eine glänzend organisierte Nachschublinie muß das gewesen sein, auf der ein paar Hirten einige hundert Stück Vieh über Tausende von Meilen aus Indien nach Europa treiben konnten. Da Rinder ihrer Hufe wegen nicht viel mehr als sechs oder sieben Meilen am Tag laufen können, sind die Viehtreiber länger als ein Jahr unterwegs gewesen.
Die Armee mit ihrer umfangreichen Nachschuborganisation

wurde ergänzt durch die Zivilverwaltung. Auch dieser Apparat kann nicht klein gewesen sein. Die Führung der Armee und die Leitung der Zivilverwaltung waren im Hofstaat des Königs zusammengefaßt. Zum Hofstaat gehörten noch die Gelehrten, die Poeten, die Musikanten und die Lehrer der jungen Aristokraten aus der Umgebung des Königs. Die hohen Offiziere und Beamten führten ihrerseits große Häuser oder vielmehr große Zelte. In der Üppigkeit ihres Aufwandes versuchten sie, die persischen Großen zu übertreffen.

Der Armee mit ihrem Train folgte ein Troß von Marketendern, Händlern, Geldwechslern, Wahrsagern, Quacksalbern, leichten Mädchen und Abenteurern aus aller Welt. Zum Troß gehörten Sklaven, Kriegsgefangene zumeist, welche die Soldaten sich hielten, ihre aus schnell rostendem Eisen bestehenden Waffen zu reinigen, ihre Esel zu füttern, ihre Beute zu bewachen. In ruhigen Zeiten mögen die Sklaven den Soldaten auch die Waffen getragen haben. Es galt, die Helden bei Laune zu halten. Freilich, der Troß war der Anfang der Etappe. Er enthielt eine Menge die Disziplin gefährdenden Sprengstoff – Korruption, Anarchie, Weibergeschichten, Habgier, Spielleidenschaft, alles eben, was Leben unter so wilden Bedingungen mit sich bringt.

Alexander hat, nicht anders als einer der großen Mongolenkhane oder einer der türkischen Sultane der Erobererzeit, fast ein Jahrzehnt lang in einer beweglichen Zeltstadt gelebt. Nur gelegentlich nahm er in einer achaimenidischen Residenz oder in einer Stadt Quartier. Die Armee ist seine Heimat gewesen. Um so bitterer war für den König der Augenblick, als er sich eingestehen mußte, daß keine Aussicht bestand, bei den älteren, aber darum eben doch um so verdienteren Militärs seines Hauptquartiers Verständnis für den Aufbau der neuen makedonisch-griechisch-persischen Welt zu finden, an der doch seinem Herzen so viel gelegen war. Zwischen ihm und seinen Generalen wuchs die Entfremdung. Es war der Geist seines Vaters, der in diesen alten Kriegern weiterwirkte und mit dem Alexander nicht fertig wurde. Soweit sich das noch erkennen läßt, haben von den großen Herren seines Hofstaates nur zwei, Hephaistion und Krateros, die Großartigkeit seiner Ideen wirklich begriffen. Um zwischen diesen beiden keine Eifersucht aufkommen zu lassen, hat er einmal gesagt, daß Krateros der Freund des Königs, Hephaistion der Freund Alexanders sei.

Man wird, auch wenn sich das nicht beweisen läßt, den Verdacht nicht los, daß Alexander die Umwandlung seiner makedonischen Armee in ein asiatisches Heer auch deshalb vorantrieb, weil er, Meister der Psychologie, frühzeitig vorausgesehen hat, wie die Stimmung unter seinen alten Mitkämpfern sich entwickeln würde. Niemals jedenfalls war ein Feldherr besser auf eine Meuterei vorbereitet als Alexander auf die in Opis nach der Rückkehr nach Mesopotamien. Der unmittelbare Anlaß war die Heimsendung einer großen Zahl von Veteranen. Sie argwöhnten, Alexander wolle sie loswerden. Als die Revolte ausbrach, verfügte der König über genug persische Reserven, der Meuterei wirksam zu begegnen. In ihrem Verlauf setzte er die vollständige Gleichberechtigung persischer Kontingente endgültig durch.

Im Herbst dieses Jahres 330 kam es in Alexanders Hauptquartier zu einer Verschwörung gegen das Leben des Königs. Philotas, der Sohn Parmenions, war auf eine so unglückliche Weise in diese Verschwörung verwickelt, daß er trotz der hohen Stellung seines Vaters von der Heeresversammlung des Hochverrats für schuldig befunden und von den Soldaten mit ihren Wurfspeeren getötet wurde.

Auf Grund des unter der Folter erpreßten Geständnisses des Philotas war auch Parmenion belastet. Der König schickte auf schnellen Dromedaren einen Trupp zuverlässiger Leute, von wegkundigen Eingeborenen geführt, unter zwei hohen Offizieren seines Stabes nach Ekbatana mit dem Befehl, den alten Feldherrn ohne Aufhebens zu töten. Alexander wagte es nicht, den verdienten Mann zu schonen. Parmenion war bei den Soldaten sehr beliebt. Die Gefahr, daß es bei seiner Absetzung oder Verhaftung zu einer Meuterei der ihm unterstellten Truppen käme, war zu groß.

Es ist müßig, nach Entschuldigungen für Alexanders Verhalten zu suchen. Das Vorgehen gegen Parmenion, mochte es sich formaljuristisch begründen lassen, war reiner Mord. Von dem alten makedonischen Gesetz, daß bei Hochverrat das Leben der ganzen Familie des Hochverräters verwirkt war, hatte Alexander schon früher keinen Gebrauch gemacht. Die Existenz der Armee, Alexanders ganze Zukunft, alle seine Pläne, sein Leben standen auf dem Spiel. Der König beugte sich der Macht dieser Drohungen. Ein Schatten fiel auf den Glanz seines Glücks. Dunklere Schatten sollten folgen.

Der Krieg, nach seinen unerbittlichen Gesetzen, ging weiter. Ohne Widerstand zu finden, nahm Alexander vom ganzen südlichen Afghanistan Besitz. Dann wandte er sich nach Norden ins Tal des Kabul, wo die Rast des Winters von 330 auf 329 gehalten wurde.

Das weite Hochtal, in dem Kabul, die heutige Hauptstadt Afghanistans, liegt, wird im Norden und Westen vom Hindukush abgeschlossen, dessen Berge zwischen fünftausend und siebentausend Meter hoch sind. Im Süden geht das Tal in Wüste über. Im Osten verbinden es nur von Wildbächen durchströmte schwer passierbare Gebirgstäler mit der übrigen Welt. Man sollte meinen, unter diesen Bedingungen müsse sich hier ein Refugium letzter Einsamkeit befunden haben. In Wirklichkeit ist das Tal von Kabul Kreuzungspunkt von Verkehrswegen ersten Ranges, die es zu einem Gebiet von hoher geschichtlicher Lebendigkeit werden ließen. Durch dieses Tal führt die in Balkh in Baktrien von der großen Ostweststraße nach Süden abzweigende Trasse der Seidenstraße nach Indien. Immer ist es ein wichtiger Stützpunkt oder sogar der Mittelpunkt großer Reiche gewesen, die von Griechen, Skythen, Indern, Mongolen, Arabern, Türken gegründet wurden. Die Eroberer aus Innerasien brachen von Norden in das Tal von Kabul ein und zogen nach Süden, Osten oder Westen weiter. Und schließlich hat sich eine Eroberung, die aus Indien kam und durch das Tal von Kabul nach Norden vordrang, über ganz Asien ausgebreitet. Sie gehört zu den schönen Eroberungen der Geschichte. Hundert Jahre nach Alexander wurde Afghanistan zu einem Zentrum des Buddhismus mit vielen Klöstern in den einsamen Bergtälern des Hindukush. Von hier aus gelangte die Lehre Prinz Gautamas, der Seidenstraße folgend, über das Tarimbecken nach China, Korea und Japan. Dabei nahmen die Karawanen auch alles das mit gen Osten, was sich in der Nachfolge Alexanders aus hellenischem Geist in den von ihm eroberten Ländern verbreitet und entwickelt hatte.

Mit dem Besitz Afghanistans südlich des Hindukush verfügte Alexander über eine sichere und unangreifbare Basis für das Vorgehen sowohl gegen das Glacis des Nordostens, das Flußgebiet des Oxos und Jaxartes, als auch gegen das Glacis des Ostens, das Industal. Dieser kühne, in seinen Plänen so weitschweifende, dieser so phantasiereiche Mann war, was den Aufbau seines Reiches betraf, ein Pedant der Sicherheit.

Der Pedant der Sicherheit ging zuerst gegen Baktrien und den

Fürsten Bessos vor. Noch ehe der Schnee geschmolzen war, überschritt Alexander mit seinem Heer den Hindukush, und zwar, um Bessos zu überraschen, auf dem östlichsten der Pässe, der der höchste und schwierigste ist. Dieser Übergang über das Hochgebirge, der fast noch im Winter stattfand, ist in seiner Kühnheit nur mit dem Übergang Hannibals über die Alpen zu vergleichen. Er dürfte sogar noch schwieriger gewesen sein. Die Paßhöhe beträgt mehr als dreitausend Meter. Es gelang Alexander, den Gegner so gründlich zu überraschen, daß es nach dem Überschreiten des Gebirges zunächst zu kriegerischen Handlungen überhaupt nicht mehr kam. Bessos floh über den Oxos nach Norden. Er wurde später von seinen Mitverschworenen an Alexander ausgeliefert. Der König schickte den Königsmörder nach Ekbatana zurück, wo man ihn, nach persischer Gewohnheit, kreuzigte.

Bessos' Flucht in die Sogdiana hatte zur Folge, daß ganz Baktrien, das reiche Land zwischen dem Hindukush im Süden und dem Oxos im Norden, ohne Widerstand von den Makedonen besetzt werden konnte. Um so größer waren die Schwierigkeiten nach Überschreiten des Oxos. Zunächst zwar konnte die Sogdiana bis zum Jaxartes ohne größere Kämpfe in Besitz genommen werden. Aber dann brach im Rücken des makedonischen Heeres ein Aufstand los, der die Eroberer in schwere Bedrängnis brachte. Die von Alexander eingerichteten Garnisonen wurden überfallen und zum Teil genommen. Makedonische Abteilungen gerieten in Hinterhalte, erlitten schwere Verluste oder wurden aufgerieben. Das ganze Land befand sich in wildem Aufruhr.

Der Führer des Aufstandes war Fürst Spitamenes. Er war ein Soldat von hohen Fähigkeiten, ein Meister der beweglichen Kriegführung. Er tauchte mit schneller Kavallerie immer da auf, wo man ihn am wenigsten erwartete. Ebenso schnell verschwand er wieder in die im Westen und Nordwesten an die Sogdiana angrenzenden aus Steppe und Wüste bestehenden Weiten, in welche Alexander ihm nicht folgen konnte. Dort auch fand Spitamenes stets neue Verstärkungen unter den mit ihm verbündeten, nach Kampf gierigen, nach Beute lüsternen Skythen und Massageten.

Alexander schlug den Aufstand nieder, und da die Bevölkerung sich weitgehend beteiligt hatte, glaubte er sich berechtigt, ein besonders strenges Strafgericht abzuhalten. Eine nicht geringe Zahl von Menschen wurde umgebracht. Aber hier bewährte sich

die Strenge als Mittel nicht. Wohl verhielt sich die Bevölkerung, vor Entsetzen stumm, eine Zeitlang ruhig. Aber dann brach mit nur um so größerer Wut der Aufstand von neuem los. Zwei Jahre brauchte Alexander, des Fürsten Spitamenes Herr zu werden. Schließlich wurde der tapfere Verteidiger seiner Heimat von eigenen Leuten ermordet, sein Kopf dem König überbracht. Apame, der Tochter des Spitamenes, war ein großes Schicksal bestimmt. Alexander verheiratete sie, später in Susa, mit seinem Feldherrn Seleukos. Die Tochter der Steppe wurde zur Ahnherrin eines Königsgeschlechtes, aus dem einige der bedeutendsten Herrscher des hellenistischen Zeitalters hervorgegangen sind.
Das ganze Gebiet von Oxos und Jaxartes wurde militärisch durch die Gründung zahlreicher neuer Städte mit makedonischen Garnisonen gesichert. Staatsrechtlich dagegen behandelte Alexander mit jener politischen Weisheit, die in einem so merkwürdigen, so einzigartigen, niemals zu erklärenden Gegensatz zu seiner Jugend steht, die Gebiete, die nördlich des Oxos lagen, sehr unterschiedlich von denen südlich des Flusses. Baktrien wurde eine fest zum Iran gehörige Satrapie. Die Transoxiana dagegen verknüpfte Alexander nur lose mit seinem Machtbereich. Aus den Aufständen hatte der König gelernt, daß diese wilden, freiheitsliebenden, kriegstüchtigen Völker in ihrem weiten schönen Land sich, wenn überhaupt, nur von ihren eigenen Fürsten regieren lassen würden. So zog er diese Fürsten an sich und schloß Bündnisse mit ihnen. Ihre Rivalitäten nutzte er dazu aus, ein gewisses Gleichgewicht der Kräfte unter ihnen aufrechtzuerhalten.

Zum Befehlshaber Baktriens hatte Alexander den Kleitos vorgesehen. Die Absicht des Königs, den schwierigen, ganz selbständigen Posten diesem verdienten alten General zu übergeben, war ein Beweis besonderen Vertrauens. Kleitos sollte diesen Posten niemals antreten.
Während des zweiten Herbstes des Feldzugs in der Transoxiana, als die Kämpfe zu einem gewissen Abschluß gekommen und nur noch einige Widerstandsnester im Gebirge übriggeblieben waren, entlud sich in Samarkand das schreckliche Gewitter, das sich durch die Spannungen im Hauptquartier schon seit langem angekündigt hatte. Während eines Gelages geschah die Ermordung des Kleitos durch Alexander. Das Ereignis ist mehr als eine Episode. Es enthält die dramatischen Elemente des immer

unvermeidlichen Kampfes zwischen dem genialen Revolutionär, der weiß, daß er die Zukunft in seiner Hand hält, und der Gesellschaft, die ihren in Generationen geschaffenen Bestand verteidigt. Die Gesellschaft versteht den Revolutionär nicht. Sie sieht in ihm den Zerstörer. Der Geniale empfindet das Unverständnis der Gesellschaft als eine bösartige und sinnlose Erschwerung seiner Aufgabe.

Kleitos, in den Quellen der Schwarze Kleitos genannt, ist in diesem wüsten Handel der Repräsentant des alten konservativen, patriarchalischen Makedonien. Außerdem ist er hier noch Repräsentant seines alten eigentlichen Herrn, König Philipps II. Kleitos ist ein ganz hervorragender Mann gewesen. Berve charakterisiert ihn als einen echten Vertreter des makedonischen Adels, rauh, starrsinnig, tapfer, dazu von glänzender militärischer Tüchtigkeit. Und klassisch gebildet war er, wie der Bericht des Plutarch zeigt, jedenfalls auch. Er war der Bruder der Lanike, der Amme Alexanders. Als Führer der ILE BASILIKE, der Leibgarde, hatte der Schwarze Kleitos in der Schlacht am Granikos Alexander das Leben gerettet.

Motive und Hintergründe der Ermordung des Kleitos sind für die Beurteilung der Persönlichkeit Alexanders von Bedeutung. Glücklicherweise gibt uns Plutarch auch hier einen genauen Bericht darüber, wie die Dinge verlaufen sind. Da die Gelehrten die einsichtige Meinung vertreten, daß der Mann, auf den dieser Bericht sich stützt, ein Augenzeuge war, sei der vortreffliche Plutarch noch einmal zitiert.

»Es kamen einige Leute an, welche dem König griechisches Obst, vom Meer her, überbrachten. Der König, der sich über die Frische und Schönheit desselben wunderte, ließ den Kleitos rufen, weil er beabsichtigte, es ihm zu zeigen und ihm davon zu geben. Kleitos, der gerade opferte, ließ das Opfer stehen und machte sich auf den Weg. Drei Schafe, auf welche bereits das Trankopfer ausgegossen war, liefen ihm nach. Der König, der dies hörte, teilte es den Wahrsagern mit, und zwar dem Aristander und dem Kleomantis aus Lakedaimon. Da diese ein schlimmes Zeichen in dem Vorfall sahen, befahl er, in aller Schnelligkeit ein Sühneopfer für Kleitos darzubringen. Denn er selbst hatte drei Tage zuvor im Schlafe einen mißlichen Traum gehabt. Es kam ihm vor, wie man erzählt, als sitze Kleitos mitten unter Parmenions Söhnen in schwarzen Gewändern, und alle seien tot. Dennoch wartete Kleitos das

Ende des Opfers nicht ab, sondern begab sich alsbald zur Abendtafel, die sich an ein Opfer anschloß, welches der König den Dioskuren gebracht hatte.
Hier ging ein tolles Zechen los, wobei man Lieder eines gewissen Pranichos oder, wie einige auch sagen, eines gewissen Perion sang, Spottlieder auf die Feldherren, welche unlängst eine Niederlage von den Baktrern erlitten hatten. Die älteren Gäste wurden ungehalten und empörten sich über den Dichter und den Sänger. Alexander dagegen hörte mit seinen nächsten Freunden ganz vergnügt zu und verlangte die Fortsetzung.
Kleitos, bereits berauscht, überdies von Natur zum Jähzorn neigend und rücksichtslos, zeigte den größten Unwillen. Es sei nicht fein, erklärte er wiederholt, wenn Makedonen in einem Kreis von Fremden und Feinden verhöhnt würden, Makedonen, die weit besser seien als ihre Spötter, wenn sie auch ein Unglück gehabt hätten. Alexander erwiderte, daß Kleitos als sein eigener Anwalt rede, wenn er die Feigheit nur als ein Unglück hinstelle. Jetzt stand Kleitos auf und rief: ›Aber diese Feigheit hat dem Göttersohne das Leben gerettet, als er bereits der Waffe des Spithridates seinen Nacken darbot! Nur durch das Blut der Makedonen bist du so groß geworden, daß du dich dem Ammon aufdrängst und den Philippos verleugnest!‹
Entrüstet hierüber rief nun auch Alexander: ›Elender Gesell, meinst du, ich werde mir das immer gefallen lassen, daß du so von mir redest und die Makedonen verhetzest?‹
›Ei‹, sagte Kleitos, ›es gefällt uns jetzt auch wenig, Alexander, daß wir solch einen Lohn für all unsere Arbeit heimtragen! Wir preisen alle glücklich, die gestorben sind, ehe sie sehen mußten, wie man Makedonen mit medischen Ruten peitscht und wie wir einen Perser bitten müssen, daß wir zu unserem König dürfen!‹
Während Kleitos diese anmaßenden Reden ausstieß, erhoben sich Alexanders Freunde und wiesen ihn zurecht. Die älteren Gäste machten Versuche, den Tumult zu stillen. Alexander aber wandte sich an Xenodochos von Kardia und Artemios von Kolophon mit den Worten: ›Kommt es euch nicht so vor, als spazierten die Griechen unter den Makedonen umher wie Halbgötter unter wilden Bestien?‹
Kleitos gab indessen nicht nach. Er forderte den Alexander auf, nur öffentlich alles herauszusagen, was ihm beliebe. Oder er solle keine freien Männer mehr zu Gast laden, welche die Offenheit liebten. Er solle dann mit Barbaren und Sklaven leben, die vor

seinem persischen Gürtel und seinem rotweißen Rock den persischen Gruß vollzögen.
Jetzt war Alexander seines Zornes nicht mehr Meister. Er nahm einen Apfel von der Tafel, warf ihn dem Kleitos an den Kopf und suchte nach seinem Dolch. Weil aber einer von seinen Leibwächtern, Aristophanes, ihm denselben zuvor heimlich weggenommen hatte, auch die anderen ihn umringten und baten, so sprang er in die Höhe und rief auf makedonisch seine Waffenträger heraus. Dies war das Zeichen für einen großen, plötzlichen Aufruhr. Auch befahl er dem Trompeter, Signal zu blasen, und schlug mit den Fäusten auf ihn los, weil er, wie Alexander meinte, zu lange brauchte und nicht daran wollte. Späterhin jedoch fand dieser Mann die höchste Anerkennung, weil es vorzugsweise sein Verdienst war, daß nicht das ganze Lager in die wildeste Verwirrung geriet.
Den Kleitos, welcher durchaus nicht nachlassen wollte, hatten indessen seine Freunde mit vieler Mühe zum Saal hinausgedrängt. Aber er kam zu einer anderen Türe wieder herein und deklamierte im Tone der größten Verachtung und Anmaßung die Verse des Euripides aus der Andromache:

›Ach, welche schlimme Sitte herrscht in Griechenland!
Stellt auch das Heer die schönsten Siegeszeichen auf,
Schreibt man die Tat nicht jenen zu, die doch gekämpft,
Nein, nur der Feldherr trägt den ganzen Ruhm davon.
Der eine schwang den Speer mit andern Tausenden,
Tat nirgends mehr, als einer tut, und erntet doch
Den größten Teil an Ehren ...‹

Auf dieses hin riß Alexander einem Trabanten die Lanze aus der Hand, und als Kleitos ihm entgegenkam und gerade bei dem Vorhang an der Türe vorüberging, durchbohrte er ihn. Kleitos sank mit Seufzen und Stöhnen zu Boden, und jetzt verließ den Alexander sogleich der Zorn, er kam wieder zur Besinnung, und wie er seine Freunde sprachlos dastehen sah, riß er zuerst die Lanze aus dem Leichnam heraus und wollte sich sogleich selbst einen Stich in den Hals versetzen. Aber man hielt ihn fest; die Trabanten faßten ihn an den Händen und um den Leib und brachten ihn mit Gewalt in sein Zimmer.«

Soweit Plutarch.
Ihm ist nicht viel hinzuzufügen. Nur eine geradezu ungeheuerliche Häufung von Mißgeschick konnte dazu führen, daß Alexander von seinem Zorn so vollständig überwältigt wurde. Man sollte darüber nachdenken, wie gewaltig die Spannungen in der Seele dieses Mannes waren. Man mag ihm diese oder jene Härte, diese oder jene Brutalität durchaus mit Recht vorwerfen, eher ist es verwunderlich, daß ein Temperament dieser Art die Schranken der Arete, der Tugend, so selten nur durchbrochen hat. Schließlich ist man doch überrascht, wie freimütig der Ton war, den der König an seiner Tafel duldete, und man müßte wohl lange in den Geschichtsbüchern blättern, bis man einen Herrscher fände, der sich so viel hätte sagen lassen, wie Alexander sich von Kleitos sagen ließ, ehe das Maß dessen, was er für erträglich hielt, überschritten war. Freilich, auch Kleitos dürfte keine Vorstellung davon gehabt haben, daß er die alte Wunde jener schmerzlichen Haßliebe wieder aufriß, die Alexander für seinen Vater Philipp empfunden hatte. In der Verwirrung des Weins, in der plötzlichen Furcht Alexanders, dem man doch sogar heimlich seinen Dolch weggenommen hatte, der ganze Vorgang sei der Ausbruch einer Verschwörung, floß vor seinem zornigen Auge das Bild des höhnisch lächelnden Kleitos mit dem des zynisch lächelnden Philipp zusammen. So ist es eben nicht nur Kleitos, es ist auch die Vater-Imago, es ist auch Philipp gewesen, welchen Alexander mit der Lanze durchbohrte. Dies mag das schier Unstillbare seiner Reue erklären.
Die Heeresversammlung stellte sich auf die Seite des Königs. Sie erklärte die Tötung des Kleitos für gerecht, und nur auf einen besonderen Befehl Alexanders hin ließ das Heer die Bestattung der Leiche des Kleitos überhaupt zu. Trotz dieser nachträglichen Rechtfertigung war es ein zweiter, noch tieferer Schatten, der auf das Glück Alexanders gefallen war.

Alexander scheute nicht die Mühe, ein halbes Dutzend unbedeutender Burgen in den abgelegenen Tälern des Karakorum zu erobern. Jeder dieser Bergbarone war ein kleiner König. Jeder von ihnen hatte das Zeug dazu, anderntags der Führer eines neuen Aufstandes, ein neuer Spitamenes zu werden. Daß einer von ihnen sogar das Zeug hatte, anderntags der Schwiegervater des Eroberers zu werden, war selbst für Alexander eine Überraschung. Hier freilich war eine Waffe im Spiel, gegen die auch der

Schild des Achilleus keinen Schutz bot. Es war der Pfeil des Gottes Eros. Nach der Eroberung der Burg des Fürsten Oxyartes wurden die Gefangenen am König vorbeigeführt. Als Alexander der Rhoxane, Oxyartes' Tochter, ansichtig wurde, ergriff ihn übermächtige Liebe zu der gefangenen Prinzessin. Das Schicksal Andromaches, der Gattin Hektors, nach dem Fall von Troia mag ihm in den Sinn gekommen sein. Bedroht davon, in die Sklaverei verkauft zu werden, wurde Rhoxane in einem einzigen Augenblick zur Herrin des mächtigsten Reiches. Sie muß ein wunderschönes Mädchen gewesen sein. Die Chronisten erwähnen immer wieder, daß Rhoxane nächst der Prinzessin Stateira, der Tochter des Dareios, die schönste Frau gewesen sei, welche man in Asien sah. Wenn auch die Heirat mit Rhoxane nicht ganz frei von politischen Motiven war, ist es doch das einzige Mal, daß wir erfahren, Alexander habe eine Frau von Herzen geliebt.

Rhoxane hat Alexander später einen Sohn geboren. Allerdings ist er erst nach dem Tode seines Vaters auf die Welt gekommen. Er erhielt den Namen Alexandros. Dieser Prinz hat eine Zeitlang die Aussicht gehabt, der Nachfolger seines Vaters auf dem makedonischen Thron zu werden. Aber so wie Rhoxane glanzvoll aus der tiefsten Tiefe des Unglücks zur höchsten Höhe aufgestiegen war, stürzte sie von ihrer königlichen Herrlichkeit in die Schlucht des Unglücks wieder hinab. Dreizehn Jahre nach dem Tod Alexanders wurde sie zusammen mit ihrem Sohn in Amphipolis in Thrakien von Kassandros, einem kaltherzigen Nachfolger Alexanders in der Herrschaft über Makedonien, aus politischen Gründen ermordet.

Auf die gewalttätigen, rauhen, trunkfesten, kampffrohen Männer der Steppe und der Berge hat ein Mann von der Art Alexanders natürlich einen außerordentlichen Eindruck gemacht. Er konnte mindestens ebenso gut trinken, reiten und schießen wie sie. Dazu war er noch vom strahlenden Glanz seiner königlichen Würde und seines weltweiten Ruhmes umgeben. Die Art, wie Alexander diese wilden Kerle behandelte, war von unübertrefflicher psychologischer Meisterschaft. Auf das geringste Symptom von Rebellion hin griff er sie an. Aber wenn er sie besiegt hatte, benahm er sich nicht, wie Sieger sich gewöhnlich zu benehmen pflegen. Er verzieh ihnen großmütig und machte sie, womöglich noch auf dem Gefechtsfeld, zu seinen Verbündeten, so daß bei diesen leidenschaftlichen, freiheitsliebenden Männern kein Gefühl der Schande und damit kein Haß zurückblieb. Man kann sich vorstellen, welche Begeisterung es bei den Aristokraten dieser wilden Welt auslöste, daß Alexander, der große ruhmreiche König, mit der Tochter eines der Ihren eine legitime Ehe einging. Sogar aus dieser von seinem Herzen diktierten Handlung erwuchs Alexander politischer Erfolg.

Von der Mischung von Respekt, Bewunderung, Furcht und Zuneigung, die Alexander in Asien genossen hat, sind Spuren bis in unsere Tage hinein erhalten geblieben. Unter den kleinen Fürsten nördlich und südlich des Hindukush gibt es noch immer einige, die ihre Abstammung mit Stolz auf Alexander zurückführen. Reverend Joseph Wolff, der zwischen 1843 und 1845 durch Mittelasien reiste, um das Schicksal zweier in Buchara verschollener englischer Offiziere aufzuklären, entdeckte sogar in Kashgar, wohin Alexander nie gekommen ist, einen Füsten, der glaubte, ein Nachkomme Alexanders des Großen zu sein.

An den Lagerfeuern der Nomaden ist Iskander, der sagenhafte Mann, immer lebendig geblieben.

Der Kabul entspringt in den Schneefeldern des Hindukush. Durch wilde, vom Tosen seiner Wasser erfüllte Schluchten, durch weite Hochtäler, die er zu blühenden Landschaften macht, sucht er sich seinen Weg nach Osten, um am Ende dieses Weges, durch eine friedliche, sonnige Ebene breit und glatt dahinströmend, sich in den Indus zu ergießen. Hundert Meter vor dem Zusammenfluß steht auf dem Südufer des Kabul unter einer Gruppe von Kastanien ein aus einem Granitblock gemeißelter, von steinernen Bänken umgebener Tisch. Sich in der Mittagshitze des Hochsommers in den schützenden Schatten der alten Bäume zu setzen, ist ein erlesenes Vergnügen. Die kühle steinerne Stabilität von Bank und Tisch steht in einem beruhigenden Kontrast zur Flüchtigkeit der Jahrhunderte, über welche man von diesem Punkte aus hinwegblickt.

Nach den Jahren endloser Kämpfe in den unwirtlichen Gebirgen und Steppen Mittelasiens muß dieses reiche, wohlbestellte Land auf die Soldaten Alexanders einen außerordentlichen Eindruck gemacht haben. Es war Frühling. 326, das achte Jahr des Alexanderzuges hatte begonnen. Ohne einen Schwertstreich war der Hauptteil des Heeres unter den Generalen Perdikkas und Hephaistion aus dem Oberen Kabultal zum Indus hinabgezogen. Nachts im Biwak hörten die Soldaten die Affen schreien. Nicht gering auch mag das Staunen der welterfahrenen Veteranen gewesen sein, als ihnen die Eingeborenen die ersten tropischen Früchte anboten, Mangopflaumen vor allem und Bananen.
Alexander, auf dem Schild des Achilleus sitzend, eine Banane essend – welch ein Bild!
Doch hielt das Land für die Eindringlinge Überraschungen bereit, die nicht so harmlos wie das Geschrei der Affen, nicht so angenehm wie der Geschmack der Bananen waren. Es gab Mosquitos, Skorpione, Giftschlangen, Malaria, Tiger und Dysenterie. Es gab den tropischen Monsunregen, der alles Leder schimmeln, alles Eisen rosten ließ. Es gab eine Menge Krankheiten, an denen die Pferde zugrunde gingen. Nur mit der einen Hand gibt die Natur, mit der anderen nimmt sie.
Vom schattigen Platz unter den Kastanien schweift der Blick weit über das breite, von niedrigen Hügeln gesäumte Tal. Wenige Meilen stromaufwärts wurde die Brücke geschlagen, über welche

Alexanders Armee den Indus überschritt. Technisch war das für die griechischen Pioniere keine schwierige Aufgabe. Der Indus ist hier über eine längere Strecke hin in mehrere Arme aufgeteilt, die durch von Buschwerk bestandene Sandbänke voneinander getrennt sind. Die Wasserarme sind nicht tief, und die Strömung ist nicht sehr stark. Nur, daß es Krokodile gibt!
In dieser von einem strahlend blauen Himmel überwölbten Ebene wurden die gymnischen Spiele abgehalten, die der König zur Weihe des Übergangs über den großen Fluß befohlen hatte. Über weniges in ihrem Leben dürften die Bewohner des Landes so erstaunt gewesen sein wie darüber, daß diese Armee grimmiger Eroberer so friedlich zu spielen verstand. Eine erste Ahnung davon, wes Geistes Kind diese hellenische Zivilisation war, ging ihnen auf. Die heitere Seite des griechischen Wesens, die Umgänglichkeit und Höflichkeit auch des einfachen Mannes, die vielen Freuden, welche der hellenische Way of Life mit sich brachte, all das war verführerisch. Mochten sich die Völker Asiens gegen die Eindringlinge aus dem Westen noch so erbittert gewehrt haben, die griechische Kultur, die griechische Sprache, die griechischen Gewohnheiten haben sie überall bereitwillig angenommen, freilich, um sogleich mit der ganzen Kraft und Lebendigkeit des Ostens dazu überzugehen, ihrerseits die Hellenen zu orientalisieren. Das Modell dieses Vorgangs war der König der Makedonen selbst. »In der ersten Hälfte seiner Regierung hat Alexander Asien erobert. In der zweiten Hälfte eroberte Asien Alexander.«
Während der Hauptteil des Heeres in bequemen kleinen Tagemärschen zum Indus marschierte, führte Alexander einen schwierigen Feldzug in den unwegsamen Gebirgen, die sich vom Westhang des Himalaya nach Süden und Südwesten zum Kabul hinabziehen. Der Pedant der Sicherheit erachtete es für notwendig, zur Deckung seiner linken Flanke die Bergvölker in diesen schwer zugänglichen Hochtälern zu unterwerfen. Die Verteidigungsanlagen waren nur kleine Kastelle. Eines davon, Ora im Tal des Swat, haben italienische Archäologen ausgegraben. Der ganze Platz hat einen Durchmesser von höchstens dreihundert Metern, und man fragt sich, wo eigentlich die fünfundzwanzig dort von den Makedonen erbeuteten Elefanten sich befunden haben können. So klein diese Kastelle waren, so hartnäckig wurden sie verteidigt. Alexander eroberte sie eines nach dem anderen.

Der Indus ist einer der großen Ströme unserer Erde. Seine Quellen liegen in den Bergen Tibets. Die ersten achthundert Kilometer, eine Distanz gleich etwa der Strecke des Rheins von Basel bis zur Nordsee, fließt der Indus, Kashmir passierend, von Südosten nach Nordwesten. Dann biegt er nach Süden um zu seiner langen Reise zum Indischen Ozean. Der Indus ist kein heiliger Fluß wie der Ganges. Er ist auch kein nationales Symbol wie die Wolga. Er ist ein politischer Fluß. Unter den Achaimeniden war er die Grenze des Perserreiches. Heute ist er die Lebensader Pakistans.
Sechzig Meilen nördlich der Einmündung des Kabul tritt der Indus aus dem Hochland heraus. Etwas südlich dieser Stelle liegt der Aornos, ein aus der Ebene aufragender Berg, der mit seinen schroffen Felsabstürzen eine natürliche, mit Wasser gut versorgte Festung bildete. Die Fläche dieser Festung war groß genug, soviel zu säen und zu ernten, wie zur Ernährung von Besatzung und geflüchteter Zivilbevölkerung erforderlich war. Theoretisch hätte diese Festung eine Belagerung jahrelang aushalten können. Alexander, vom Gebirge herabkommend, eroberte den Platz in einer phantastischen Mischung von überlegener Belagerungstechnik und wildem Ungestüm innerhalb von drei Tagen. Damit war der letzte Widerstand im Bereich des Oberen Indus zusammengebrochen.
Der Indus war den Griechen nicht unbekannt. Zumindest in der Mythologie waren sie schon einmal bis hierher vorgedrungen. Dionysos, der Gott des Weins und des Rausches, hatte auf seinem Zuge durch die Welt auch Indien erobert. Dieses Ereignis war im Bewußtsein der Antike von gegenwärtiger Lebendigkeit. In einem Tempel Kleinasiens wurden noch zu Alexanders Zeit Stoßzähne gezeigt von Elefanten, welche den Gott Dionysos aus Indien nach Anatolien begleitet hatten. Dieser Mythos ist vielleicht eine sehr alte Erinnerung daran, daß die zur Zeit Alexanders am Indus und am Ganges herrschenden Völker selbst Eroberer gewesen und mit den Griechen verwandt waren. Ihre Sprachen gehören zum gleichen indoeuropäischen Sprachstamm wie das Griechische und das Persische. Auch sind diese Indoeuropäer auf demselben Wege gekommen wie Alexander. Namen berühmter Brahmanenfamilien sind an den Ufern des Amu Darja als Ortsnamen erhalten geblieben.
Dem Gott Dionysos folgte die halb sagenhafte, halb historische Königin Semiramis von Babylon. Allerdings erobert hat sie

Indien nicht. Am Indus kehrte sie um, als sie sah, wie die Kamele der westlichen Wüsten vor den Elefanten der östlichen Dschungel flohen.
Eine Meile südlich der Einmündung des Kabul verengt sich das Tal des Indus von neuem. Die Wasser strömen wieder schneller dahin. Auf dem Ostufer ragt die mächtige, über den Uferhang bis hinab zum Fluß sich hinziehende Festung Attock. Sie wurde erbaut im Jahre 1586 nach Christi Geburt vom großen Mogulkaiser Akbar. Zwei Jahre vorher hatten die Engländer Virginia, ihre erste Kolonie auf dem nordamerikanischen Kontinent, in Besitz genommen. Zwei Jahre später besiegte die Flotte der Königin Elisabeth die Armada des Spanischen Weltreichs. Wenig später begannen die Europäer von See her in Indien einzudringen. Heute sind die Sahibs wieder verschwunden. Ihre Herrschaft hat ungefähr ebenso lange gedauert, wie die griechischen Reiche bestanden haben, welche in der Nachfolge Alexanders in Baktrien und Nordwestindien gegründet wurden. Als Erinnerung haben die Griechen das Bildnis Buddhas, die Sahibs eine Eisenbahnbrücke zurückgelassen. Das Bildnis Buddhas leuchtet über Asien. Die Eisenbahnbrücke verbindet unterhalb der Festung Akbars das Westufer des Indus mit seinem Ostufer.

Mit dem Übergang über den Indus begann Alexander die letzte Phase seiner militärischen Aktionen in Asien. Noch etwa fünfhundert Kilometer weit drang er auf dem indischen Kontinent nach Osten vor. Das ist die Entfernung vom Rhein bei Straßburg bis etwa Wien. Der Entfernung von da bis zur Mündung des Ganges würde, im Vergleich dazu, die Strecke von Wien bis zur Mündung des Don ins Asowsche Meer entsprechen. Doch war dieser Feldzug im Punjab nur noch eine abschließende Episode. Die Entscheidungen, in denen die Zukunft beschlossen lag, sind am Indus gefallen.
Wie so oft in Alexanders Biographie stehen einer moralisch erbaulichen Legende verwickelte politische und militärische Verhältnisse gegenüber. Die erbauliche Legende besagt, daß der übermütige, die Götter herausfordernde, unaufhaltsam gen Osten seinem offensichtlich unvermeidlichen Untergang zustürmende Welteroberer nur durch die Vernunft seiner wackeren, nach Weib und Kind und Heimat sich sehnenden Soldaten zu Einsicht und Umkehr gezwungen worden und nur so vor der Katastrophe bewahrt geblieben sei. Es ist erstaunlich, wie viele

gescheite Leute auf das Ressentiment dieser Fabel schon hereingefallen sind.

Der Punjab, das Fünfstromland, war ein Gebiet von großer politischer Mannigfaltigkeit. Das Land wurde von selbständigen Fürsten regiert. Dazwischen gab es kleine Republiken, die Gebiete der Arattas, der Königslosen. Unter den Fürsten besaß Alexander Verbündete, ehe er das Land überhaupt betreten hatte. Schon nach Baktrien hatten einzelne der Rajahs des Punjab Gesandte an den Hof Alexanders geschickt. Offenbar erwarteten sie, daß der Makedone demnächst zum Indus aufbrechen werde. Es ist klar, daß wer keinen Widerstand leisten wollte, diesen Verzicht dem Eroberer gar nicht früh genug zur Kenntnis bringen konnte. Außerdem mochten diese beflissenen kleinen Potentaten hoffen, sich bei dem gefürchteten und mächtigen König gegen gefährliche Nachbarn Rückendeckung verschaffen zu können.

Alexander fand im Punjab ganz ähnliche Verhältnisse vor wie in den Ländern südlich und nördlich des Oxos. Da seine politischen Absichten im Punjab genau die gleichen waren wie in Baktrien und in der Sogdiana, wählte er die gleichen Mittel, das neue Gebiet an sein Reich anzuschließen. Wie er dort den Oxos zur Demarkationslinie gemacht hatte, so tat er es hier mit dem Indus. Das große Gebiet auf dem rechten Ufer des Indus wurde in zwei Satrapien organisatorisch fest an das Reich angeschlossen. Für die Gebiete östlich des Indus dagegen begnügte sich Alexander mit einer Oberhoheit, die auf Freundschaften und Bündnissen beruhte. Wer sich dem König bei seinem weiteren Vordringen nach Osten unterwarf, den nahm er auf das freundlichste auf. Wer Widerstand leistete, wurde sofort angegriffen. So kam es am Hydaspes noch einmal zu einer großen Schlacht, die Alexander mit vielen Kriegslisten einleitete, um sie dann mit unwiderstehlichem Elan zu gewinnen. Sein Gegner war ein mächtiger Rajah, König Poros. Er hatte eine Streitmacht zusammengebracht, die der Alexanders ziemlich gleichwertig war. Dazu verfügte König Poros über eine stattliche Zahl von Elefanten. Die Makedonen allerdings hatten unterdessen eine Methode zur Bekämpfung der Elefanten entwickelt, die in verblüffender Weise an die Methode erinnert, mit geballten Handgranatenladungen gegen die Laufketten von Panzern vorzugehen. Alexander schickte einzelne, mit langstieligen Äxten bewaffnete Soldaten gegen die Elefanten vor, ihnen die Sehnen der Hinterhand zu durchhauen.

Noch auf dem Schlachtfeld versöhnte sich der Sieger mit dem Besiegten. Alexander vergrößerte das Reich des Poros und machte ihn damit zum anhänglichen Bundesgenossen, zur zuverlässigen Stütze seiner Herrschaft. Ebenso machte sich der König die meisten der Arattas zu Freunden, indem er ihnen ausdrücklich ihre alten Freiheiten bestätigte. Es war ein Gleichgewicht der Eifersucht, auf das Alexander seine Herrschaft im Punjab begründete. Dieses Gleichgewicht aufrechtzuerhalten genügten diplomatische Mittel. Die Form, die der Staatsmann Alexander für die politische Organisation des Punjab wählte, gibt Aufschluß darüber, welche Absichten der Feldherr Alexander hatte.

Die Nachschublinie von Ekbatana zum Indus führte durch ein besiegtes Land, dessen Verwaltung wiederhergestellt, dessen Sicherheit durch viele makedonische Garnisonen gewährleistet war. Gleichwohl stellte schon die Eroberung des Punjab das Äußerste dar, was mit Ekbatana als Basis strategisch möglich war. Diese Nachschublinie noch einmal durch ein Gebiet, das zufolge seiner eigenen Dispositionen nur sehr locker an ihn gebunden war, um Tausende von Meilen zu verlängern, war eine operative Unmöglichkeit. Daß der Feldherr, der sich niemals in der Beurteilung einer militärischen Situation geirrt hat, hier plötzlich gegenüber allen Realitäten vollständig blind gewesen sein soll, ist eine unhaltbare Annahme.

Es hätte Alexander durchaus freigestanden, im Punjab eine neue Basis aufzubauen, wie er das zuerst in Anatolien, in Syrien, in Mesopotamien und im Westiran getan hatte. Von einer solchen Basis am Indus als Ausgangspunkt hätte Alexander das Gangesland nach seinem Belieben erobern können. Das spätere Vordringen der Griechen zum Ganges ging von einer konsolidierten Mark Baktrien aus, die staatsrechtlich sogar vom Seleukidenreich mit seinem Schwerpunkt am Mittelmeer unabhängig war. Aber der Staatsmann Alexander wählte für den Punjab von Anfang an die am leichtesten wiegende Form der Oberhoheit, das System der Bündnisse. Das besagt, daß die Pläne des Feldherrn Alexander schon am Indus über eine Eroberung des Punjab nicht hinausgegangen sind. Auch hat Alexander am Hydaspes, lange vor der Umkehr am Hyphasis, den Befehl gegeben, jene mächtige Flotte zu bauen, mit welcher er nachher den Indus hinabfuhr. Der Befehl wurde nach dem Sieg über Poros gegeben, zu einem Zeitpunkt also, zu dem ein gewisser Optimismus hinsichtlich der militärischen Entwicklung der Lage berechtigt gewesen wäre. Was aber hätte es für einen Sinn gehabt, am Hydaspes den Bau einer Flotte zu befehlen, wenn es nicht schon zu diesem Zeitpunkt in Alexanders Geist eine fest beschlossene Sache gewesen wäre, die Rückkehr und die Fahrt zum Okeanos nicht den Ganges, sondern den Indus hinab anzutreten.

Erstaunlich ist, über welch vorzügliche Informationen Alexander verfügte, daß er die Schiffe, die er von der Indusmündung über die offene See nach der Mündung des Euphrat in den Persischen Golf schicken wollte, aus Bäumen von den Hängen des Himalaya bauen ließ. Im Indusdelta gibt es kein Schiffsbauholz.

Es war das imperiale Problem der Grenzen, dem sich Alexander, als er den Indus erreicht hatte, gegenübersah. Die Versicherung seiner Geographen, daß man östlich des Hindukush auf die ideale Grenze, den Okeanos, stoßen werde, hatte sich als falsch erwiesen. Der Okeanos war, eine Fata Morgana der Wissenschaft, gen Osten entwichen, und niemand konnte ihm sagen wie weit. Auch im Norden hatte der König feststellen müssen, daß sich zwischen den alten Nordgrenzen des Persischen Reiches und dem nördlichen Okeanos ungeheure, unbekannte Weiten erstreckten, die von wilden, kriegerischen Völkern bewohnt waren. So hatte Alexander schon in Mittelasien eine Außenzone in Kauf nehmen müssen, aus der zu jeder Zeit unbekannte und unübersehbare Gefahren auftauchen konnten.

Caesar ist sein Leben lang von der gleichen Sorge beunruhigt gewesen. Sein Krieg in Gallien und sein Übergang über den Rhein hatten ihn gelehrt, wie hoch die militärische Stärke der Barbaren einzuschätzen sei. In Gallien zwar hatte er den Okeanos erreicht. Die Germanen aber hielt er für so gefährlich, daß er den Plan faßte, vom Schwarzen Meer aus entlang dem Westufer des Kaspischen Meeres nach Norden vorzustoßen und Germanien von Osten her anzugreifen. Wer weiß, was diese begabten Germanen für ein bezauberndes Volk geworden wären, hätten sie die mediterrane Zivilisation so frühzeitig kennengelernt wie ihre keltischen Nachbarn jenseits des Rheins.

Hätte Caesar diesen Plan erfolgreich durchgeführt, wäre die Steppe Nachbarin Roms geworden. An die Stelle der das Römische Reich bedrohenden Germanen wären zwar die ebenso bedrohlichen Skythen, Massageten und Hunnen getreten. Sicherheit durch Grenzen ist eine Utopie. Aber es hätte sich aus einer

solchen römischen Position in Mittelasien auch ein früher und enger Kontakt zum China der Han-Zeit entwickelt. Die Verbindung mit Afghanistan hatten die Chinesen schon zur Zeit des Kaisers Wu-ti am Ende des 2. Jahrhunderts vor Christi Geburt hergestellt. Ausführliche Berichte dieser frühen chinesischen Forschungsreisenden sind uns erhalten geblieben.
Eine merkwürdige Ähnlichkeit mit Caesars Plan hatte ein Vorschlag, den Pharasmanes, König der Chorasmier, dem König der Makedonen in Zariaspa machte. Dieser Fürst der Steppe, der am Unterlauf des Oxos herrschte, war mit dem stolzen Gefolge von fünfzehnhundert Reitern an den Hof König Alexanders nach Baktrien gekommen. Er schlug Alexander vor, sie sollten gemeinsam alles Land vom Oxos bis zum Schwarzen Meer unterwerfen. Er kenne die Wege und er erbiete sich, für diesen Feldzug das Heer Alexanders zu versorgen. Ob Pharasmanes bei diesem Kriegszug das Kaspische Meer nördlich umgehen wollte oder ob er über eine Schiffsverbindung quer über das Kaspische Meer verfügte, erfahren wir zu unserem großen Kummer nicht. Daß Alexander den Pharasmanes danach gefragt hat, ist sicher, einmal seiner eigenen wissenschaftlichen Neugier wegen, dann aber auch, weil er doch dem Aristoteles über dieses aufregende Problem genau berichten mußte. Auch Könige verlieren ein ganzes Leben lang nicht den Respekt vor ihren alten Erziehern.
Alexander erklärte dem Pharasmanes, daß er zunächst Indien unterwerfen müsse. Er werde aber nach seiner Rückkehr in den Westen vom Hellespontos aus einen Zug nach Osten unternehmen, die Länder am Schwarzen Meer seinem Reich hinzuzufügen. Bis dahin möge Pharasmanes sich gedulden. Aus dieser Äußerung auf Weltherrschaftspläne Alexanders schließen zu wollen, wäre übertrieben. Der König dürfte nichts weiter im Sinn gehabt haben, als zu einem anderen mächtigen König höflich zu sein.
Die Unterwerfung Indiens endete am Hyphasis. Auch hier sah Alexander sich genötigt, eine Außenzone in Kauf zu nehmen, deren militärisches Potential er nicht übersehen konnte. Der Unterschied zu Mittelasien war nur der, daß hier die Außenzone nicht ein Land von Barbaren, sondern ein Gebiet hochentwickelter, blühender Kulturen war.
Alexander hat den Vorschlag des Chorasmierkönigs nicht vergessen. Kaum nach dem Westen zurückgekehrt, befahl er eine Expedition auszurüsten, die endlich klären sollte, ob das Kaspische Meer eine Bucht des Okeanos oder ein Binnenmeer sei.

Wie aber stand es nun wirklich um die im Fünfstromland nach Überschreiten des Indus weiter und weiter nach Osten marschierende Armee? Das für den Zug nach Indien aufgestellte Heer unterschied sich in seiner Struktur erheblich von der alten makedonischen Armee, mit der Alexander seine ersten Siege errungen hatte. Nur der Kern dieses Heeres war noch makedonisch. Bedeutende Kontingente der Völker seines neuen Reiches waren dazugekommen. Es muß Alexander mit Genugtuung erfüllt haben, daß dieses schon halbasiatische Heer sich in der Schlacht gegen Poros als ein brauchbares militärisches Instrument erwies. Für ihn bedeutete diese Probe, daß eine Verschmelzung von westlichen Elementen mit östlichen unter bestimmten Bedingungen möglich sei. Aber unterdessen hatte der Monsun eingesetzt. Wenn Regen nicht mehr aufhört, verfällt langsam alles der Aufweichung, am Ende sogar makedonische Disziplin. In einem Bericht, der von Kleitarchos, einem Feldzugsteilnehmer, stammt, heißt es: »Wenige von den Makedonen waren übrig und diese der Verzweiflung nahe. Durch die Länge der Feldzüge waren den Pferden die Hufe abgenutzt, durch die Menge der Schlachten die Waffen der Krieger stumpf und zerbrochen. Hellenische Kleider hatte niemand mehr. Lumpen barbarischer und indischer Beute, elend aneinandergeflickt, umhüllten die narbenbedeckten Leiber der Welteroberer. Seit siebzig Tagen waren die furchtbarsten Regengüsse unter Stürmen und Gewittern vom Himmel herabgeströmt.«
Daß die Helden unter diesen Bedingungen keine Begeisterung mehr dafür aufbrachten, einen neuen Kontinent von unbekannter Ausdehnung zu erobern, leuchtet ein. Aber ebensowenig kann einem so erfahrenen Truppenführer wie Alexander, der wie immer alle Strapazen und alle Gefahren mit seinen Soldaten teilte, entgangen sein, daß die Stimmung im Heer von Woche zu Woche, von Tag zu Tag, von Meile zu Meile sank. Der Widerstand gegen eine Fortsetzung der offensiven Operationen wuchs. Der König hat das alles ziemlich klar vorausgesehen. So war die zunehmende Erschöpfung der Truppe nichts, was ihn überraschte, und in gar keiner Weise war sie Anlaß, daß Alexander seine Pläne ändern mußte.
Der König hat sein Spiel mit großer Feinheit gespielt. Um den Ausbruch einer offenen Meuterei zu verhindern, gab er der Truppe Gelegenheit, durch hohe Offiziere, deren Verdienst jeden Zweifel an ihrer Loyalität ausschlossen, den Wunsch nach Rück-

kehr in die Heimat vorzubringen. Nach längerem Zögern gab der König nach. Der Widerstand seiner Soldaten bot ihm die wunderbare Möglichkeit umzukehren, ohne besiegt zu sein. Seine Pläne waren nicht betroffen. Die Gloire war gerettet: »Nur von Makedonen konnte Alexander besiegt werden.«
Am Ufer des Hyphasis, des östlichsten der von Alexander erreichten Nebenflüsse des Indus, errichtete das Heer zwölf mächtige Altäre. Es waren zwölf Denkmäler der Vernunft eines großen Mannes. Nach Opfern und Spielen begann der Weg zurück. Das Jahr 326 vor Christi Geburt ging seinem Ende entgegen.

So wohlüberlegt und den strategischen Bedingungen angemessen Alexanders Umkehr am Hyphasis war, der Entschluß dazu verwandelte seine Situation von Grund auf. Das Vergangene, das schon Geschaffene begann Forderungen an seinen Schöpfer zu stellen. Während Alexanders königliches Leben bis dahin mächtig und sicher dahingeflossen war, während er bis dahin mit gelassener Souveränität, alles genau vorbedenkend, nichts übereilend, eine große erfolgreiche Aktion an die andere geschlossen hatte, bekommen die Ereignisse in dieser letzten Phase mehr und mehr etwas Hektisches. In Katarakten stürzt der Strom in die Tiefe.
Es ist schier unglaublich, was sich in den zweieinhalb Jahren, die Alexander noch blieben, ereignete, und auch weiterhin waren die Geschehnisse so großartig, daß die Zeitgenossen aus dem Staunen nicht herauskamen. Alexander selbst freilich wurde zuweilen von Melancholie ergriffen – ein Träumer, dem zu viele Träume in Erfüllung gegangen waren! Es ist, als habe er geahnt, daß nur noch eine kurze Frist hienieden ihm beschieden sei. So griff er in seinen Entschlüssen immer weiter aus. Nur darin blieb er der alte Realist, daß seine Pläne, mochten sie noch so phantastisch sein, des Kriteriums der Ausführbarkeit niemals ermangelten. Wie weltumfassend Alexanders Vorstellungen waren, dafür ist charakteristisch, daß er am Ende seines siebenjährigen Zuges durch die Ländermassen Asiens auf den Gedanken verfiel, man könne vom Indus zum Euphrat auch auf dem Wasserwege gelangen. Die Welt hallte wider von den Axtschlägen, mit denen an den Hängen des Himalaya die Bäume gefällt wurden für die Schiffe, mit denen der König dann zum Okeanos hinabfuhr. Vom Indusdelta aus sollte eine kleine Hoch-

seeflotte an der Südküste Persiens entlang die Mündung des Euphrat anlaufen, während Alexander selbst zur Deckung und Unterstützung des maritimen Unternehmens versuchen wollte, auf dem Landweg, zunächst entlang der Küste durch Gedrosien, dann über Karmanien und die Persis Susa zu erreichen. Der Sinn dieses Unternehmens war die Eröffnung des Seeweges von Indien zum Persischen Golf und zum Roten Meer, die Herstellung einer von den Gefahren und Mühen asiatischer Karawanenwege unabhängigen Handelsverbindung zwischen dem reichen Indien und der Welt des Mittelmeeres. Das Unternehmen ist vollständig gelungen. Die Schiffahrt im Indischen Ozean wurde von Alexander für alle Zukunft in den Dienst des Welthandels gestellt.
Die Fahrt den Indus hinab ging nicht ohne Zwischenfälle vor sich. Die meisten Völker an den Ufern des mächtigen Stromes waren klug genug, das prächtige Schauspiel einfach an sich vorüberziehen zu lassen. Es waren an die tausend Schiffe! Die Vorsichtigen zogen sich in dem Eroberer unzugängliche Wüsten oder Dschungel zurück, bis das Spektakel den Strom hinabgeschwommen war. Einige zu den Arattas gehörende Stämme versuchten, von unversöhnlichen Brahmanen angefeuert, Alexander Widerstand zu leisten. Sie mußten es schwer büßen. Die Truppe, durch ihre Erfahrungen belehrt, war, und das wohl nicht mit Unrecht, besorgt, daß diese nartnäckigen Verteidiger ihrer Freiheit nach einer Niederlage nur den Abzug der Hauptstreitkräfte abwarten würden, um erneut gegen die Eroberer sich zu erheben. Das hätte, wie sie ihren König kannten, den Befehl zur Umkehr bedeutet. Dabei wäre viel Zeit verlorengegangen, und nichts fürchteten die Soldaten mehr, als noch einmal in die Regenzeit hineinzugeraten. So richteten sie nach einem schwer erkämpften Sieg über die Maller und Oxydraker ein Blutbad unter der Bevölkerung an, das einer Ausrottung dieser beiden Stämme ziemlich nahe kam. Alexander konnte das Massaker nicht verhindern, weil er bei einem Sturm auf eine Burg der Maller schwer verwundet worden war. Die makedonischen Generale dürften mit den Soldaten einig gewesen sein.
Auf der Hälfte des Weges zum Okeanos schickte Alexander den größeren Teil der Armee mit den Elefanten, den Verwundeten und dem Troß über den Mullapaß nach Karmanien. Im Sommer des Jahres 325 erreichte der König mit der Flotte das Delta, das der Indus bei seiner Mündung ins Meer bildet. Hier war es, wo die Eroberer das ihnen noch unbekannte, gewaltige Phänomen

der Gezeiten eines Weltmeeres kennenlernten. Alexander unternahm zwei Erkundungsfahrten zum Okeanos, die eine den westlichen, die andere den östlichen Mündungsarm des Indus hinab. Er fuhr weit ins offene Meer hinaus, um auf hoher See dem Poseidon zu opfern. Dabei mag der König sich des Opfers erinnert haben, das er neun Jahre zuvor dem Herrscher der Meere bei seiner Überfahrt über den Hellespontos dargebracht hatte. Poseidon war gnädig und nahm das Opfer Alexanders an.

Der Weg zurück von der Mündung des Indus nach Persepolis ist eine der abenteuerlichsten Strecken des an Abenteuern so reichen Alexanderzuges. Nicht selten hörte man Zweifel äußern, ob Alexander zu den wirklich großen Feldherren gehöre, da die wahre Größe eines Heerführers sich erst in der Niederlage enthülle und Alexander eine solche nie erlitten habe. Zweifellos ist Unglück als Maßstab für die Beurteilung eines Charakters zuverlässiger als Glück. Alexander hat in der Tat in vielen Jahren Krieg niemals eine Niederlage erlebt, aber im Unglück hat er sich bewährt.

Der Zug durch die Wüste Makran nach Karmanien wird von vielen Historikern zu jenen Tollkühnheiten gerechnet, die man Alexander nicht verzeihen könne. Schließlich habe es den Karawanenweg vom Indus über den Mullapaß nach Karmanien gegeben, den Krateros ohne Verluste zurücklegte. Antike Autoren erklären, Alexanders Motiv sei der Ehrgeiz gewesen, Herakles zu übertreffen. Sicherlich ist Herakles auch für seinen späten Enkel Alexander noch ein Vorbild unerschütterlichen Mutes gewesen. Aber Herakles hat weder über Welthandel noch über Monsune noch über das Problem, ob es eine Menschheit gebe, nachgedacht. Alexander lebte in einem Jahrhundert fortschreitender Aufklärung. Dem widerspricht nicht, daß es möglicherweise sogar der König selbst gewesen ist, der Herakles ins Spiel brachte. Seine Soldaten hingen noch an den alten Mythen. Schmeichler haben den Vergleich mit Herakles übernommen. Immerhin war es schwierig, überhaupt eine Figur zu finden, an der man Alexanders Größe aufzeigen konnte. Hannibal, Caesar, Napoleon hatten es leichter. Sie konnte man mit Alexander vergleichen.

Den Zug durch Gedrosien hat der Pedant der Sicherheit auf das sorgfältigste vorbereitet. Die Flotte für die Fahrt nach dem Westen bestand aus etwa hundert Schiffen. Zu ihrem Befehlshaber hatte Alexander den Nearchos ernannt, einen seekundigen

Kreter. Die Schiffe konnten für vier bis fünf Tage Verpflegung, aber höchstens für zwei Tage Wasser an Bord nehmen. Von der Mündung des Indus in den Ozean bis zur Einfahrt in den Persischen Golf betrug die Entfernung etwa achthundert Seemeilen. Fünfhundert davon waren unbekannte Küste. Alexander wollte die Flotte zu Land begleiten, um die Eingeborenen dieser unbekannten Gebiete in Schach zu halten, damit Nearchos etwa vorhandene Häfen anlaufen könnte. Weiterhin hatte Alexander vorgesehen, überall am Strand Brunnen für die Trinkwasserversorgung der Flotte zu graben. Um das Heer, das er selbst führte, zu versorgen, hatte er Proviantdepos in der Wüste angelegt.
Drei Gründe waren es, die seinen Versuch, die Risiken dieser Expedition zu verringern, zunichte machten. Die Sommerregen gerade dieses Jahres blieben aus. Sein Befehl, Verpflegungslager einzurichten, wurde nur teilweise ausgeführt. Die wenigen tatsächlich angelegten Depots wurden unter Verletzung des königlichen Siegels von marodierenden Soldaten aufgebrochen und geplündert. Nach so vielen Jahren Krieg gab es halt neben der regulären Truppe eine Menge Treibholz. Und endlich war es eine unvorhersehbare geographische Schwierigkeit, welche Alexander an der exakten Durchführung seines Planes hinderte. Das Heer stieß auf ein Gebirge, das ein weiteres Vorrücken am Wasser entlang unmöglich machte. Alexander mußte den Kontakt mit der Küste aufgeben und sich landeinwärts wenden. Mit achttausend Mann hatte er eine fast wasserlose Strecke von dreihundert Kilometern zu überwinden. Unerschüttert teilte er, wie in all den Jahren zuvor, jede Strapaze und jede Entbehrung mit seinen Soldaten. Der Hitze entging man, indem man nachts marschierte. Dem Durst entging niemand. Die Verluste der Truppe scheinen noch gar nicht einmal so schlimm gewesen zu sein. Schließlich war es eine Elite von Soldaten, die Alexander auf diesen Marsch mitgenommen hatte. Der Troß hingegen ist wohl zum größten Teil in der Wüste zugrunde gegangen.
Nearchos erreichte wohlbehalten einen Hafen an der Südküste Karmaniens. Nur vier Schiffe hatte er verloren. Das Ereignis, welches die Flotte am heftigsten erschreckte, war das Auftauchen einer Schule riesiger Walfische. Nearchos, der diese Tiere nicht kannte, ließ alle Trompeten blasen. Und dieser Lärm wiederum erschreckte die Wale, die weder Schiffe noch Trompeten kannten, so gewaltig, daß sie, als habe Poseidon selbst sie zurückgerufen, untertauchten und verschwanden.

Als Alexander Nearchos endlich wiedersah und erfuhr, wie glücklich die Expedition verlaufen sei, tat der König eine Äußerung, die wert ist, berichtet zu werden. Daß die Flotte heil die Fahrt über den Okeanos bestanden habe, mache ihm eine größere Freude als alle seine Siege. Wäre Alexander länger am Leben geblieben, sein Ruhm als Forscher hätte vielleicht sogar noch den des Feldherrn übertroffen. Wie sehr Alexander sein Leben lang ein Schüler des Naturforschers Aristoteles blieb, erfahren wir aus einer unbedeutenden Kleinigkeit. Kleomenes, Satrap von Aegypten, der des Königs Ungnade zu fürchten hatte, versuchte die Gunst seines Herrn durch die Übersendung von Vögeln besonders seltener Arten zu gewinnen. Das hätte der kluge Grieche nie getan, wenn er nicht gewußt hätte, wie groß das Interesse des Königs an solchen Dingen war.

Die Götter zu ehren, die Freunde zu erfreuen, die Soldaten zu belohnen, befahl Alexander, noch in Karmanien ein großes Siegesfest mit Kampfspielen und künstlerischen Wettbewerben auszurichten. Der dreifach frohe Anlaß zu feiern war die Ankunft der Flotte am Eingang des Persischen Golfs, die Errettung aus der Wüste Makran und die Wiedervereinigung mit der von Krateros aus Indien herangeführten Heeresabteilung. Dann wurde der Marsch nach Westen fortgesetzt. Im Frühjahr 324, ein Jahr vor seinem Tod, erreichte der König mit dem Heer endlich Susa.

Etwas über sechs Jahre lag das nun zurück, daß Alexander von Susa nach Persepolis aufgebrochen war. Es war Zeit, daß er zurückkehrte. Das Reich bedurfte seiner. Einige der Satrapen hatten Söldner angeworben und so sich eine eigene Hausmacht geschaffen. Andere hatten die Abwesenheit des Herrschers dazu benutzt, sich unmäßig zu bereichern. In Medien hatten verschiedene höhere Ofiziere, darunter die beiden Generale, die den Parmenion umgebracht hatten, Gewalttaten aller Art begangen. Die Alexander vorgetragenen Beschwerden gingen teils von der Bevölkerung, teils von der Truppe ein. Alle fanden beim König Gehör.

Die kostbaren Pferde der zahlreichen Herden des königlichen Gestüts in Nisaia waren zu einem großen Teil verschwunden. Harpalos, Fürst von Elimiotis, Alexanders eigener Schatzmeister, ein Freund aus den Tagen von Mieza, war mit fünftausend Talenten nach Hellas geflüchtet. Ihn zu bestrafen blieb Alexan-

der erspart. Der fürstliche Defraudant wurde ermordet. Kleomenes, der Satrap von Aegypten, hatte sich eine höchst ungesetzliche Monopolstellung im aegyptischen Getreidehandel aufgebaut. Während Hellas unter seinen Wucherpreisen stöhnte und hungerte, scharrte er ein Vermögen von achttausend Talenten zusammen. Das waren Beträge, die sogar für den Erben der Schätze von Susa und Persepolis Bedeutung hatten. Der reichste Mann in Hellas wurde zu jener Zeit auf einhundertsechzig Talente geschätzt. Am heftigsten war Alexander darüber empört, daß sogar das Grab des Kyros in Pasargadai aufgebrochen und geplündert worden war.
Das Ausmaß dieser Unordnung ist nicht verwunderlich. Während Alexander, als er im Jahre 334 Pella verließ, Antipatros zu seinem Statthalter in Makedonien ernannte, hatte er, als er von Ekbatana nach Baktrien und Indien aufbrach, niemanden bestimmt, in seiner Vertretung die Regierung zu übernehmen. Die Satrapen, die er in Anatolien, Aegypten, Syrien, Mesopotamien und im Hohen Iran eingesetzt hatte, waren nur ihm, dem König, verantwortlich. Alexander hatte gehofft, den Westen des eroberten Landes von seinem Hauptquartier im Osten aus regieren zu können. Das war nur teilweise möglich gewesen. Nicht wenige der hohen persischen Beamten, die vom König in den ihnen von Dareios verliehenen Stellungen bestätigt worden waren, hatten, während Alexander an den Grenzen Krieg führte, eigene, den Reichsinteressen zuwiderlaufende Ziele verfolgt. Es gab viele Prätenden, die nach dem Thron schielten. Aber weiter als bis zum Schielen brachte es keiner. Das Haupt einer umfassenden Verschwörung zu werden war von diesen kleinen Aufrührern keiner bedeutend genug.
Und nun war Alexander zurückgekehrt!
Es war eine Woge von Treulosigkeit, Habgier, Verrat und Dummheit, die gegen den Thron brandete. Vorbei war die Zeit der Großmut, die Alexander doch immer so gerne hatte walten lassen. Voller Kummer mag er seiner noblen alten Feinde gedacht haben, des Dareios, des Oxyartes, des Poros, die Großmut mit Großmut vergolten hatten. Jetzt mußte der König Exempel statuieren. Vorbei auch war die Zeit des unbedingten Vertrauens, das Alexander noch in Tarsos dazu vermocht hatte, einen Brief, in dem Parmenion ihn vor seinem Leibarzt warnte, diesem zu lesen zu geben, während er selbst den Becher mit der verschriebenen Medizin austrank. So leichten Sinnes durfte er

nicht mehr sein. Der Loyalität der alten makedonischen Generale aus der Generation seines Vaters war er seit dem Tod des Parmenion nicht mehr sicher. Daß er sich auch auf seine Soldaten nicht mehr ohne weiteres verlassen konnte, bezeugt die Meuterei, die kurz darauf in Opis ausbrach. Die Bewunderung und Ergebenheit der persischen Granden hatte sich in politische Berechnung verwandelt. Vorbei auch war die Zeit, in der Alexander Untaten um alter Freundschaft willen hatte verzeihen können.
Verglichen mit dem, was wir von Alexanders Leben bis dahin wissen, hat das Strafgericht, mit dem der König die begangenen Verbrechen sühnte, etwas Düsteres. Einige der Schuldigen flüchteten vor des Königs Zorn. Sie gingen irgendwo elend zugrunde. Andere wurden hingerichtet. Gnade wurde nicht gewährt.

Auf Grund der Erfahrungen, die Alexander bei seiner Rückkehr gemacht hatte, nahm er verschiedene Veränderungen in der Organisation des Reiches vor. Er begann die Verwaltungseinheiten zu verkleinern. Dies war vielleicht der Anfang einer Reichsreform, die der König für später im Auge gehabt haben mag. Die Verkleinerungen der Verwaltungseinheiten bedeutete natürlich auch eine Verringerung der Macht der belehnten Männer. Gleichzeitig trennte Alexander die militärische von der zivilen Gewalt. Die Satrapen bekamen strengen Befehl, unverzüglich ihre persönlichen Söldnertruppen zu entlassen. Dafür setzte Alexander neben jeden Satrapen einen Militärbefehlshaber, der nur ihm allein verantwortlich war. Er verließ sich darauf, daß zwei mächtige Männer, die für das gleiche Gebiet zuständig waren, sich, auch wenn sie verschiedene Aufgaben hatten, immer unausstehlich finden und darum einander in Schach halten würden. Während Alexander in den goldenen Tagen seiner Jugend die feine Kunst geübt hatte, der Menschen Tugenden in seine Dienste zu nehmen, waren es nunmehr die Laster, die er, sein Weltreich zu beherrschen, auszunützen nicht umhin konnte. Es ist oft gesagt worden, daß des Königs Maßnahmen in diesen letzten Jahren zuweilen brutal gewesen sei. Wer wollte ihm das verdenken! Die Menschen hatten ihn gezwungen, sie kennenzulernen.
Die Schatten wurden länger.
Doch beginge man einen Irrtum, wollte man glauben, daß Alexanders Charakter so sehr sich geändert hätte. Wohl war er genötigt, hart zu sein, aber es war die unerbittliche Herrin, die

Macht der Tatsachen, die ihn dazu zwang. Großmütig ist er immer geblieben. Während der Olympischen Spiele im September 324 ließ Alexander vor zwanzigtausend Verbannten ein Dekret verlesen, das den Städten des Korinthischen Bundes befahl, die Verbannten mit ihren Familien wieder in die Gemeinschaft der Polis aufzunehmen. Man kann sich vorstellen, mit welchem Jubel dieses Dekret von denen begrüßt wurde, die so lange der Heimat hatten entbehren müssen. Das königliche Dekret war um so großzügiger, als doch in den meisten Städten an der Macht die Parteigänger Alexanders, die Verbannten aber seine Gegner waren. Staatsrechtlich war das Dekret eine bedenkliche Sache. Als dem Bundesfeldherrn des Korinthischen Bundes war es Alexander nicht erlaubt, sich in die inneren Angelegenheiten der Städte, die dem Bund angehörten, einzumischen. Tarn hat in überzeugender Weise dargetan, daß Alexander mit seinem Wunsch, in den griechischen Städten als Gott verehrt zu werden, den Vertragsbruch, den das Dekret darstellte, zu überspielen hoffte. Was er als Bundesfeldherr nicht tun durfte, als Gott konnte er es.

Ein merkwürdiges Menetekel in jener Zeit in Susa war der Tod des Kalanos. In Indien hatte Alexanders königliche Neugier der Versuchung nicht widerstehen können, drei berühmte, im Dschungel hausende Asketen aufzusuchen. Mit der Hoffart, die zum Wesen der Askese gehört, erklärten die heiligen Männer dem König, daß seine ganzen Eroberungen nichts wert seien und daß auch ihm nicht mehr gehöre als ihnen, das Stück Erde nämlich, auf dem ein jeder stehe. Man mag Asketen bewundern, aber mit ihrer Weisheit wurde in den letzten zweitausend Jahren nicht ein einziges der vielen Probleme Indiens gelöst. Einer der drei, Kalanos mit Namen, scheint für diese Seite der Sache Verständnis gehabt zu haben. Er verspürte asketische Neugier, tätiges Leben kennenzulernen. Er nahm, von den beiden anderen heiligen Männer heftig beschimpft, Alexanders Aufforderung an, ihn zu begleiten. Alexander hat Kalanos offenbar geschätzt. Oft hat er sich mit ihm über philosophische Probleme des Hinduismus und des Buddhismus unterhalten. In Susa wurde Kalanos krank. Um sich nicht in die Hände griechischer Ärzte begeben zu müssen, beschloß er, sich zu verbrennen. Auch Alexander konnte den sonderbaren Mann nicht von seinem Vorhaben abbringen. Er schickte Kalanos kostbare Geschenke und befahl

dem Heer, zu dem Schauspiel anzutreten. Der König selbst erschien nicht. Kalanos verteilte Alexanders Geschenke an seine Freunde und verabschiedete sich von ihnen. Dann bestieg er den Scheiterhaufen und ließ sich, während die Trompeten ertönten, während die Elefanten den königlichen Salut gaben und das Heer das Feldgeschrei erhob, von den Flammen verzehren. Von Alexander hatte er keinen Abschied genommen. Zu ihm hatte er nur gesagt: »In Babylon werden wir uns wiedersehn!«
In Susa feierte Alexander wiederum ein großes Fest. Achtzig seiner Offiziere verheiratete er mit Töchtern aus den vornehmsten Familien des iranischen Adels. Er selbst und Hephaistion heirateten Dareios' Töchter Stateira und Drypetis. Gleichzeitig heirateten zehntausend Soldaten persische Mädchen. Hier dürfte es sich in den meisten Fällen darum gehandelt haben, daß der feierliche Tag Konkubinen zu Ehefrauen machte. Gleichzeitig traf Alexander die Anordnung, daß die persischen Frauen nicht in die Heimat mitgenommen werden dürften. Er mochte hoffen, auf diese Weise bei den Soldaten die Bereitwilligkeit zu erhöhen, sich in einer der von ihm in Asien neugegründeten Städte niederzulassen.

Dem Hochzeitsfest in Susa folgte nur wenig später die Meuterei des Heeres in Opis. Es war ein großer dramatischer Akzent. Ausgelöst wurde das Ereignis durch das zufällige zeitliche Zusammentreffen zweier Maßnahmen Alexanders. Zehntausend Veteranen sollten unter ehrenvollen Bedingungen aus dem Heer entlassen werden, um unter Krateros' Führung in die Heimat zurückzukehren. Die Spannungen zwischen der Königinmutter Olympias in Pella und dem Statthalter Antipatros waren so unerträglich geworden, daß Alexander beschlossen hatte, Antipatros abzulösen und die Statthalterschaft dem Krateros zu übertragen.
Daß geschlossene Verbände gedienter Soldaten nach Makedonien zurückgeführt wurden, bedeutete nichts Ungewöhnliches. Allerdings war ihre Zahl noch nie so groß gewesen wie dieses Mal in Opis. Alexander pflegte solche Verabschiedungen feierlich zu gestalten. Dabei wurden die Veteranen reich beschenkt. Nun waren aber kurz zuvor jene dreißigtausend jungen Perser, die in der makedonischen Kriegskunst auszubilden Alexander vor Jahren befohlen hatte, dem Heer zugeführt und in die verschiedenen Waffengattungen eingegliedert worden. Zum erstenmal hatte der König dabei keinen Unterschied mehr zwischen Makedonen

und Persern gemacht. Die Unruhe im Heer wuchs. Die Soldaten begannen zu begreifen, daß dieser Alexander nicht mehr derselbe war, der sie einst über den Hellespont geführt hatte. Aus dem Heerfürsten eines kleinen Landes war der Herrscher über ein Weltreich geworden. Ihre seit langem empfundene tiefe Unzufriedenheit mit der persischen Politik Alexanders begann sich in gefährlichen Trotz zu verwandeln. Doch muß man auch hier sich fragen, ob nicht Alexander, der erfahrene Truppenführer, wie schon zwei Jahre vorher am Hyphasis, die Entwicklung vorausgesehen hat.

Alexander trat vor die Heeresversammlung und erklärte den Soldaten, daß er, nachdem Asien erobert sei, so viele von ihnen wie möglich in die Heimat entlassen wolle. Darauf erhoben die Soldaten unter lautem Klirren der Waffen ein großes Geschrei. Jetzt, nachdem sie alt und verbraucht seien, werfe der König sie ihrem Vaterland und ihren Eltern zu, von denen er sie ganz anders bekommen habe. Der Tumult wurde ärger, und schließlich war, nach der eigentümlichen Gesetzlichkeit des Übergangs von Ordnung zu Anarchie, der volle Aufruhr da. In Minuten hatte sich die ruhmreichste und disziplinierteste Armee der Weltgeschichte in einen wilden Haufen verwirrter, ihrer Vernunft beraubter Männer verwandelt. Nichts hätte diesen Haufen darin hindern können, Alexander mit seinen wenigen Offizieren und dem kleinen Kontingent seiner Leibwache hinwegzufegen. Ein Zurückweichen vor dieser Drohung hätte die Katastrophe herbeigeführt. Alexander tat mehr als nur der Gefahr entgegenzutreten, wie ein Löwe sprang er sie an. Er stürzte, obwohl unbewaffnet, von seiner Bühne herab, packte mit harter Faust diesen und jenen Schreier, bezeichnete andere der Leibwache und befahl, sie alle zum Tode abzuführen, dreizehn an der Zahl. Eisiger Schrecken verbreitete sich. Das Geschrei verstummte. Der König kehrte auf die Bühne zurück, um noch einmal und diesmal zu Meuterern zu sprechen. Er hielt ihnen vor, was sein Vater Philipp und er für sie getan, wie sie beide sie aus ihrer Armut herausgeholt hätten, wie er sie von Sieg zu Sieg geführt, wie er ihnen Ruhm, Ehren und Reichtümer verschafft und wie er alle Mühen der Feldzüge mit ihnen geteilt habe. Seine Narben wies er vor. Und dann tat Alexander, wie so oft in seinem Leben, das Überraschende. Während die Männer darauf warten mochten, daß der König an ihre Vernunft, ihre Treue, ihr Pflichtgefühl appellieren werde, schleuderte er, der unbewaffnete Mann, den Tausenden seine

Verachtung ins Gesicht, indem er ihnen bewilligte, was sie zeternd gefordert hatten.
»... Ich hatte im Sinn, die Kampfesmüden unter euch zur Bewunderung und zum Stolz unserer Heimat zu entlassen. Ihr aber wollt alle gehen! So geht! Und wenn ihr zu Hause angekommen seid, erzählt, daß ihr euren König Alexander verlassen und, ihn zu schützen, den besiegten Barbaren übergeben habt. Das zu verkünden wird euch gewiß Ruhm vor den Menschen bringen und auch den Göttern fromm erscheinen lassen. Geht!«
Mit diesem Wort wandte er dem Heer den Rücken.

Die Verwirrung der Soldaten war unbeschreiblich, aber ihr Trotz war noch nicht gebrochen. Wieder spielte Alexander ein großes Spiel. Er benahm sich, als ob das Heer nicht mehr existiere. Er ließ sagen, daß ein jeder gehen könne, wann und wohin er wolle. Zwar war der wüste Haufen im Lager nicht mehr die Armee von Issos und Gaugamela. Aber gefährlich waren diese wilden Burschen immer noch. Und sie hatten noch immer ihre Waffen. Es waren Tage höchster Spannung. Noch einmal riskierte Alexander alles, um alles zu gewinnen. Überall ließ er Makedonen durch Perser ablösen. Die Meuterer wagten nicht, etwas dagegen zu unternehmen. Und als ihnen schließlich klar wurde, daß Alexander nichts von dem, was er zu ihnen gesagt hatte, zurücknehmen werde, brach ihr Trotz zusammen. Klagend und jammernd kamen sie in Rudeln zum Schloß gelaufen, legten ihre Waffen nieder und begehrten ihren König zu sehen. Tagelang warteten sie auf ein Zeichen seiner Gnade. Endlich ließ Alexander sich erweichen. Er trat unter sie. Es kam zur Versöhnung.
Was diese Versöhnung für Alexander bedeutete, ahnte keiner der Soldaten und von den Offizieren nur wenige. Voll verstanden hat ihn wohl nur Hephaistion. Daß Alexander aus dieser Auseinandersetzung mit seinem Heer als Sieger hervorging, war ein Schritt vorwärts auf dem Wege zur Homonoia, zur Eintracht zwischen den Völkern seines Reiches. Er, der Sieger, hatte den besiegten Persern die Gleichberechtigung erkämpft. Das Opfer, das er für dieses Ziel brachte, war bedeutend. Es war das alte makedonische Heer. Als Staatsmann von staunenswertem Weitblick zerbrach Alexander, um der Zukunft willen, selbst das Werkzeug, mit dem er sein Weltreich geschaffen hatte. Er war dessen sicher, daß dieses Reich in sich lebensfähig sei. Die Zukunft hat ihm recht gegeben.

Um der Versöhnung mit seinen Soldaten einen würdigen Abschluß zu geben, befahl der König, noch vor dem Aufbruch aus Opis ein großes Gastmahl auszurichten. An die neuntausend Gäste waren geladen. Die Opfer für die Götter wurden zugleich von hellenischen Sehern und iranischen Magiern dargebracht. Der König trank mit seinen Soldaten aus demselben Mischkrug. Sein Trinkspruch, »das Gebet von Opis«, war ein Anruf an die Götter, in dem Alexander etwas von dem zum Ausdruck brachte, was er sich von der Zukunft erhoffte. Leider ist gerade in dieser wichtigen Sache die Überlieferung unvollständig. Sicher ist, daß Alexander die Götter bat, alles Heil zu gewähren, damit Makedonen und Perser und die Völker seines Reiches in Frieden und Eintracht leben könnten.
Droysen sagt an dieser Stelle: »Das Werk war fertig geworden, und über seine Art und Weise gab es keine Fragen mehr. Was auch die Zerwürfnisse und Verwirrungen der nächstfolgenden Zeit an den äußeren Formen dieses Reiches gerüttelt und zerstört haben, das hellenistische Leben, die große Einigung der hellenischen und der asiatischen Welt mit allem Segen und Unsegen, den sie in sich trug, war für Jahrhunderte gegründet.«
Das Fest von Opis war der Höhepunkt und zugleich der letzte glückliche Augenblick in Alexanders Leben.

Es war Alexander nicht vergönnt, sein Werk auszubauen. In Ekbatana wurden im Herbst des Jahres 324 die Dionysien gefeiert. Sie begannen, wie immer bei Alexander, mit feierlichen Opfern. Es folgten Kampfspiele, farbenfrohe Umzüge und künstlerische Wettbewerbe, umrahmt von rauschenden Festen. Da erkrankte Hephaistion an einem heftigen Fieber, dem er am siebenten Tag erlag. Für Alexander war dieser Tod ein furchtbarer Schlag. Hephaistion ist der einzige wirkliche Freund gewesen, den er in seinem Leben gehabt hat. An seiner Leiche mag der König sich erinnert haben, wie sie beide miteinander nach der Landung in Troia das Grab des Patroklos aufgesucht und bekränzt hatten. Für Alexander war, wie für Achilleus, der Tod des Freundes das Zeichen, daß auch seine Tage gezählt seien. Das Fest wurde abgebrochen. Leiern und Flöten verstummten. Heer und Volk trauerten mit Alexander. Die Magier löschten das heilige Feuer in den Tempeln, als ob ein König gestorben sei.

Auf dem Weg von der Sommerresidenz Ekbatana nach Babylon, durch die herbstliche Pracht der Hochebene mit den Bergen zur Linken, die schon von Schnee bedeckt waren, vorbei an dem gewaltigen Felsrelief von Bisutun, das hoch über der Straße den Ruhm Dareios' des Großen noch heute verkündet, machte Alexander halt für seine letzte militärische Aktion, einen Feldzug gegen die Kossaier. Da der Schnee schon weit in die Täler hinabreichte, konnten die Kossaier nicht mehr wie sonst, wenn sie angegriffen wurden, in ihre Berge flüchten. Gleichwohl setzten sie sich tapfer zur Wehr. Der Feldzug dauerte nur vierzig Tage. Dann war das letzte freie Volk im Zagrosgebirge unterworfen.
Alexander nahm Residenz in Babylon. Er hatte beschlossen, die große und reiche Stadt am Euphrat mit ihren nach allen Seiten hin ausgezeichneten Verkehrsverbindungen zur Hauptstadt seines Reiches zu machen. Während des Winters kamen Gesandtschaften aus vielen Teilen der mediterranen Welt nach der neuen Hauptstadt Babylon, dem mächtigen Herrscher über Asien ihre Huldigung darzubringen.
Alexanders nie ruhender Geist begann neue Pläne zu schmieden. Noch einmal war es das Problem, das ihn von jeher fasziniert hatte, das Problem des Okeanos, dem er seine wissenschaftliche Aufmerksamkeit zuwandte. Den Seeweg von Indien zum Persischen Golf hatte er dem Handel geöffnet. Der Seeweg vom Persischen Golf zum Roten Meer hingegen scheint zu Alexanders Zeit nicht mehr befahren worden zu sein. Jedenfalls war er keine regelmäßige Handelsroute. Da niemand eine Vorstellung hatte, wie groß dieses Arabien eigentlich sei, ließ Alexander unter dem Kommando des Kapitäns Anaxikrates ein Erkundungsschiff aus dem Golf von Suez auslaufen. An der Westküste Arabiens entlangsegelnd gelangte Anaxikrates bis zum Weihrauchland Jemen. Über die Meerenge, die das Rote Meer mit dem Golf von Aden verbindet, das heutige Bab el-Mandeb, ist Anaxikrates nicht hinausgekommen. Ein anderes Erkundungsschiff unter Hieron von Soloi, das den Auftrag hatte, von der Euphratmündung aus nach Suez zu segeln, gelangte nur bis Ras Musandam, dem Kap, bei dem der Persische Golf sich in den Indischen Ozean öffnet. Hieron meldete Alexander, daß Arabien ebenso groß sein müsse wie Indien.
Das Unternehmen der Umsegelung Arabiens wurde, nachdem die Erkundungsfahrten einen ersten Überblick über die zu erwartenden Gefahren erbracht hatten, mit aller nur möglichen

Sorgfalt vorbereitet. Alexander hat dabei offenbar weit mehr an eine Forschungsexpedition als an einen Eroberungszug gedacht. Natürlich konnte er, da es unbekannte Länder waren, die er mit der Flotte anlaufen wollte, die Fahrt nicht antreten, ohne ein starkes militärisches Kontingent mitzunehmen.

Welch großartige Erweiterung hätte das antike Weltbild erfahren, wäre die afrikanische Ostküste damals ins Blickfeld der Griechen getreten. Sicher hätte ihre Neugier sie weiter und weiter nach Süden getrieben. Man stelle sich vor, was für uns heute eine Nachricht etwa über die Insel Madagaskar aus dem 4. Jahrhundert vor Christi Geburt wert wäre! Es sollte fast zweitausend Jahre dauern, bis endlich ein Europäer Madagaskar zu Gesicht bekam. Es war der Portugiese Diogo Diaz. Der erste Europäer, der »Madeigascar« erwähnt, ist, etwa zweihundert Jahre früher, Marco Polo.

Charakteristisch für Alexanders weiten Horizont ist, daß er sich, bevor er zur Erforschung neuer großer Gebiete der Erde aufbrach, um die Deichbauten am Kanal von Pallakopas kümmerte. Der Kanal führte zu einem See, in den während des Frühjahrs das Hochwasser des Euphrat einströmte, um nach Ablauf der Flutwelle den Feldern der Bauern zugeführt zu werden. Dieses System funktionierte nicht in der wünschenswerten Weise. Auf Befehl des Satrapen von Babylon arbeiteten zehntausend Arbeiter an neuen Deichen. Nachdem Alexander den Platz besichtigt hatte, gab er Befehl, einen neuen Kanal an einer von ihm selbst gefundenen günstigeren Stelle durch den Fels zu sprengen. Dieser Befehl war eine seiner letzten Regierungshandlungen.

Nach der Rückkehr in die Residenz begann die Totenfeier für Hephaistion, den als Heros zu verehren das Orakel des Zeus Ammon erlaubt hatte. Dann wurde der Tag des Aufbruchs der Flotte festgelegt. Es sollte nicht mehr dazu kommen. Alexander erkrankte, an einem heftigen Fieber, das wahrscheinlich eine Malaria gewesen ist. Nach wenigen Tagen schon war er so schwach, daß er sich nicht mehr von seinem Lager erheben konnte. Die alten Soldaten, die mit ihm kämpfend und siegend die halbe Welt erobert hatten, verlangten, noch einmal ihren König zu sehen. Von Schmerz und Trauer bewegt, zogen sie stumm in langer Reihe an seinem Lager vorüber. Der König war bis zuletzt bei vollem Bewußtsein, aber er vermochte, wenn er einen der alten Kämpen erkannte, nicht mehr zu tun als nur eben die Hand ein wenig zu heben.

Am 1. Juni des Jahres 323 vor Christi Geburt starb Alexander III. von Makedonien. Dreiunddreißig Jahre hat sein königliches Leben gedauert. Die Nachwelt nennt ihn Alexander den Großen.

Alexander der Große hat bei seinem Tod der Welt die Idee der Menschenrechte, seinen Generalen einen eroberten Erdteil, seinem Hause den Untergang, der Wissenschaft Probleme vermacht.
Die Idee der Menschenrechte ist in den zweiundzwanzig Jahrhunderten seit Alexanders Wirken auf Erden niemals wieder in Vergessenheit geraten. Die Generale brachten durch unzählige sinnlose Kriege, die sie miteinander führten, viel Unglück über die Völker, die unter den Achaimeniden friedlich gelebt hatten. Das Haus der Argeaden, das mit Herakles und Achilleus begonnen und in Alexander einen so glänzenden Vertreter gefunden hatte, wurde im Verlauf einer einzigen Generation durch Mord ausgerottet. Über die dreizehn Jahre, die Alexander regiert hat, diskutieren seit sechzig Generationen die Gelehrten.
War Alexander ein romantischer Phantast, oder war er ein Realpolitiker? Wurde er, in seinen Anfängen der Fürst eines Volkes freier Bauern und Hirten und als Heerkönig ein konstitutioneller Monarch, nach seinen unerhörten Erfolgen ein Despot? Oder hat er nicht vielmehr die Macht eines Herrn über Asien als Mittel benutzt, seine neue und wunderbare Idee von der Gleichberechtigung der Völker seines Reiches geschichtliche Wirklichkeit werden zu lassen?
War es Zynismus oder Größenwahn, daß er von den aufgeklärten Hellenen verlangte, als Gott verehrt zu werden? Oder wollte er sich damit nicht vielmehr nur eine Position verschaffen, die es ihm gestattete, eine allgemeine Amnestie für die Verbannten der griechischen Städte durchzusetzen?
War es Psychopath, der in der Trunkenheit den Freund ermordete, den Bruder seiner Amme, der ihm in der Schlacht das Leben gerettet hatte? Oder war das nicht vielmehr die Tat eines von Natur leidenschaftlichen, bis aufs Blut gereizten, in seiner Ehre gekränkten Mannes, der »seiner selbst nicht mehr mächtig war«? Und sollte die wahrhaft königliche Reue, die nach der Tat seine Seele zerriß, gar nichts wert sein?
Hat er seinen alten General, den Freund seines Vaters, gewalttätig und gesetzlos umbringen lassen? Oder war nicht die Lage, in der er sich befand, eine weltgeschichtliche Zwangslage? Geht es an, eine Tat in der noch halb archaischen Welt des Makedonentums des 4. Jahrhunderts, in der Alexander doch nun einmal

lebte und deren barbarische Bräuche, mochte er sie verachten, er nicht einfach ignorieren konnte, mit den Maßstäben einer christlichen Moral zu messen, welche es damals noch nicht gab, und nach welcher, als es sie schließlich gab, nur wenige Herrscher je sich gerichtet haben?
Wollte Alexander von allem Anfang an die Welt erobern, oder hat er, was sehr viel weniger ist, das Achaimenidische Reich erobern wollen?
Mußte er in Indien umkehren, weil er mit der Meuterei seines Heeres nicht fertig wurde? Oder kam nicht diese Meuterei im rechten Augenblick für ihn, den Unbesiegbaren, daß er umkehren konnte, ohne besiegt zu sein?
Sollte die Umsegelung Arabiens vom Persischen Golf zum Roten Meer ein neuer Eroberungszug werden? Oder lag nicht dieser Expedition vielmehr die Absicht zugrunde, neue Seewege zu erforschen, Häfen anzulegen, die Schiffahrt zwischen Aegypten Mesopotamien, Persien und Indien zu fördern?

Kaum eine dieser Fragen wird sich je mit voller Sicherheit nach der einen oder nach der anderen Seite hin entscheiden lassen. Die Entscheidung wird immer ein wenig davon abhängen, für welche Antwort die Argumente zu suchen man auszieht. Kaum eines großen Mannes Charakterbild schwankt so sehr in der Geschichte wie das Alexanders des Großen.
Schon zu des Königs Lebzeiten hatten die Griechen für Alexanders Idee, den Völkern Asiens die hellenische Zivilisation zu bringen, wenig Begeisterung gezeigt. Aber selbst nachdem es sich ein oder zwei Generationen später herausgestellt hatte, welche die Welt verwandelnde Leistung Alexander vollbracht hatte, waren und blieben die Griechen ihm feindlich gesinnt. Hundertfünfzig Jahre nach seinem Tod war der Welteroberer aus der Literatur vollständig verschwunden. Der Schriftsteller, der Alexander der Verborgenheit entriß, ist dann allerdings ein Grieche gewesen, noch dazu in Chaironeia geboren, dem Platz, an dem einst Hellas' Freiheit blutig untergegangen war. Dieser Intellektuelle hatte den Hellenismus als Idee verstanden, und er hatte begriffen, daß Alexander sein Schöpfer sei. Nachdem der Schule der peripatetischen Philosophen, als Rache für den Tod des Kallisthenes, ein über Jahrhunderte hin wirksamer Rufmord an Alexander gelungen war, schreibt Plutarch in seinem schon erwähnten Jugendwerk DE ALEXANDRI MAGNI FORTUNA ET

VIRTUTE, daß Alexander ein erfolgreicherer Lehrer als die Philosophen gewesen sei. Die Sache ist es wert, einige Sätze der Verteidigung eines allzu ungerecht behandelten Mannes zu zitieren:

»... Aber weil Alexander Asien die Kultur brachte, wurde der Homer das Lesebuch dieser Völker, und die Kinder der Perser, Susanier und Gedrosier sangen die Lieder aus den Tragödien des Sophokles und des Euripides. In Athen hatte der Denunziantenpöbel gegen Sokrates öffentlich Anklage erhoben wegen der Einführung fremder Götter. Alexander war es zu verdanken, wenn im Kaukasos und in Baktrien die Verehrung griechischer Götter eingeführt wurde. Platon hatte nur eine Verfassung entworfen, aber sie war so streng, daß er niemand dazu bewegen konnte, sich ihrer zu bedienen. Alexander gründete im Barbarenland über siebzig Städte. Er übersäte Asien mit Pflanzstätten griechischer Kultur und rottete die rohe Wildheit des Lebens aus. Platons Gesetze lesen nur wenige unter uns. Nach Alexanders Gesetzen lebten und leben noch heute ungezählte Tausende. Glücklich also, wer Alexanders Macht unterlag, als wer ihr entfloh. Diesen befreite nun niemand mehr aus seinem Elend, den anderen aber zwang der Sieger zu einem glücklichen Leben. Als Themistokles in der Zeit seiner Verbannung nach vielen anderen reichen Geschenken vom Perserkönig den Steuerertrag von drei Städten zugewiesen erhielt, den einen für das Brot, den anderen für den Wein und den dritten für den Nachtisch, sagte er zu den Seinen: ›Oh, ihr Freunde, wir wären ganz gewiß verloren, wenn wir nicht schon verloren wären!‹
Dasselbe könnten wir mit größerem Recht noch von den Städten sagen, die Alexanders Macht unterlagen. Sie wären niemals gesittet geworden, wenn sie nicht unterlegen wären. In Aegypten gäbe es kein Alexandreia, in Mesopotamien keine Seleukeia, in Sogdiana kein Prophtasia, in Indien kein Boukephala und nicht eine griechische Stadt am Fuß des Kaukasos. Als sie aufblühten, erlosch die Wildheit, und die rohen Sitten wandelten sich zur Milde.
Wenn sich die Philosophen am meisten darauf einbildeten, daß sie rauhe, ungebildete Herzen zur Milde erziehen, hat doch Alexander offenbar unzählige Völker umgeformt und unzählige Seelen aus ihrer Wildheit erlöst. So sollte er denn mit Recht auch als der größte Philosoph gelten.«
Sicherlich kann man einwenden, Plutarch habe hier in jugend-

licher Begeisterung ein wenig übertrieben, aber es ist doch ganz aufschlußreich, daß ein gebildeter Hellene der frühen römischen Kaiserzeit von Alexander eine so gute Meinung hatte.

Die vollständige Rehabilitierung Alexanders erfolgte durch Arrian, der etwa fünfzig Jahre nach Plutarch lebte und schrieb. Arrian war in noch östlicheren Gefilden des Reiches geboren als Plutarch. Er stammte aus Kleinasien. So wurde er schon früh mit den verwickelten politischen Verhältnissen des Nahen und Mittleren Orients vertraut. Sein Buch über Alexander hat er glücklicherweise erst nach Abschluß seiner militärischen Karriere geschrieben. Als hoher römischer Offizier hatte er natürlich für die Probleme eines Weltreiches tieferes Verständnis als die griechischen Zeitgenossen Alexanders, deren politisches Talent es nie weiter als bis zur Organisation der Polis, des Stadtstaates, gebracht hatte.

Trotz Plutarch und Arrian ist aber Alexander durch alle Zeiten hindurch ein Objekt des Streites geblieben. So ist die letzte Frage die nach dem, was Alexander erreicht hat. Ist das Ergebnis die Opfer an Menschen wert gewesen? Man denkt an die Scharen gefallener Soldaten seines Heeres, an die größeren Scharen der im Kampf getöteten Feinde, an die schrecklichen Haufen erschlagener Männer, Frauen und Kinder, umgebracht in den vielen Strafexpeditionen, die zu Alexanders Politik der Befriedung gehört haben.

War der Traum diese Wirklichkeit wert? Haben die unerhörten Menschenopfer einen Sinn gehabt? Und was nun eigentlich war das Ergebnis von Alexanders Wirken? Hatte seine Verwandlung der Welt in der Tat jene »enorme Wünschbarkeit«, von der Burckhardt spricht? War Alexander ein Mann, der gescheitert ist oder hat er ein Leben großer Erfüllungen gelebt?

Es ist Alexander der Große gewesen, der durch die Eroberung des westlichen Asien die politischen Voraussetzungen für die jahrhundertelange Stabilität des Hellenismus geschaffen hat. Es war der Hellenismus, der, vom alten griechischen Begriff des freien Bürgers im freien Staatswesen ausgehend, die unantastbare Würde der menschlichen Person ein für allemal feststellte. Die Erinnerung daran ist selbst in den Zeiten der tiefsten Barbarei Europas niemals vollständig verlorengegangen. Noch die Heuchelei der modernen Tyrannen ist, wie man mit Chateaubriand sagen könnte, eine Verbeugung des Terrors vor dem

Humanismus. »Der Humanismus wird«, wie Grousset ebenso geistreich wie treffend sagt, »seinen Wert auch künftig behalten. Was immer kommen mag, er ist die kollektive Erinnerung der Generationen an das Beste, was sie geschaffen haben. Er ist das Gewissen der intellektuellen und moralischen Elite aller Jahrhunderte «

Über Alexanders Verdienst an der Entstehung und Verbreitung des Humanismus kann es keinen Streit geben. Sicherlich hat Caesar auf die Entwicklung Europas eine breitere und tiefere Wirkung ausgeübt als Alexander. Aber ohne Alexander hätte es eben niemals diesen Caesar gegeben. Erst unter dem Einfluß des hellenistischen Humanismus wurde aus der Militärmacht Rom die Kulturmacht Rom, deren Trümmer noch ausreichten, Europa zu bauen. Auch geht Caesars Wirkung nicht über den Bereich der mediterranen Oikoumene hinaus, jener großen mittelmeerischen Gemeinsamkeit von Kultur, Handel, Steuern und Politik, welche die eigentliche und so bewundernswerte Schöpfung Roms ist. Das Imperium Romanum zwar erstreckte sich damals bis zum Euphrat, aber diese östlichsten der römischen Provinzen wandten ihr Gesicht dem Westen zu. Alexander hingegen hat Einfluß auf den ganzen Osten ausgeübt. Und seine Wirkung war keineswegs auf den Iran beschränkt. Sie reichte bis Zentralasien, bis Indien und schließlich sogar bis China, Korea und Japan.

Wie hat der Schüler des Aristoteles aus Pella in Makedonien auf China wirken können? Dem Buddhismus ist Alexander begegnet. Das wissen wir. Mit indischen Weisen hat er sich unterhalten. Kalanos hat ihn nach Susa begleitet. Ob Alexander je etwas von Kungfutse gehört hat, der ein Zeitgenosse des Themistokles war, wissen wir nicht. Die ersten in chinesischen Quellen auftauchenden Nachrichten über Kontakte zwischen China und dem Westen, die in Baktrien stattfanden, stammen erst aus der frühen Han-Zeit, also aus dem Anfang des 2. Jahrhunderts vor Christi Geburt. Das war etwas über hundert Jahre nach Alexander. Die Verbindung zwischen Indien und China ging damals über die Pässe des Hindukush. Eine Verbindung zur See zwischen Indien und China wird erst in römischer Zeit, um 200 nach Christi Geburt, hergestellt. In einem Grab in Indochina sind neben chinesischen Münzen römische gefunden worden.

Über die Frage der Auswirkungen des Alexanderzuges auf China zitiere ich eine gelehrte Autorität. Le Coq und Grünwedel haben in den ersten beiden Dezennien unseres Jahrhunderts in Chinesisch-Turkestan gegraben. Auf ihren verschiedenen Expeditionen entdeckten die Forscher eine bis dahin noch kaum bekannte Kunst graecobuddhistischen Charakters. In den Wüsten Zentralasiens stießen sie auf die Spuren von Hellas! Über diese Kunst sagt Le Coq:

»Die von den Preußischen Turfan-Expeditionen in Chinesisch-Turkistan ausgegrabene, durchaus der religiösen Kunst angehörige Plastik ist buddhistisch, und da sie auf der ausgehenden Spätantike beruht, können wir sie – analog Herrn v. Sybels Bezeichnung der frühchristlichen Kunst als ›christliche Antike‹ – als die buddhistische Antike Asiens bezeichnen; denn sie bildet eines der Elemente, und zwar das wichtigste, aus denen sich die religiöse Kunst des indischen und des chinesischen Kulturkreises entwickelt hat. Der Vorgang ist analog jener Entwicklung, die im Westen die Kunst der europäischen Völker aus der verfallenden Antike entstehen ließ.

Der Einfall Alexanders des Großen in Indien war nicht bloß ein folgenloser Streifzug, sondern der Anfang eines für den ganzen Orient wichtigen Zeitalters. Seine Nachfolger, und nach ihnen kühne hellenische Abenteurer, gründeten in Baktrien und in Nordindien Königreiche, die hellenische Kultur und Kunst pflegten und deren letztes erst kurz nach Beginn unserer Aera – also kurz nach Christi Geburt – zugrunde gegangen ist.

Ganz analog den Vorgängen in Westeuropa, wo um diese Zeit unter Umdeutung der antiken Formen die christliche Antike entstand, um später eine Grundlage für die Kunst der westlichen Völker zu werden, entstand hier aus denselben Elementen die buddhistische Antike, die die Grundlage werden sollte für die religiöse Kunst aller buddhistischen Völker Asiens einschließlich Chinas und Japans.«

Das Land, in dem Alexanders Hellenisierungsmaßnahmen am erfolgreichsten waren, ist Afghanistan. Während seine Versuche, den Besiegten in den von ihm eroberten Ländern die Gleichberechtigung zu verschaffen, von den Ptolemaiern niemals fortgesetzt, von den Seleukiden sehr bald aufgegeben wurden, haben die Euthydemiden, die griechischen Herrscher Afghanistans, Iranier ihres Landes in die Führungsschicht aufgenommen und zusammen mit ihnen regiert. König Euthydemos führte durch, was Alexander angestrebt hatte, und erbrachte damit zugleich den Beweis, wie realistisch und von wie großer politischer Wirksamkeit Alexanders Ideen gewesen sind.

Die indogriechischen und indoskythischen Könige bekehrten sich schließlich zum Buddhismus. Der berühmte buddhistische Text des Milindapanha erzählt von der Bekehrung des griechischen Königs Menandros. Menandros' Münzen gehören, ein weiterer Beweis für die kulturelle Kraft dieses hellenischen Reiches in Mittelasien, zu den schönsten, welche die Antike hervorgebracht hat. Hier in Mittelasien wurde Alexanders Traum Wirklichkeit. Hier entstand ein neues Hellas. Grousset nennt dieses Geschehen ein grundlegendes Ereignis der Kulturgeschichte.
Muß man nicht, wenn man das alles vernimmt, einen Augenblick lang den Atem anhalten?
Was für Perspektiven! Was für ein Volk, diese Griechen! Was für ein Mann, dieser Alexander! Welche Geheimnisse in den Zusammenhängen der Weltgeschichte!
Ost und West, West und Ost, das große Problem der Antike, ist das große Problem auch unserer Zeit.

Einen ebenso bedeutenden Einfluß wie auf die Kultur Asiens hat Alexander auf das Verhalten der Völker in dem weiten Gebiet zwischen dem Ural und der Wüste Gobi ausgeübt. Die schon nach Westen in Bewegung geratenen Reitervölker der Steppe wandten sich, erschreckt von den Siegen Alexanders in seinen Feldzügen in Baktrien und der Transoxiana, gen Süden, gegen China. Die furchtbare Bedrohung, welche die Hsiung-nu für das schon damals sehr alte Kulturland China darstellten, veranlaßte den Kaiser Shi Huang-ti am Ende des 3. Jahrhunderts vor Christi Geburt, die Große Mauer zu bauen. Die Mark Baktrien schützte den Iran, die Große Mauer das Reich der Mitte vor den Einbrüchen der ewig raublüsternen, beutegierigen, zerstörungswütigen Nomadenvölker. Erst als nach der langen und wunderbaren Blüte des griechischen Geistes in Mittelasien die hellenischen Kraftzentren erloschen, wandte sich die Steppe wieder gen Westen.
Die Wanderung der Völker begann.
Das erste der Völker, die im Iran auftauchten, waren die den Persern verwandten Parther. Aber sie waren immer noch und nannten sich auch Philhellenoi, Griechenfreunde. Sie waren so vertraut mit der klassischen Bildung, daß sie nach der Schlacht von Carrhae das abgeschlagene Haupt des Crassus, des besiegten römischen Feldherrn, das in dem Augenblick in der Hauptstadt eintraf, als die Bakchen des Euripides aufgeführt wurden,

sogleich als Requisit der Aufführung, als Haupt des Pentheus, verwendeten.

Schon machtpolitisch hätte ein Scheitern Alexanders des Großen unübersehbare Folgen für die Geschichte der Zivilisation gehabt. Noch bedeutsamer aber wären die geistigen Folgen gewesen. Wie Grousset an anderer Stelle sagt, stehe es jedem von uns frei, ob er den Ursprung des Humanismus auf dem Parthenon oder auf einem Berge Galilaeas suchen wolle. Der griechische und der jüdische Humanismus haben einander durchdrungen und sich dabei gegenseitig bereichert. Es ist die Philosophie dieses hellenistischen Humanismus, mit welcher das Christentum sich auseinandersetzen mußte. Die christliche Theologie ist, wie Harnack einmal sagt, eine Schöpfung des griechischen Geistes auf dem Boden des Evangeliums. Der erste wirklich große Denker des Westens, der heilige Augustinus, tritt erst dreihundert Jahre nach Christus in Erscheinung. Die schweren geistigen Kämpfe, in die das Christentum in seinen Anfängen verwickelt wurde, hätte es niemals erfolgreich bestehen können ohne die Begriffsklarheit, die die griechischen Philosophen von Sokrates bis Panaitios und Poseidonios in jahrhundertelanger Denkarbeit geschaffen haben. Niemals hätten Gnosis, Manichäertum, Neuplatonismus, Donatismus, alle diese verführerisch geistreichen Systeme, die in der Spätantike aus dem Osten in den Westen eindrangen, überwunden werden können, wenn nicht die Waffe des christlichen Glaubens durch den Geist der griechischen Philosophie so scharf geschliffen gewesen wäre. Selbst noch die Theologie des Islam ist eine Auseinandersetzung des arabischen Geistes mit der griechischen Philosophie über das in den Suren des Koran niedergelegte Offenbarungsgut – ein Disput der Wüste mit der Akademie von Alexandreia.
Die auf Alexanders Wirken beruhende Kontinuität der Weltkultur reicht bis in unsere Tage hinein. Ihre enorme Wünschbarkeit vermindert sich auch nicht dadurch, daß die Geschichtswissenschaft die Frage nach dem göttlichen Sinn im Weltgeschehen als außerhalb ihrer Kompetenz liegend betrachtet. Das Abendland könnte zwar aufhören, christlich zu sein. Es kann aber nicht aufhören, aus Antike und Christentum entstanden zu sein.
Der Begriff »Weltkultur« hat im 20. Jahrhundert seine alte Bedeutung zurückgewonnen. Weltkultur, das ist für uns wieder in voller Lebendigkeit jene uralte Daseinsgemeinschaft, die den

Westen mit dem Osten verbindet, jene große Europa und Asien umfassende Eurasische Oikoumene, in der die Menschen, die Güter und die Ideen seit Jahrtausenden, in Krieg und Frieden, in Epochen ungeheurer Erschütterungen, in Jahrhunderten stiller Arbeit, über erstaunliche Distanzen hin und her gewandert sind.

Wir sind dabei, diese alte große Welt wiederzuentdecken, diese alte große Welt, die von den Palästen der chinesischen Kaiser bis zu den Tempeln und Theatern der Antike, von den Heiligtümern Indiens und Burmas bis zu den Kathedralen Frankreichs und Spaniens, von den Felsreliefs der Achaimenidenkönige bis zu den Triumphbogen der römischen Imperatoren, von den arabischen Universitäten bis zu den Bibliotheken Englands reicht, diese alte große Welt, in der Kamelkarawanen die Seide von China durch Innerasien nach Syrien, den Weihrauch von Arabien durch die Wüste Sinai nach Alexandreia brachten und Segelschiffe anfingen, die Häfen des Fernen Ostens mit den Häfen am Roten Meer zu verbinden, diese alte große Welt, in der Mönche und Händler, Philosophen und Künstler die Ideen und die Schönheit verbreitet haben. Wir beginnen wieder, die Gemeinsamkeiten zu suchen und zu sehen, die, verborgen oder sichtbar, alle diese alten Kulturen in Kunst und Religion, in Staatslehre und Philosophie miteinander verbinden. Wir spüren nach den Quellen gegenseitiger Beeinflussung, gegenseitiger Befruchtung, nach den Wegen, die der Austausch genommen, nach den Spuren, die er hinterlassen hat. Einen griechischen Faltenwurf festzustellen an einem Specksteinbuddha, den ein kleiner japanischer Straßenhändler auf der Insel Hokkaido einem Touristen verkauft, ist nicht weniger erstaunlich und nicht weniger wichtig, als die indische Idee der Seelenwanderung bei Pythagoras, die Gedanken des Kungfutse bei Voltaire, die Weisheit der Jesuiten in den Schriften chinesischer Philosophen, die Poesie persischer Dichter bei Goethe wiederzufinden.

Die Beziehungen zwischen Ost und West fangen nicht mit Alexander an. Die Vorgeschichte lehrt uns, daß sie Jahrtausende älter sind. Aber wenn auch Alexander so früh nicht ist, auf dem ostwestlichen Felde ist er groß und unvergleichlich. Auf dem ostwestlichen Felde hat er die Zukunft der Weltkultur bestimmt.